丛书顾问

（以姓氏拼音字母为序）

顾明远　裴娣娜　史宁中　宋乃庆
田正平　叶　澜　钟秉林　朱小蔓

丛书编委会

主　任：张斌贤

委　员：（以姓氏拼音字母为序）

陈时见　程斯辉　褚宏启　杜成宪
范国睿　傅维利　高宝立　郭　戈
贺国庆　侯怀银　黄甫全　郝二军
靳玉乐　贾　娟　柳海民　刘贵华
刘海峰　刘立德　刘志军　楼世洲
马晓红　马云鹏　孟繁华　戚万学
司晓宏　石　鸥　石中英　孙杰远
田慧生　涂艳国　王建新　王嘉毅
王维平　吴康宁　肖　朗　徐小洲
徐　勇　余文森　翟　博　张民选
周洪宇　周作宇

拉直青年人生成长的问号

杨贤江 青年教育学

中外历代教育家评传（教育薪火书系）·第一辑

吴洪成　秦俊巧 ◎ 著

山西出版传媒集团
山西人民出版社

图书在版编目（CIP）数据

拉直青年人生成长的问号：杨贤江青年教育学/吴洪成，秦俊巧编著.—太原：山西人民出版社，2018.6

（中外历代教育家评传书系/张斌贤主编）

ISBN 978-7-203-09329-9

Ⅰ.①拉… Ⅱ.①吴… ②秦… Ⅲ.①杨贤江（1895-1931）–教育思想–研究 Ⅳ.①G40-092.6

中国版本图书馆 CIP 数据核字（2016）第 215498 号

拉直青年人生成长的问号：杨贤江青年教育学

著　　者：	吴洪成　秦俊巧
责任编辑：	贾　娟
复　　审：	李　鑫
终　　审：	员荣亮
装帧设计：	李尚斌　张国仁
出 版 者：	山西出版传媒集团·山西人民出版社
地　　址：	太原市建设南路 21 号
邮　　编：	030012
发行营销：	0351-4922220　4955996　4956039　4922127（传真）
天猫官网：	http://sxrmcbs.tmall.com　电话:0351-4922159
E – mail：	sxskcb@163.com　发行部
	sxskcb@126.com　总编室
网　　址：	www.sxskcb.com
经 销 者：	山西出版传媒集团·山西人民出版社
承 印 厂：	山西出版传媒集团·山西人民印刷有限责任公司
开　　本：	787mm×1092mm　1/16
印　　张：	17.25
字　　数：	288 千字
版　　次：	2018 年 6 月　第 1 版
印　　次：	2018 年 6 月　第 1 次印刷
书　　号：	ISBN 978-7-203-09329-9
定　　价：	46.00 元

如有印装质量问题请与本社联系调换

教育薪火　传承不息(总序)

钟秉林

在人类的历史长河中,教育一直伴随人类的文明进程在不断发展进步,那些弥足珍贵的教育著作、教育思想、教育人物和事迹,无时无刻不在拨动着教育工作者的心弦。我们永远无法忘记那些给我们留下宝贵思想财富的教育家,他们的思想、言论和实践,依然是激励我们教育工作者前进的动力。时至今日,教育的发展与变革更成为世界各国应对日趋激烈的国际竞争的重要战略。在科教兴国战略的指导下,党和国家对教育工作给予了高度的重视,深刻认识到教育家对教育事业的重要性。《国家中长期教育改革和发展规划纲要(2010—2020年)》就明确提出:"创造有利条件,鼓励教师和校长在实践中大胆探索,创新教育模式和教育方法,形成教学特色和办学风格,造就一批教育家,倡导教育家办学。"

要想成长为教育家或者在教育实践中能够起到扛鼎作用并非易事,需要我们教育工作者吸收过往教育家留下来的丰富教育营养,清晰地认识什么是真正的教育家,教育家应该具备什么样的素质和条件,做到融会贯通,大胆实践,自成一家。与此同时,在教育改革的大背景下,普通教师同样迫切需要能够在教书育人过程中得到启迪和突破的催化剂,教育家的思想和实践是经过检验的真理,是教学启迪催化剂的最佳选择。

然而,在浩瀚的书海中,以教育家为主线、囊括中外、跨越古今、自成体系的书系并没有面世。山西的《新课程》杂志社和《现代职业教育》杂志社,在教育的广袤园地上深耕多年,熟知一线教师的需求,希望为普通教师策划一套教育理论普及读物，以使广大中小学教师能够"近距离"地接触中外历代教育家的教育思想、实践经验和办学理念，促进教育理论水平的提高，从而更好地开展教育教学实践。书系的策划人与张斌贤教授为理事长的中国教育学会教育史分会的夙愿不谋而合，合作编写一套大规模的、以教育家为主线的书系的想法随之形成。

策划团队把书系命名为"教育薪火"，是希望教育家的教育思想能够薪火相传，不断推动人类文明的发展。"教育薪火"书系拟分为三辑出版，按照中国古代、中国近现代、外国古代和外国近现代分类。第一辑共选择了一百余位中外教育家，一位教育家一本书，规模宏大，应该说能够在中国教育出版史上留下浓墨重彩的一笔。所选教育家都是经过书系编委会认真研究、充分论证而定的，他们在教育史上有较大的影响，能够启迪或者感染教育工作者，推进教育和教学的发展。当然，其中有的教育家更为名声在外的不是在教育上，但是他们在教育上的贡献毫不逊色于其他方面的贡献，比如我们熟知的一些革命家；另外，还包括了一些具有地方特色的教育家以及还没有被人们真正认识的教育家。

必须提及的是，中国教育学会教育史分会非常荣幸地邀请到我国著名的教育学者顾明远教授、叶澜教授、史宁中教授、宋乃庆教授、田正平教授、裴娣娜教授和朱小蔓教授等担任书系的顾问，成立了由40位教育学界具有重要影响的学者组成的编委会，为书系的质量保驾护航。

还需提及的是，《新课程》杂志社和《现代职业教育》杂志社为物色学有专长的作者付出了巨大的辛劳。书系的作者地域和院校分布广泛，既有北京师范大学、华东师范大学、东北师范大学、华中师范大学、陕西师范大学、南京师范大学、首都师范大学等师范院校的学者，也包括武汉大学、四川大学、南京大学、南开大学、天津大学、河北大学、河南大学等综合大学的教师。作者以教育史专业的中青年教师为主力军，他们朝气蓬勃、时代感强，研究范围涉猎较广，能大胆地探索和怀疑，一些新的教育研究成果不断涌现，为书系注入了难得的新鲜气息；他们与一线中青年教师同处一个频道，其思维模式很容易被接受。

客观而言，现在每年出版的教育类图书很多很多。一类为实践性强和操作性强的教学类图书，教师拿来就可以在课堂上使用；另一类为理论性强和学术性强的图书，印数少，流通范围小，普通教师往往望而却步。然而，教育理论只有指导教育实践才有存在的价值。在我看来，书系最具特色的价值就是秉承了教育理论通俗化这一理念，在教育理论研究者和普通教师之间架起了一道桥梁。书系以教育家为主线，坚持学术性与普及性并重，用通俗化的语言，或阐述教育家的教育思想精华，或叙写教育家的精彩教育事迹和教育实践，力图"润物细无声"，让教师喜欢读，在读中提高素养，深刻理解教育家，形成自己的理论，推进"教育家办学"。

当然，书系在真实性上也颇下功夫。以史料为依据，实事求是叙述，客观全面评价，不有意拔高教育家的贡献，注重教育家闪光点的挖掘和传播，是教育家历史画卷现代版的呈现。书系成规模、系统化，学术性和可读性强，具有较强的收藏价值，非常适合各中小学图书室和大学图书馆选择配置。

中国教育学会教育史分会为教育事业做了一件好事，张斌贤理事长请我作序，我觉得理应支持，欣然应允。

希望广大教育工作者能够认真阅读这套图书，为自己的教育职业生涯发展打下坚实基础，为成长为新时期的教育家而不懈努力。

丁酉年正月于北京
（作者系中国教育学会会长、北京师范大学原校长）

序

杨贤江(1895—1931),浙江慈溪人,是中国共产党早期青年运动领导人之一,也是早期传播马克思主义的马克思教育理论家。1895年4月11日出生于一个成衣匠家庭。1906年入小学。1910年高小毕业后,因家境贫困,当过小学教师。1912年考入浙江省立第一师范,成为品学兼优的模范生。1917年毕业后,他到南京高等师范,一面工作,一面进修教育学、心理学等课程。其间,始与武汉中华大学学生恽代英通讯,开始讨论改造社会的问题。

之后,他参与了"五卅运动"和上海三次工人武装起义的组织工作。大革命失败后,他转移到日本,在日本边进行革命活动边从事社会科学和教育科学的研究及翻译工作。1929年他秘密回国,继续从事革命斗争。由于杨贤江一直是国民党通缉的对象,所以在1929年5月回国以后,他一面与潘汉年、李一氓、朱镜我等组织"中国社会科学家联盟",一方面仍然以隐蔽身份从事党的地下工作和教育科学方面的研究,著有《教育史ABC》、《新教育大纲》等著作。夜以继日的工作,使他积劳成疾。生病以后,在国内又不能住大医院,于1931年7月去日本治疗,同年8月9日在日本长崎病逝,年仅36岁。

1981年,教育部、团中央联合召开纪念杨贤江同志逝世五十周年大会,教育部部长蒋南翔主持纪念大会,共青团中央第一书记韩英在会上讲话,教育部副部长张承先作了报告。会议给予他很高的评价,指出他"在中国新民主主义革命史上,特别是在现代教育史和青年运动史上有着光辉的地位"。1984年成立杨贤江教育思想研究会、杨贤江教育基金会。1990年还出版了《杨贤江传记》,开始对他的教育思想进行深入的研究,并和现代教育理念相结合,促进我国教育事业的繁荣发展。

青春,这个人人都向往、留恋、回忆的阶段,是人这一生最宝贵、最有活力和生机的岁月,也正是人这一生问题最多、矛盾最凸显的时期,亟须一个人生的导师来帮助他们破解这些问题,而杨贤江这个关心、关注青年的青年导师正是最佳的人选。杨贤江,他一生著述,对青年的生理、心理、学业、职业、恋爱、婚姻等问题都有详尽的讲解和独到的看法,对于青年树立正确的人生观、价值观,解决实际问题有很大的帮助,因此,我决定对杨贤江的青年教育学做详尽地梳理和分析,《拉直青年人生的问号——杨贤江青年教育学》就此问世。

吴洪成
于古城保定之河北大学

目　录

第一章　绪论	1
一、生平活动及主要教育成就	2
二、青年健康成长的导师	8
三、"全人生指导"的青年教育	18
第二章　学校篇	21
一、学校与社会	22
二、学风、校风与社会风尚	27
三、学校与青年的发展	34
第三章　健康篇	49
一、身体	51
二、精神	59
三、体育	63
四、美育	74
第四章　学习篇（上）	83
一、教师的地位与要求	84
二、自学成才论	97

第五章　学习篇(下)   123

  一、求学与升学的关系   124

  二、"两耳不闻窗外事，一心只读圣贤书"
      是不适应时代社会需要的   149

第六章　职业篇   169

  一、提倡实用主义教育   170

  二、关于职业教育的主要认识   172

  三、青年学生的择业   180

  四、如何夯实职业的根基   185

第七章　生活篇   191

  一、生活   192

  二、青年学生的生活   199

  三、如何积极地生活   209

  四、教育回归生活   222

  五、恋爱与婚姻   226

第八章　修养篇   237

  一、青年修养问题的基本认识   238

  二、青年修养的内容   246

  三、青年修养的原则   250

后　记   261

第一章

绪 论

一、生平活动及主要教育成就

杨贤江（1895—1931），浙江余姚（今属慈溪）人，字英父（英甫），笔名主要有李浩吾、李谊、叶公朴、曲它、姚应夫、李洪康、李膺扬、直夫、江一、雁江、牛犇、YK、柳岛生、健夫等，是中国共产党的优秀党员，杰出的青年运动领导人，也是我国著名的马克思主义教育理论家，无产阶级教育理论的奠基人之一。1931年8月9日在日本长崎病逝，年仅36岁。

1895年4月11日（农历三月十七日），杨贤江出生于浙江省余姚县云和乡杨家村（今属慈溪市长河镇贤江村）。父亲杨树劳，是一位贫苦的成衣匠，母亲方氏，则是一位务实的农村妇女。杨贤江排行老大，下边还有三个弟弟，两个妹妹。

余姚是一个地处杭州湾南滨的江南小县，素有"文献之邦"的美誉。历史上曾出现过许多志士名人，如严子陵、王阳明、黄宗羲、朱舜水等。乡风民俗的熏陶，自幼培养了杨贤江敏而好学、严于律己的精神。杨贤江从童年开始就喜欢读书。虽然家境贫寒，但父母总是省吃俭用，尽力满足他求学的愿望。10岁时，他到附近的私塾就读，学习十分用功，放学回家就认真温习功课。他从小就性情温和，对父、母、弟、妹感情真挚，也乐于帮助邻居和同学，和小伙伴相处得很好。

杨贤江11岁时，父母送他到郑巷溪山学堂（初级小学）读书，寄居在堂姐家里，星期天和节假日才回家。在学堂里，他虽然聪颖过人，却仍孜孜不倦。当时所读的课本《纲鉴易知录》，老师要求每个学生在半年内圈读三遍，分出句逗、弄清意思，杨贤江却在半年内圈读了十遍，书上画满了圈圈点点，并作了许多眉批旁注。他不但读懂了原文，而且对许多问题提出了自己的看法。他的勤学、勤思、好问，给老师和同学们留下了极深的印象。在课堂上，杨贤江提问最多、回答问题也最好。他的个子高，座位原在后排，老师为了方便他学习，索性把他调到前排。

两年后，杨贤江在溪山学堂念完初小，就到浒山（今慈溪县城所在地）进入诚意学堂读高小,学习更加用功,成绩优异。1911年,杨贤江秉父母之命、媒妁之言,同邻村张淑贞结婚。1912年,杨贤江从诚意学堂(高小)毕业,学业成绩名列前茅。杨贤江自己的评价是:"转入诚意,诚意教师多热忱教授,余是时年龄略长稍能自修,指导又得力,故进步较速,一切根基皆培植于该校焉"。①

诚意学堂全称为三乡诚意高等小学堂,创办于清光绪二十八年(1902),建校时间仅晚于余姚第一所学校——县城府前路小学四年,是余姚一所较有名望的学校。杨贤江在诚意学堂所受的教诲以及短暂的教育经历,为他日后的探索与贡献奠定了扎实的根基。为什么这么说呢?我们还得从杨贤江求学历程中的成就及成长业绩来看。

杨贤江诚意学堂毕业后,欲继续求学,但为了减轻家庭的负担,决定放弃继续升学,早日谋一份工作。杨贤江在自述中称:"不成寝食,若有无量苦衷,欲诉而不忍诉者。"②正反映了当时心里的踌躇与彷徨。因杨贤江在求学时期表现突出,成绩优秀,诚意学堂破例同意他留校任教。一学期下来,学生、上司、同事对他的工作甚是满意。可是,随着教书技能日益娴熟,杨贤江的烦恼却与日俱增,正如他后来所描述的"升学野心依然盘踞着不去"③,他渴望能继续深造。杨贤江对此曾有过多次幻想,想进工业学校、电报学校,想进留美预备班(清华大学的前身)。但几次和父亲商量都未果,因为生活的贫穷使父亲相信,穷儿是命定,不必受许多的教育。最后杨贤江选择了省立第一师范学校,一方面是考虑到师范免学、膳费,可以节省求学开支,减轻家庭负担;另一方面,杨贤江还认为教育万能,通过办教育可以挽救贫弱的中国。为了让父亲同意他报考一师,他解释道:我只是小学毕业的程度,对教育的基本原理、科学上的知识不甚明白,这样去做别人的老师,心中感到很惭愧,这样既误了自己,又误人子弟,不免成为教育界的罪人。慈祥的父亲被杨贤江的求学热忱深深感动,同意了他的请求,支持儿子去杭州参加考试。

1912年秋季,杨贤江以优异的成绩考入杭州的浙江两级师范学校(次年更名为浙江省立第一师范学校)。17岁的杨贤江背着简单的行李,怀着献身教育、

---
① 金立人、贺世友:《杨贤江传记》,南京:江苏教育出版社,1990年版,第11页。
② 任钟印主编:《杨贤江全集》第一卷,郑州:河南教育出版社,1995年版,第15页。
③ 任钟印主编:《杨贤江全集》第三卷,郑州:河南教育出版社,1995年版,第324页。

拯救国难的理想进了学校的大门,开始了为期5年的一师学习生涯。在一师求学期间,他刻苦努力,博览古今中外书籍,修习英文、日文,积极参加各种社会活动,还常常撰写论文,揭露当时教育中的种种黑暗,并对封建主义的教育进行了猛烈的批判,初步显露出从事教育理论研究的卓越才华;同时,又将自主磨炼、刻苦自律的精神拓展至学习以外的其他领域。这有助于全人格的陶冶、提升,是对学习思想的深化及有效运用,必然触及人的品性、身体、审美情操各个方面的自动培植、灌注、塑造。从当代的教育理论来看,是着眼于学生综合素质的提高,各个部分的整体发展,是一种深刻的素质教育理论。应该说,杨贤江后来提出的青年教育理论——"全人生指导理论",正是他身体力行的写照和个人学习、生活经历的总结。

1917年夏天,杨贤江以优异的成绩结束了5年的师范生活。离校那天,师范教育家经亨颐校长与他恳切长谈,勉励他在教育事业上努力奋斗。音乐教育家李叔同先生赠他"神聪"条幅,鼓励他献身教育。他依依不舍地告别了母校、老师和同学,走向了一个更广阔的天地。

杨贤江出身贫寒,学生时代又目睹列强侵略、军阀横行的种种黑暗现象,亲受其苦,因此,对当时的广大群众特别是知识青年所遭受的痛苦,深为同情。他在师范学校学习期间,就经常参加社会活动,注意考察青年所关心的各种问题,根据社会的现实,紧随时代的潮流,结合青年的生理、心理特点,撰写了一系列有关青年学习、生活的论文。杨贤江从一师毕业后,到南京高等师范学校任斋务助理、教育科助理等职,除了随班旁听教育、心理方面的课程外,同时参加商务印书馆附设函授部英文科的学习,并开始翻译国外教育论文,主要发表在浙江的《教育潮》杂志上。其间,他结识了武汉中华大学(今华中师范大学)学生恽代英,二人一见如故,成为知交挚友,并开始通讯联系,讨论改造社会的问题。

1919年7月,一群热血青年,抱着教育救国与实业救国的美好理想,在北京成立了"少年中国学会"(以下简称"少中")。杨贤江由邓中夏同志介绍于10月在南京加入该会,并于11月当选为南京分会书记,担任分会会刊《少年世界》的编辑。"少中"会员虽出于共同的救国目的,但成分复杂,政治信仰极不一致,其中共产主义派与国家主义派的分歧随着社会形势的变化越来越大,而且他们对于自己的信仰非常执著,都想把"少中"统一在自己的主义之下,因此斗争便在所难免。杨贤江自加入"少中"后,结识了一批进步青年,思想发生了很大的变化,逐渐改变了早期独善其身的思想,积极地投身到变革社会的实践中去。1921年,他以非正式会员身份参加了马克思主义研究会的学习讨论,思想行动逐渐向共产主义靠拢。杨贤江在"少中"的各项组织活动中,从一开始试图调和两派斗争,到后来旗帜鲜明地反对国家主义派,一直都在为把"少中"转变为一个革命的、进步的学会而积极努力。

1921年7月,在南京召开的"少中"第二次年会是共产主义派与国家主义派斗争的开始。在会议上,双方主要围绕学会宗旨及主义、学会信条、政治活动及其他活动问题展开争论。以共产主义信仰者邓中夏为首的北京代表一致主张学会必须采取或创造一种主义,坚持学会应确立社会主义方向,并成为思想行动一致的进步的政治团体。而国家主义学派信仰者左舜生则认为最需注意社会活动,不能定什么主义,坚决反对"少中"马克思主义化,反对学会介入社会活动。对于此番争论,杨贤江赞同恽代英的"只求最小限度一致"主张,试图调和两派分歧,希望学会成为一个最大限度地团结进步知识分子的团体,力避学会分裂。但会后,杨贤江注意到学会的分裂已在所难免,于是在《少年中国》第三卷第二期的"少年中国学会问题号"上发表意见,认为学会应该"是个向着光明方面进行,同时是个反抗国内恶势力的团体"。所以学会应努力扶植一种善势力,阻止恶势力的蔓延。他还认为,政治活动不是绝对不许参与的,重点在活动者的用心和能力。目前的政治太坏,自然不能去"同流合污",从事革命当然就是应该的。但如果确信"可以在现状的政界里做改造的事业,那也是未尝不可容许"[①]。由此,杨贤江明确地表明了自己的革命立场,开始了与国家主义派的坚决斗争。

1921年春,杨贤江经《学生杂志》主编朱元善先生的介绍,应聘到上海商务印书馆编译所办的《学生杂志》任编辑,开始了为期6年的《学生杂志》编辑的生涯。起初,杨贤江只是协助朱元善编辑杂志。因为主编先生是一位思想僵化的旧式编辑,并没有太多的编辑思想,结果把杂志办成了学生课艺的汇编,也因此跟不上新文化兴起以后的新形势,刊物难以为继。商务印书馆只能让年轻的杨贤江接编杂志,杨贤江一接手就开始对杂志进行了比较彻底的改造,即在有限的权力之内,将刊物变成了青年思想修养和科学教育的园地。虽然并没有主编的职务,

---

① 任钟印主编:《杨贤江全集》第一卷,郑州:河南教育出版社,1995年版,第337页。

但经过他的努力,不到一年他就成为这个杂志实际上的主编。

1923年,杨贤江加入中国共产党,他努力从事文化教育战线上的革命工作,除了主编《学生杂志》外,还协助恽代英编辑《中国青年》,同时还兼任过《上海时报》《教育周刊》的编辑。到1926年底,由于革命工作的需要,他再也顾不上《学生杂志》,只能辞去主编职务。1927年春,杨贤江在杭州担任过短期的《民国日报》的编辑。"四一二"反革命政变后,杨贤江被通缉,党安排他到武汉国民革命军总政治部工作,担任《革命军日报》社长,兼《武汉日报》编辑。不久汪精卫在武汉发动"七一五"反革命政变,杨贤江又回到上海,参加革命工作,编辑生涯从此结束。杨贤江离开编辑岗位后,积极从事政治活动,不断地译著新书,为了生计、为了革命,笔耕不辍。

杨贤江的编辑工作与他的革命工作相得益彰,为谋求一个少年中国的独立而参加"少年中国学会",并编辑《少年世界》;为把青年学生导向正确的人生道路,编辑《学生杂志》;为提高中国青年的政治觉悟,协助恽代英编辑《中国青年》等。最后,他又因社会形势发展的需要,放弃编辑工作,从事革命斗争。杨贤江是一位革命的编辑,通过编辑工作为革命服务,把编辑工作当成政治或社会斗争的一种手段。

清末及民国,许多有志青年都把出国留学作为学习现代文化知识、寻找救国救民真理的一条途径。其中,以留学日本人数最多,声势浩大。杨贤江早年也很想留学日本,但因种种原因,未能成行。1927年,蒋介石发动了"四一二"反革命政变,大肆捕杀共产党人和进步人士,造成全国范围的白色恐怖。杨贤江因于1927年初参加了上海工人起义,被国民党通缉追捕。"七一五"反革命政变后,根据中央指示,杨贤江赴日避难,并负责中国留日学生中的中共特别支部工作。

杨贤江在日本负责党在日本的工作。此时,有许多共产党员纷纷在日本避难,杨贤江都为他们提供帮助。许多同志通过杨贤江的帮助,从日本转道去苏联。杨贤江夫妇与高尔柏、高尔松夫妇、茅盾、秦德群仅一步之遥。这些青年人大都靠卖文稿度日。茅盾在文艺出版界声望卓著,所以,他到日本后很受欢迎,因为凡经他介绍寄出的稿子,上海出版商没有不用的,而且保证千字四元,提前支付。由于他们的稿子一般是由茅盾同时寄出的,所以稿费往往也同时收到。收到稿费时,大家常常集体出游。春天到郊外赏樱花;秋天到岗山摘红叶,去宝家看歌舞,赴奈良登三笠山、临猿泽池。他们的文章也从不同侧面向人们介绍了日本百姓的生活态度和风俗礼仪。他们通过实际体验,从不同的角度观察、思索两国社会、民俗的异同,这些观察不仅可以更深刻地理解日本的民俗乃至文化的特点,加深中国人对日本人文历史的认识,而且也为进一步研究日本文化提供了素材。杨贤江与其他文人不同,他虽然是以卖文为生,但多是搞翻译,一般不翻译文学作品。在他的著述中很少谈论日本人、日本民族的特点。他在日本期间,主要进行教育思想的翻译和研究,翻译了大量介绍外国教育的著作,并搜集了大量资料,经分析整理后编著出版了《教育史ABC》。杨贤江客居日本期间除了花费巨大的精力对日本教育进行了考察,还把很大的注意力放在对日本的政治、经济制度的研究上。显然,他是从中国的实际出发,观察、透视日本,希望通过对日本的教育、政治、经济的研究,为中国的发展寻找出路。借鉴他国有益的思想经验,以振兴民族,富强国家,这是近代以来无数仁人志士上下求索、慷慨悲歌、探索不息的奋斗目标。同样,杨贤江也是孜孜以求,并以此为己任的。

杨贤江认为教育是上层建筑,它同经济基础有依存关系;教育受生产方式与政治制度双重制约,又对经济的发展、政治的变革起促进作用;教育由于社会生产劳动的需要而产生,并在生产劳动过程中发展起来;教育的"本质"是与生产劳动密切结合,为全社会所共享的。但是,到了阶级社会,教育成为剥削阶级的工具,所实施的教育同生产劳动相脱离。他批判了"教育神圣说""教育清高说""教育中正说"和"教育独立说"等观点,并驳斥了"教育万能说""教育救国论"和"先教育后革命论",认为要变革当时不合理的社会制度,只有进行革命。在革命中,教育应当作为革命武器之一;革命胜利之后,教育便应当促进建设社会主义社会。

杨贤江还很关心青年的政治思想、道德品格以及学习、健康等方面的成长,他主张对青年应进行"全人生的指导",而关键则在于使青年们树立革命的人生观。

1931年7月,杨贤江因工作繁忙,积劳成疾,患上了肾脏结核症。因为受国民党通缉,又不能住大医院。后来经朋友帮助,凑齐了医药费,去日本治疗。本来病情似有好转,但又突然恶化,手术后并发了肺炎,医治无效,不幸于该年8月9日在日本长崎病逝,年仅36岁。杨贤江在有生之年,始终没有放弃革命斗争,始终没有停止研究教育问题,他为新民主主义革命的胜利,为中国现代教育理论的建设,奋斗到最后一刻。

二、青年健康成长的导师

杨贤江在短暂的一生中,写了300多篇论文与短评,公开发表通讯200多篇,答问近1000则。内容绝大部分都是教育青年的言论,回答青年学生所提的问题。其中,不论是长篇论文,还是寥寥数语的短简,都充满了对青年们严肃的态度、真挚的感情、不厌其烦的耐心,体现了一位教育家高度的责任心和循循善诱、诲人不倦的精神。

青年日益成为社会政治生活中的主要力量,对青年的教育问题也变得越来越重要。中国有句古老的谚语:"千金买骏马,何处买青春?"如果说,人最宝贵的是生命,那么在人生的全部过程中,最宝贵的便是青年时期。"青年期"一词,来源于拉丁文"adolescere",意思是"向成熟发展",它是一根链条的中心环节,继承着少年时期,开启了壮年时代。青年期是人生中心理和生理发生巨大变化的时期,在这一时期每个青年都要树立自己的世界观、人生观、价值观,积累学识,认知社会。一个懵懂的少年面对这一全新的使命,随之而来的是青年期的迷惘不安和苦恼,故而,青年期又被称为人生中充满风暴与压抑的动荡时期。如何正确引导青年在纷然杂陈的社会中去伪存真,成长为国家的栋梁,青年期教育至关重要。杨贤江正是出于这样的认识和学高为师的使命责任来探究青年教育问题的。他说:"因为青年期是个人生改造期,把少年期的小规模完全打破了,再进而大规模的向上和发展,使身体和精神的内容更为丰富。并且在这种破坏动荡的时代,就可规定其人将来的生活,或是向上,或是堕落,所以青年期的教育,竟是十分重要了。"①

---

① 杨贤江:《第二诞生期——人生第二危险期》,任钟印主编:《杨贤江全集》第一卷,郑州:河南教育出版社,1995年版,第541页。

从杨贤江的整个教育实践经历和各类教育著述涉及的内容来看，杨贤江教育工作的对象涵盖各个年龄阶段的广大青少年学生：既有年龄较小的少年儿童，也有年龄较大的青年；既包括在校学习的学生，也包括毕业和失学的社会青年。但由于杨贤江教育实践活动主要是在发动和指导青年运动的过程中，以及主编、协办各类以青年为对象的报纸、杂志过程中进行的，所以，关于教育对象的论述更多涉及的不是一般意义上的学生，而是具备了一定知识基础的知识青年。因此，这里主要以杨贤江的青年教育思想来总结其关于受教育者的理论，本书将之诠释为杨贤江青年教育学。

杨贤江青年教育学主要是对如何认识和教育青年进行了方方面面的研究，并发表了许多优秀的文章，如《学生与文化运动》、《青年的艺术感》、《青年的科学兴味》、《从现代我国学生生活所见的青年心理现象》、《青年生活的本质》、《青年与游戏》、《青年与个性》、《青年对于体育的自觉》、《中等教育与青年问题》、《青年与自然》等。其内容十分丰富、深刻，并赋予充满朝气的活泼的青春气息，昂扬、蓬勃的生命活力，积极、阳光的价值取向以及生生不息的毅力和斗志。

（一）青年教育的时限

以现代教育学视野而论，青年教育既有制度化的教育，也有非制度化的教育，前者主要是学校教育，后者是校外教育，但以学校制度中的有序设计为主体，后者是补充。大体设计为中等教育，主要由中学来完成。而有关青年的年龄阶段在发展心理学及由此安排研制的学年制为核心的普通学制中等教育时段有关的年限规定却表现出很大差异。揆诸中国古代学制及代表性教育家观点，如宋代理学家朱熹则将求学生涯历程大致分为小学教育与大学教育两段，青年期也相应分为这两个部分。近代西方工业化生产条件下建立的学制始于夸美纽斯在《大教学论》及《母育学校》中的描摹，出现中学教育，后来又根据目的、任务及内容的差异分为初级、高级两类，大致属于青春期心理与教育的观察对象，而当代少年儿童的时限随着医疗水平与人的平均寿命水平提升而延长至中学阶段，这又有新的特点与走向。杨贤江处在现代教育心理理论产生的历史时期，他所认识的青年期，大体也是以学校的初高中段为依据的。

1926年12月5日，杨贤江在《学生杂志》第13卷第12号上发表《对初中学生们谈谈》，认为中学生应为自己感到骄傲。因为"你们就是这个六七万人中的一份子啊！在全国四万万三千万人里头，目前能和你们一样在受初中教育的不过这一点点,拿粗略的比例来说,在六千人中间才有一个初中学生。你们还不足以自豪吗？你们还不应该自勉吗？"初中生的特性表现在以下几个方面:"生理方面是最足注意的,是肉体的构造、形状与机能的改变;同时,生理上的特征也跟着有显著的变化。在智力方面也有卓著的变化;在情绪方面感情的冲动甚烈,如常发脾气、不和易、喜怒无常等;在意志方面,到了青年期,有下列各种本能开始发动或者得势:群聚、冒险、探访、移居、组织、协作及统治。初中生又有个别差异性,这表现在七个方面:(一)年龄的差异;(二)体格的差异;(三)青春发动期的差异;(四)智力的差异;(五)学力的差异;(六)男女的差异;(七)志愿的差异。"①由此,初级中学的特征是:"(1)是一种独立的组织;(2)教职员皆专任,不兼高中教课;(3)课程的范围与内容,须较沿袭的小学为丰富;(4)教授行科任制(不是小学的级任制);(5)行分科选科制,惟选择科目须经教师指导;(6)有一种确定的教育指导和职业指导的计划;(7)学科升级法;(8)教授法须与小学或高级中学皆不相同;(9)自学辅导;(10)能力分组。"由于特殊的教育阶段,学生的条件及需求不同,这时的教育目标就已开始出现升学与就业双重性任务了。"初中要为学生谋升学预备,也要为学生谋职业辅助;因此初中学生的出路有二：一为升学;一为谋生。"②他认为初中生可以在十二个方面对学校提出要求:"(1)要有卫生的适合课业的学校建筑(校舍);(2)要有健康生活的指导;(3)要有满足移住本能的设备;(4)要定不致过用精力而陷于疲劳的课业时间;(5)要定开展的适应需要的课程;(6)要求教师的教授须热心而有生趣;(7)要注重班上共同的讨论;(8)要有学习方法的指点及生活的教育的职业的指导;(9)要采用按能力分组及学科升级的办法;(10)要有演戏、展览及别种可诉与视官的形式以发扬情感;(11)应有丰富的美术环境以培养美的文化;(12)要有活用大会堂的机会。"③据此,初中学生应该学习的内容包括五个方面:"第一要学读书;第二要学健身;第

---

① 杨贤江：《对初中学生们谈谈》,任钟印主编：《杨贤江全集》第二卷,郑州:河南教育出版社,1995年版,第605-609页。
② 杨贤江：《对初中学生们谈谈》,任钟印主编：《杨贤江全集》第二卷,郑州:河南教育出版社,1995年版,第613-614页。
③ 杨贤江：《对初中学生们谈谈》,任钟印主编：《杨贤江全集》第二卷,郑州:河南教育出版社,1995年版,第616-620页。

三要学做工;第四要学消遣;第五要学做事。"所以,应该破除当时流行的学生生活中种种陈旧观念:"第一种是'入学校是读书'的旧观念;第二种是'学生是特殊阶级'的旧观念;第三种是'读书以谋升官发财'的旧观念。"于是,初中学生应有的特质应从初中学生生理上与心理上所具特征以及历来中国学生生活上所表现的缺点来分别阐述,要适应初中生的身心特性应从两个方面着手:"一方面需要学校有图书馆、实验室、体育场、俱乐部等,以帮助他们心身的发展;一方面需要美满愉快的生活。"他认为学生的特质在生活方面:"我们的生活上非起一番改革运动不可,我们要喊出'心身解放不妨少用些理智,而多培养些情意;心身解放不妨少读点书,而要多运动,多娱乐,多用体力以习劳苦,多做工作以福民众'。"①这里的案例是初中阶段的学生特点、教育问题及学习指导的文本内容,既是青年初期的对象规定,更有教育学运用的样本价值。在其它的文章,尤其是书信文本中,杨贤江大量篇幅讨论高中阶段青年学生的教育及心理健康问题,此处不赘。

(二)青年教育的自然性与社会性

教育活动的有效性、教育工作的科学性以及教育学术理论的构建都有赖于对教育对象,即学生的认识和理解,这不仅需要朴素的观察、沟通交流以及体验反思,更需要以科学的手段技术及思想方法加以探索,尤其是以现代科学实验的工具提高理论及实践的客观、实证与实用性。杨贤江堪称为现代中国教育史上科学主义教育家。②

1922年3月5日,杨贤江在《学生杂志》第9卷第3号发表的《第二诞生期——人生第二危险期》中说,"所谓第二诞生期,也即青春期的别名。我们人类从出生到成长,就是从胎儿到大人,要占据一个长达25年的时期。在这个生长期中,又可分为几个短时期。普通的分法,有以下五个时期:胎儿期即第一诞生期,乳儿期即人生的第一危险期,幼儿期、少年期、青年期或青春期即人生第二危险期。在青年期,个人身心急剧变化,处于一个不安定的状态,死亡率也从而增多。青年期也是个人改造期,把少年期的小规模完成打破了,再进而谋大规模的向上

---

①杨贤江:《对初中学生们谈谈》,任钟印主编:《杨贤江全集》第二卷,郑州:河南教育出版社,1995年版,第625-631。
②吴洪成、方家峰:《现代教育家杨贤江教育研究风格初探》,《广州大学学报》(社科版)2010年1期。

和发展,使身体和精神的内容更为丰富,并且在这种破坏动摇时期,就可规定其人将来的生活;或是向上,或是堕落。故青年期的教育是非常重要的。青年期的身体,男儿到20岁,女儿到19岁,身高与机体发育已经完成。当未完成以前,身高与机体的发育,是交互的、律动的。青年期的精神,也随身体的激变而产生激变,第一属于感情生活的,第二属于思想生活的。青年期的特征,除了上述身体和精神两种以外,还有一个特点是青年期是各种疾病萌生的时期,故青年期存在一种处在既不生病又不健康的中间状态的倾向。这一时期的疾病,有关血液的萎黄病、贫血症及关于神经性的歇斯底里、癫痫、舞蹈病,此外,还有消化器病及赤痢、窒扶撕等等。青年期还有多种心理疾病,如沉思冥想、空想、伴随自我意识发达而生的自己批评及意识过敏、自己过信和极度卑下、忌社交的独居僻,对于美术、文学、科学及其他种种职业的新兴味的勃发、不平、破坏、疑惑、浮浪、彷徨等等。青年期在人生发育的历程中,占据重要的位置,因人生到了这个时期,发生一大波澜,随后风暴平息,遂入壮年期了。这一时期,若教育不良,青年就要遭受人生堕落者的恶名。故从教育上讲,青年期的指导万一贻误,不但青年个人会遭受不幸,而且社会全体也会受到消极影响。青年期最该注意的事情有五种:第一,注意体育;第二,注意性欲;第三,培养自发的向上心;第四,培养理性的势力;第五,准备独立的生活。"①这里体现的主题是教育的生理学基础依据,偏于教育自然性的科学研究以及教育内容的部分设计。

在看待青年教育问题时,杨贤江认为,青年教育,涉及青年人生理、心理上发展到特定阶段所产生的问题。我们必须正视青年人的思想、意识、感情、求知欲望以及生理的需要,按照青年自身发展的客观规律,正确引导与妥善解决青年人的各种问题。也就是说,青年教育首先应依据或循规青年的自然发展、个性特点及自身愿望需求,采用合适的手段、艺术及包括社会诉求在内的干预力量加以培植及引导,绝不是压抑、控制与习俗纪律或规章教条的训诫。1925年9月20日,杨贤江在《教育杂志》第17卷第9号上发表《中等教育与青年问题》,认为中等学生与青年期的关系是最为密切的。因为"大概中等教育的时期正和青年期(adolescence)的上半期相适应。所谓青年期,即为自十二岁或十四岁到身体完全

---

① 杨贤江:《第二诞生期——人生第二危险期》,任钟印主编:《杨贤江全集》第一卷,郑州:河南教育出版社,1995年版,第540—552页。

成熟的一段时期。青年期的初期,也称发身期"。"青年时期应视为心身方面都有显著而且重要的长育的一个时期。"①青年期的特征主要表现在生理和心理两方面。生理方面最显著的特征有三个:"(1)是体高和体重的增进更速;(2)是筋肉发达的急剧;(3)是性欲机能的成熟。"心理方面的显著特色也有三个:"(1)是想象作用的发达。""(2)是爱情的表现。""(3)是理性作用的发达。"②青年时期之所以产生问题,在于青年身心发生很大变化。"根据青年特征的叙述,可知在青年期里,心身大有变化。"中国青年从前不发生问题而现在发生问题是因为"现代的社会环境和从前的——不必说辽远,就是一二十年以前罢,大不相同了。""第一是辛亥革命。""第二是新文化运动。""第三是欧洲大战的影响。"③他认为中国青年存在 11 类问题:生理方面的问题、家庭方面的问题、社交方面的问题、求学方面的问题、关于婚姻方面的问题、职业方面的问题、经济方面的问题、生活态度的问题、人生观的问题、政治见解的问题、常识方面的问题。④于是,应该在以下 9 个方面改进中等教育,以帮助青年学生解决问题。第一,"要确定中等教育及训育的方针,务使今后的中等教育能对于青年期的心身发达尽指导的责任。"第二,"今后切莫再进行教育上自杀的政策,以酿成学校内的学潮了。"第三,"性教育实为不可少,且以解决一部分的生理问题及一部分的青年烦闷。"第四,"根据青年期心身发达的情状,中等教育上应有卫生法与健康法的指导。"第五,"要添设读书法学程,指示阅读书报的方法。"第六,"要注意时事教育及政治训练。"第七,"要实行教育及职业指导。"第八,"要注意团体生活的训练。"第九,"最后有一种新课程,我认为现代中国中等教育上所应注意的,我敢取他一个名字叫做'社会运动指导',这个课程的旨趣在告诉青年们做种种社会改造运动(包括政治、经济、习俗各方面)的方法。"⑤只有这样,中等教育才能在解决学生问题时发挥效力。他

---

①杨贤江:《中等教育与青年问题》,任钟印主编:《杨贤江全集》第二卷,郑州:河南教育出版社,1995 年版,第 349 页。

②杨贤江:《中等教育与青年问题》,任钟印主编:《杨贤江全集》第二卷,郑州:河南教育出版社,1995 年版,第 350-352 页。

③杨贤江:《中等教育与青年问题》,任钟印主编:《杨贤江全集》第二卷,郑州:河南教育出版社,1995 年版,第 355-357 页。

④杨贤江:《中等教育与青年问题》,任钟印主编:《杨贤江全集》第二卷,郑州:河南教育出版社,1995 年版,第 360-369 页。

⑤杨贤江:《中等教育与青年问题》任钟印主编:《杨贤江全集》第二卷,郑州:河南教育出版社,1995 年版,第 372-373 页。

极力反对那种既不从学生本身着想,又不从社会环境着想的旧训育方法。

很显然,上述对青春期生理、心理的描述、刻画是准确、客观的。教育是助长青年学生健康或完满成长发展的途径与手段,其针对性的措施、方法应加以设计。这五个方面的规划是有效而积极的。

但是,杨贤江并非是自然主义教育论者,只着眼于青年学生的自然本能及个体设计的自我实现诉求。他是自然性与社会性的统一论者,而且教育的自然主义方案与成效离不开社会构造的因素及环境与制度的限制或发生的各种制衡力量。同样,青年教育的入手及举措的社会化视野也是必须的,或许是更有必要的。杨贤江认为,教育青年、解决青年问题,是改造社会的关键,是革命者的社会责任。要做好这个工作,必须正确认识青年问题。他在《从现代我国学生生活所见的青年心理现象》一文中,就观察到的当时的学生生活,推论当时青年所独有的心理现象:"1.我国学生当中,有一派拘谨的人。2.我国学生当中,有以过孤寂生活为惯常的。这两种学生生活,虽限于一部分,但就全体学生而言,则是:我国青年学生的感情,实在太不发扬了。3.我国学生当中,有一派过流浪生活的人。4.我要讲到三年来最盛行的学校风潮了。风潮之因,或为考试,或为自治,或为经济,或为饮食,但风潮发生的对象,不外是教职员。总而言之,只是学生不信任教职员。学生闹风潮,固然也有出于学生的轻举妄动和受人利用的,但教育方面也不能不负相当的责任。至少,教育者的感化力太薄弱了,他们的人格太卑鄙了。5.我国学生当中,有一种任情、自便的风气。6.我国学生当中,有一派奔走的人。他们喜欢干事,不喜欢读书。7.我国学生当中,有一派烦闷的人。他们要想发见人生的意义而不得,要想满足个我的欲望而不遂,于是不安于现状,不安于读书,过一种抑郁无聊的生活。但他们烦闷的最根本原因,仍要归于心理的作用。救济青年烦闷的办法,有改变人生观、提倡美术、注重游戏等几种。但关键是除青年自己警觉外,尤在乎社会制度的合理和教育者教育得法。"①

社会制度合理、教育者教育得法这两者体现了教育社会性与自然性的有机统一,尤其是后者,更关乎青年发展成长的后天力量支撑,足以成为青年教学理论构建的出发点。

---

① 杨贤江:《从现代我国学生生活所见的青年心理现象》,任钟印主编:《杨贤江全集》第一卷,郑州:河南教育出版社,1995年版,第642—651页。

(三)为青年教育不懈奋斗

上海是我国最早孕育和发展近代教育的地方,20世纪的上海教育,在20—30年代达到一个发展高峰,教育理论和实践探索蓬勃开展,各种新教育思想在此酝酿。长期在上海生活的杨贤江,在这里继续探索着、思考着革命问题及教育问题。他一边从事革命斗争,一边活跃在上海教育界,进行着青年问题和教育问题的研究、实践。杨贤江逐渐认识到要把这个"以现代金钱为主的社会组织"从根本上改革一番,就必须培养出"有实力的适用人才"来担当"中国社会改造"的重任。为了进一步实践自己的教育理想,在编辑《学生杂志》的同时,他又兼任了故乡上虞春晖中学教育主任,继之又去上海大学、上大附中与景贤女中兼课,并去复旦大学进修教育学、心理学课程。正是在这六载风风雨雨的春秋中,初步形成了他自己的一整套青年教育思想体系。

1921年,杨贤江受聘任《学生杂志》编辑,开始以杂志为窗口,开展对学生的指导教育。为了进一步实践自己的教育理想,杨贤江在编辑《学生杂志》的同时,充分利用上课与学生直接见面的有利时机,引导学生端正思想,从处世交友、婚姻恋爱等个人琐事到国家命运、民族前途等大事,无不予以热情的指导与解释。为了发动更多的热血青年投身于革命事业,他在《学生杂志》上组织过两次"学生干政"和"学生入党"的大讨论,使不少青年由此走上了革命道路。

上海大学是一所红色大学,是中国共产党早期在上海的一个重要活动据点,也是早期共产党的干部学校之一。学校原名东南高等师范专科学校,1922年10月改建为上海大学。于右任、邵力子先后任校长,陈望道为教务长,邓中夏担任总务长。在上海大学师资队伍中,中共党员甚多,如恽代英、萧楚女、张太雷、任弼时、沈雁冰、杨贤江等都是。杨贤江受聘于社会学系。杨贤江在讲课过程中,把革命理论和实际斗争相结合,讲述资本主义必亡、社会主义必胜的道理,帮助学生树立马克思主义观点。在讲述过程中,以其出色的口才,深入浅出,旁征博引,很受学生们的欢迎。当时上海大学学生可以自由选课,杨贤江的课,别的系的、附中的,甚至校外的学生都来旁听,教室内挤满了人。

1924年,上海大学以上海学联名义举办上海夏令讲学会,邀请著名学者与名流35人讲学,苏浙沪等地200多人参加,为时两个月,盛况空前。瞿秋白、恽代英、萧楚女、邓中夏、董亦湘、沈雁冰、邵力子、陈望道、杨贤江等都前去讲课。

拉直青年人生成长的问号

1924年7至8月,杨贤江在上海夏令讲学会讲演《教育问题》和《青年问题》,在社会上产生过很大的影响。

1923年12月,杨贤江在报纸上读到一则关于上海澄衷中学①举行国文会考的报道,发现会考的内容竟是所谓"国故",诸如"经史子集的分合之义"、"诸子流派的得失"、"汉书艺文志中诸书的真伪"等。这使他联想到近来出现的一系列怪现象:同善社呈请通令读经、湖南禁止男女同学、东南大学举行国学大会考等。他看到复古势力正四面八方地向新教育围攻,封建遗孽们正张开血盆大口,吞噬着青年们的时间和精力,麻痹他们的精神,引导青年远离火热的现实生活去钻故纸堆。他按捺不住心中的忧愤,奋笔疾书,写下了声讨封建复辟势力的檄文《国故毒》,并转录了澄衷中学国文会考的试题。文中对上海某中学校"国文会考"试题中的复古现象十分愤慨。认为"研究国学也自有它的目的和方法,但我想,稍有常识的国文教师,决不致对于中学生举行这种'国文会考'","这种考试乃是国文教育上的'复辟'行为"。他主张学生反对这类考试。"凡不甘受束缚的教育的青年学生,应该对于这种行为竖起反叛之旗,大喊一声革命!"②

文章在1924年2月5日出版的《学生杂志》第11卷第2号上发表后,立即在上海文教界激起了一场轩然大波,引起了激烈的论战。澄衷中学校长曹慕管在《时事新报》上发表言论,攻击杨贤江"无所知而轻于执笔批评","不务实事求是,造福青年,只知鼓吹破坏,掀起学潮,贻害学生。"一些封建时代的遗老遗少们也群起鼓噪,一时大有兴师问罪之势。

面对曹慕管等复辟势力气势汹汹的反扑与商务印书馆内部的压力,杨贤江沉着应战,始终坚定自己的信念。3月25日,他在《时事新报》上继续发表了《答复澄衷中学校长曹慕管的信——讨论国故》,针锋相对地驳斥了曹慕管的论点。后来又在《民国日报·觉悟》上相继发表了《今年的"五·四"和第三期复古运动》、《教育问题》等文;在《学生杂志》上发表了《研究国学问题》、《中学生必须读懂古文吗?》、《研究社会科学去救国》等通讯、答问,揭露了复古势力的险恶用心,阐

---

①上海澄衷学堂1899年由浙江镇海富商叶成忠(字澄衷)独资筹设。初名澄衷蒙学堂,1902年改设初等小学、高等小学,后又设中学。胡适、竺可桢等为该校早期毕业生。

②杨贤江:《国故毒》,任钟印主编:《杨贤江全集》第二卷,郑州:河南教育出版社,1995年版,第13—14页。

述了教育上反对复辟倒退的意义及中学生学习古文的目的、方法。他号召青年,当此外力压迫、旧思想反动都日甚一日的时候,应本着当年"五四"运动的精神,反抗不良的政治,尽力救国;本着科学的精神,把乌烟瘴气扫荡干净,为革命前途放一线光明。其中尤以《今年的"五·四"和第三期复古运动》最为显著,具有战斗力,富有论理性。文中强调了青年学生在"五四"运动中的重要作用。他说:"民国八年的学潮年,始于一哄而起,全国骚动的'五·四'运动。……这一种运动的关系,第一点可注意的,是青年学生的干政——打卖国贼,反抗列强的压迫;第二点可注意的,是青年学生的校务改进运动和思想革命……照那时的情势看来,真是勇气万倍,有作有为,谁不把我们学生当作救国生力军看呢?"同时,他对学生运动的缓和和各种反对的旧势力的反扑感到忧虑。他说:"可是不久,猛烈的风潮便和缓了,热情也冷淡了,盛极一时的新文化运动不复勇往前进,只剩了些尾音了,而外敌的势力却乘虚大盛。""轰动一时的运动,即渐渐地渐渐地和缓下去,于是种种反动现象就陆续搬演过来。"①

由杨贤江发动的这场反对国故派复辟势力的斗争,历时三个多月,影响遍及全国。《中国青年》、《觉悟》、《文学》、《时事新报》、《晨报》等报刊也都登载了不少论争文章。文化界的许多著名人士,如萧楚女、陈望道、恽代英、沈雁冰、邵力子、曹聚仁也纷纷著文,挞伐曹慕管之流的复辟行径。这场反复古斗争对维护"五四"以来新文化运动的成果及发展新民主主义时期的教育事业有着重要的意义。在斗争中,杨贤江表现出作为一个编辑兼青年教育导师所应具有的正义与社会责任感。

1924年7月,杨贤江参加少年中国学会在南京召开的第五次年会,与恽代英一起同国家主义派作针锋相对的斗争。并作了关于道德与经济改造问题的发言,强调"道德受社会制度的影响,受环境的支配,随着经济状态而变迁,并非独立与超然"②。杨贤江进一步指出,我国国人道德的堕落,是由于经济的压迫,决非人心的变化。要谋补救,就要打倒军阀的剥削压迫和帝国主义的侵略掠夺,改造这个不良的社会,建立独立自由的真正民主共和国。"倘若现代的社会组织不

---

① 杨贤江:《今年的"五·四"和第三期复古运动》,任钟印主编:《杨贤江全集》第二卷,郑州:河南教育出版社,1995年版,第48页。
② 杜学元:《杨贤江年谱长编》,北京:光明日报出版社,2005年版,第280页。

根本改造过,无论你怎样热心地救国,都是枉然的"③,而经济的独立必须经过一番政治革命。他指出,国家主义派所要救的是资本主义的中国,"纵使救国运动成功了,还不是一个'强凌弱,富劫贫'的世界"④。因此,应提醒民众不要上了国家主义论者的当,盲目地讲救国,谆谆教育青年及广大民众,只有通过革命,建立起属于人民自己的国家,爱国、护国才有可能。

杨贤江在与国家主义派的斗争中,团结和争取了广大群众,尤其是在积极引导和教育青年学生走上革命道路方面作出了重要贡献。国家主义派以超党派、教育至上为旗号,以爱国救国相标榜,深得一部分教育界知识分子的积极响应。加上他们之中有一些属当时的社会名流,因而在青年学生中也颇具影响力,一度把持了东南大学、政法大学、上海大夏大学、武昌中华大学等大学的学生会。国家主义派所倡导的教育独立说、教育救国论,致使当时不少师生抱有求学时代不该与闻政治的思想,误认为个人活动可以对社会发挥效力,只有奋发求学、健全人格、从事实业,方可以富强中国。针对这种现状,杨贤江、李大钊、恽代英等进行了积极引导。他们号召青年应觉醒起来,指出青年学生在中国内忧外患的情况下,不问政治,闭门潜修,并企图以此富强中国,无异于缘木求鱼,简直是一种妄想。在国家与民族正处危急存亡时刻,师生应积极参与政治,并团结起来,集合力量对恶劣的风气和经济压迫宣战。杨贤江向来十分关注现实问题,尤其重视青年教育,他积极为学生答疑解惑,为青年的人生导航,为革命寻找知识源泉与人才资源。

三、"全人生指导"的青年教育

杨贤江向来重视青年指导,从1921年至1926年,杨贤江在上海负责主编《学生杂志》期间,经常在该刊发表短评,揭露帝国主义的文化侵略,抨击军阀专制统治,揭露社会黑暗,热情宣传革命、民主主义思想,并解答学生思想、学习、生活等方面的问题。甚至一些常规的生活细节也成为他考虑的事情,如他1922年在《学生杂志》第9卷第8号发表《健康第一》,认为:美满的一天生活必做的12件事情,健康的5大要件——多吸新鲜空气、有规律的运动、清洁、排泄、不忧

---

① 杨贤江:《新教育大纲》,任钟印主编:《杨贤江全集》第一卷,郑州:河南教育出版社,1995年版,第617页。

② 杨贤江:《新教育大纲》,任钟印主编:《杨贤江全集》第一卷,郑州:河南教育出版社,1995年版,第617页。

虑,健康方法的7个要点——食、饮、呼吸、运动、洗浴、睡眠、休息。自加入中国共产党后,杨贤江在党内主要负责青年工作,对青年的教育引导尤为重视。杨贤江还曾在上海大学社会系、上大附中、上海景贤女中、上虞春晖中学兼课。他充分利用上课与学生直接见面的有利时机,引导学生端正思想,发动他们投身到革命运动中去。他在指导青年的实践过程中,总结出了一套独具特色的青年指导理论,即"全人生指导"。

杨贤江提出对青年进行"全人生指导",其目的在于指导青年谋求过一种圆满健全的生活。凡是青年生活中所发生的问题,教育者都有责任进行教育和指导,也就是说教育者应对青年学生全面负责,凡青年的求学、择业、交友、恋爱、家庭、健康以及处世、兴趣、爱好等都应予以全面的关心和指导,目的是培养全面发展的人,并使他们获得健全的生活。杨贤江在《青年的生活》一文中提出青年人应该"身体发达,耳目聪明,感觉敏捷,是活动性的表征。勇敢有为,反抗强暴,扶持弱小,是奋斗性的表征。天真烂漫,爱好艺术,富有滑稽意味,是多趣性的表征。热忱恳挚,真情实感,绝无遮饰委曲,是认真性的表征"。这里既体现了社会对青年的期待,也包含着青年实现这些期待应当具备的能力。杨贤江严厉批评了当时学校教育与学生生活相脱节的现象:"向来学校教育,大都偏于知识的传授,而对于良好习惯的培养、青年问题的探索,未尝加以留意;换句话,就是未能为全人生的指导。"[①]这一理论的提出是对以往"把人生割裂了"的旧教育的彻底否定,是对那种长期以来,一直盛行不衰的缺乏全人生指导的"畸形"、"蹩脚"的教育的批判。因此可以说,杨贤江"全人生指导"的思想既是批判旧教育的利器,更是解决青年问题的法宝。在杨贤江"全人生指导"的青年教育思想中,有关青年人的人生观培养、社会时代使命责任的担当以及劳动观念的转变这几点更为醒目。

杨贤江一向关怀青年,认为青年要树立正确的人生观,要陶冶高尚的德性,要获取丰富的知识,要磨砺健康的身心,成为完人。在指导青年问题时,他重视调查研究,有针对性地解决问题,因此,指导意见合情合理,有说服力。对于不同处境、不同思想状态的青年学生,他往往提出不同的指导意见:对于愤世嫉俗、思想消沉的青年,他鼓励他们要正视现实,关心时事,树立正确的人生观;对于慷慨激昂、夸夸其谈的青年,便劝导他们要做对群众对社会切实有益的工作;对

[①] 杨贤江:《中学训育问题的研究》,任钟印主编:《杨贤江全集》第二卷,郑州:河南教育出版社,1995年版,第329页。

于满腔热情、愿意为发动群众、改造社会贡献自己力量的青年,他指导他们要团结同志,参加组织,深入群众,讲究工作方法;对于家境富裕、重视学业的青年生,他希望他们除了学习正课,学习自然科学之外,要学点社会科学,参加一些课外活动与社会活动。

劳动教育,指对学生从人与物的作用,人与人的互动角度进行教育,强调学生动手与动脑相结合,手脑并用,养成劳动习惯,尊重劳动成果,以实现智与体力的协调发展。青年不亲自品尝"汗滴禾下土"的艰辛,恐怕很难知道"粒粒皆辛苦"的内涵,勤快的人会用汗水浇开幸福的花朵,懒惰的人的惰性会淹没倦息的生命。青年时期培养良好的劳动观念,养成积极向上的劳动态度,步入社会才能更好地服务于大众。对于青年劳动教育,杨贤江有着深刻的论述:"一个人的生活,应得把头脑的活动和手足的活动平等注重。理论的知识和实际的技能彼此联络。"①"我们必须承认劳动是人类生活的要求,幸福的源泉……我们如是轻视或放弃这方面的生活,就不免于死,否则也是个社会的寄生虫。所以我们都应做工,以养活自己并以养活大家。"②我们从中可以领悟到理论联系实际,实现智与力的完美结合才是素质综合之人才。当今社会合格的建设者,一旦理论脱离了实际,四体不勤五谷不分,纵使学富五车也不过是老学究书呆子而已。"两耳不闻窗外事,一心只读圣贤书"的时代已经远去,青年教育应注重劳动意识的培养,树立正确的劳动观念,强调从身边的小事做起,"一屋不扫,何以扫天下",逐步培养良好的劳动习惯和劳动自觉性,以为国家培养合格的建设者。

总之,杨贤江从中国社会的现实和青年生活的实际出发,吸收了日本近代教育家小原国芳"全人教育论"③中积极的因素,创建了"全人生指导"理论,并付诸实践。他对青年的指导,既强调要确立明确的革命人生观目标,又从青年的实际出发,具体地指导他们如何解决切身的各种生活问题,反映了他试图用无产阶新时代社会的风貌塑造新一代国民的强烈愿望,是一个完整的理论体系。深入研究,我们可以从中获得许多启迪,从而构建我们完整的素质教育理论与完善的国民教育体系,为提高全民族的素质与全面建成高水平的小康社会作出新的贡献。

---

① 中央教育科学研究所、厦门大学:《杨贤江教育文集》,北京:教育科学出版社1982年版,第36页。
② 杨贤江:《现在中国青年的生活态度》,任钟印主编:《杨贤江全集》第二卷,郑州:河南教育出版社,1995年版,第18—19页。
③ 小原国芳(1887—1977),日本全人教育理论家,玉川学园创立者,主要著作有《全人教育论》等。

第二章

学校篇

一提到学校,很多人"肃然起敬",似乎那是一片处女之地,不带有一点社会印迹,闻不到一丝社会气息,不沾染一丝风俗习气;学校被社会包围,但好像与社会截然分离,似乎是被保护起来的一个纯洁的"神圣岛屿",学校真的是净土吗?伟大的马克思主义教育家杨贤江为我们解答了这一问题。透过他对学校性质的揭示,对校风含义及造成条件的详细解释,我们可以看到学校并不是一方净土,它与社会紧密相连,但同时又有其自身独立运行的规律,并发生能动作用。

一、学校与社会

(一)社会对学校的制约性

学校是教育的核心或主体组织机构。教育是社会复杂系统中的子系统,它的存在与发展绝不是孤立的,而是与一定历史时期反映生产力、生产关系的水平与政治制度、经济基础的性质紧密联系,并受其制约或影响。当然,这种受制关系的表现是多层面、多线性,并且也带有灵活多样性特征,不应作呆板、机械的理解。杨贤江在《新教育大纲》中对此有集中而深刻的论述,有鉴于目前相关论著对此叙述引证颇多,此处用他在其他场合的言论加以补充。

1919年11月,杨贤江在《教育思潮》第1卷第5期发表论文《教育的改造》,编译自美国1919年7月《学校与社会》杂志,认为教育是社会运动的产物,"近世各种教育制度,是从前专制政治的结果,专门来适应贵族阶级的欲望和需要,束缚劳动阶级,使他不能活动,这种教育制度应当完全改造,使之向更真实的民主化迈进。""但是,要改造教育来适应民主主义和人民全体的需要,不是一件容易的事。因为,没有标识可以来指导。回顾历史,教育上专制主义之发生,是和政治上专制主义相连带的,而且还是它的一部分,但比宗教上专制主义还要密切。专制主义原不是完全错误的,所以坏的缘故,实在是因为少数专权的人,硬要支配管辖抱民主主义的群众。因此对于现在组织的教育机关,一切都要改造为民主化,同时,还必须将教育的思想、教育的习惯统统改造了,使他适于人间最重要的需要和民主主义之原理。此后教育将要成为个人切身的事体,要发展创造力和自动力,使他能够发现自己的地位,觉得自己的责任和价值,还要把他高尚的善良的感情用理性的组织,来统御卑劣的、鄙陋的感情。此后教授法将不像从前的一味注入知识,强令个人去适应没有实效、不关自身的标准;却要指导儿童用他自己的创造力,来觉悟自己,见到他自身所属大国的美,使他保有自己最高的可能性,使他的服务非常高贵。这种重要的根本的教育改造,是当今所注重,且证明是可能的。认为教育改造上最根本的一点,恐怕是在社会的革新,不但全体人民之精神都要充实,就是身体也要个个强健。"[1]此外。杨贤江又谈及民主主义的本质,并认为只有在真正的民主主义社会,专制和扰乱才不会发生。

社会对教育的制约性,深入到教育制度、组织方法之外的其他部分,甚至是课程的类型与内容的变化。哲学、文化思潮是一定社会政治、经济现实的折射或体现,浓缩了社会构成因子的关系及诉求,同样是教育走向或趋势的一种航标器。与此相应,教育理论学派及观点也必然会反映或体现社会的要求。1919年4月,杨贤江在《教育潮》第1卷第1期发表译作《现代教育主张与现代哲学》,译自美国《现代教育杂志》。文章认为,现代教育主张与现代哲学的关系是"皆为现代思潮之支流,两者为时代趋势所迫,自不能不相一致,而有共通之方向"。但"考察两方者,不能同等处置之,惟就现代各种之教育主张,探其根据,究其本质,而考其有一致根本思想之现代哲学学说耳"。提倡自动教育,"反对他动,尊重自律,不设程式,不施干涉,以限儿童,又可谓为自由主义"。此教育主张,"与现代哲学之主意倾向,相为一致";自发活动,在教育实际方面,又分为以活动为中心,以意志之表现为主的作业教育和艺术教育,皆有其哲学根源。"以社会为中心之教育主张,鉴于社会实际之要求,又分为职业教育与公民教育之二种",并对职业教育与公民教育的哲学根源进行了分析。以个人中心之教育论者,提倡人格教育,重视人格个性之塑造,认为"人格教育主张,虽谓为综合现代思潮之种种方面,本于思想根柢,最有意义之教育主张可也"。[2]

1922年8月20日,杨贤江在《教育杂志》第14卷第8号发表《美国学校教授社会科学之现状》,他认为,大战以后,社会事业的革新引起课程的社会科学化,

---

[1]杨贤江:《教育的改造》,任钟印主编:《杨贤江全集》第一卷,郑州:河南教育出版社,1995年版,第72-78页。

[2]杨贤江:《现代教育主张与现代哲学》,任钟印主编:《杨贤江全集》第六卷,郑州:河南教育出版社,1995年版,第6-13页。

社会科学成为课程的内容中心之组成部分。美国教育界开始注重社会学科,其最确实而最有效的方法是:"先使学校教师都有充分的关于这种知识的修养,其次是对中等学校的学生实施关于这个方面的教授和训练。"①

1925年5月20日,杨贤江在《教育杂志》第17卷第5号上发表《实力的和平》,主张国人要想得到和平必须依靠武力,这就要求中等学校加强军事课程及技术训练。"我以为,要挽救这种危局,并预备和平的实力起见,敢主张全国的中等学校一律添课军事训练,全国的中等学生除心身异常者外,必须受这种训练。"依靠实力取得和平有两个好处:"第一可以养成大批的有指挥队伍能力的青年;第二可以矫正眼前青年界颓废软弱的习气。"他主张青年也要有通过武力争取和平的思想观念。"我们要希望真正的和平,必须使武力能分配到民众。而负有指导民众、宣传民众责任的青年,当先有这种实用武力的预备。愿中等以上学校的教育当局者注意及此。"②

1919年10月5日,杨贤江在《学生杂志》第6卷第10号发表《学生与新思潮》,认为"新思潮为适应现代之思潮,新思潮之精神为'人本主义',学生对于新思潮,宜取顺应之态度,注重于自由研究与共同活动,以谋个性与群性之调和发展,因以完成人格"③。这里虽然以现代教育思潮的流派及学说性质、特性加以分类剖析,倾向于教育专业学理的构建表述,但究其背景及内在根源则显然是出于现代社会政治、经济组织结构的变化及要求。

(二)学校对社会的反作用

作为教育形象大使或样本代表的学校有其自身的相对独立性,尤其是专业理论及工作规律引领下的活动与实践,均有能动、主体性特点,会以不同程度或方式作用于社会的其他领域部门,带来促进、推动或高压及抗阻的不同效果。在这里,以机械论的观念来理解其中的关系,只能是消极被动的附庸论。

作为浙江省立一师毕业生的杨贤江当然首先着眼师范教育的地位或生存价

---

① 杨贤江:《美国学校教授社会科学之现状》,任钟印主编:《杨贤江全集》第一卷,郑州:河南教育出版社,1995年版,第675—676页。
② 杨贤江:《实力的和平》,任钟印主编:《杨贤江全集》第二卷,郑州:河南教育出版社,1995年版,第294页。
③ 杨贤江:《学生与新思潮》,任钟印主编:《杨贤江全集》第一卷,郑州:河南教育出版社,1995年版,第159页。

值,这也应该是教育家立论的某种基调。1915年12月11日,杨贤江在看由江苏教育会主办的《教育研究》时,认为师范教育有两种特色:"一为地方全社会之中心;一为地方教育之中心。盖扩张教育影响于一般社会,使学校成为地方中心机关,又将以养成地方教员,实师范学校所肩之二重责任也。"[1]自然,教育主体与实践的终极目标都落实在学生身上,学生之于社会的行为及活动绩效自然是最能体现教育的社会功能所发挥的向度及水准。1920年3月5日,杨贤江在《学生杂志》第7卷第3号发表《学生社会服务何以必要》,认为"做社会服务的根据,就是社会的本能——并且是社会本能当中的互助本能和爱群本能。社会服务的原因……就在于人类文明而有求社会进化的愿望。社会服务的效果,对于参与社会服务的人而言,是尽了他做人的天责;对于社会大众而言,就是完成人类全体的幸福、促进社会的进步。学生服务社会的必要,一种是特别的,就是提倡社会服务。就普通说来,服务社会是学生生活的一部分,就特别而言,因为我国人民对于社会的观念,素来薄弱,所以对于社会公共的事业,终是非常冷淡。现在所要注意的,就在提倡社会服务,使大家渐渐明白社会事业的重要。提倡的法子,就在实行社会服务,做个榜样。而在学生自身,还可作为养成社会服务的习惯的方法。学生的社会服务是学生自身,还可作为养成社会服务的习惯的方法。学生的社会服务是学生生活的一种。有视为学生的专责的,固未免有误会的地方;而视为废时耗力,不屑过问的,更是误会得厉害。所以这两种见解,都应得改变才好"[2]。这种教育的能动性体现出的教育重要特色,即其自身领域相对独立性或个性化特征。1922年12月10日,杨贤江在《东方杂志》第19卷第23号发表《什么是学校教育的特色》,他主张不能视学校教育为寻常行政事业或以商店来类比,教育事业自有它特具的色彩并含有最显著的四点学校教育特色:第一,学校教育的要素是精神的而不是形式的;第二,学校教育的努力是自觉的,有目的的;第三,学校教育的性质是纯正的;第四,学校教育是以整个人为对象的。[3]这些教育的特色恰是教育拥有的能动主体力量反作用于其制约力量的生命或根据之所在。

---

[1]杨贤江:《1915年12月11日日记》,任钟印主编:《杨贤江全集》第四卷,郑州:河南教育出版社,1995年版,第185-186页。

[2]杨贤江:《学生社会服务何以必要》,任钟印主编:《杨贤江全集》第一卷,郑州:河南教育出版社,1995年版,第191-192页。

[3]杨贤江:《什么是学校教育的特色》,任钟印主编:《杨贤江全集》第一卷,郑州:河南教育出版社,1995年版,第801-803页。

（三）学校教育社会性与个体性的统一

社会性与个体性是包括学校教育在内一切教育类型及组织方式的功能定位。然而，不同流派及教育家在两者的价值及评估设计取向上却有极大差异。国家集团主义者坚持前者，自由、兴趣或个性主义者执著于后者。杨贤江则取统一论，符合现代教育学的理念。

1922年3月5日，杨贤江在《学生杂志》第9卷第3号发表《个人心与社会心》，认为个人是社会的个人，个人与社会是同一物的两面，一面看为个人，另一面看为社会，各人之心即社会心，各性之我即社会我，心的内容是人人共通的，是交互授受的，一个人的思想感情也是这样。因为人类在长期的交往中，彼此相互影响和作用，所以各体之心是很难截然分开的。大家的心都以社会我的形式存在，只是发现的程度有差异而已。个人不是纯粹孤立的，不是全无关系的，自己的思想、情感、生活方式都受着前人和今人的影响。要自己好，便要人人都好；要自己有益，便要人人都有益；自己期望社会、学校进步，便须自己及人人都进步、都优良。在这里，人人都有责任，人人都不能自暴自弃、自矜自伐。①因此，个人与社会作用统一，其关系是互动相依的。个人的成长与进步有助于社会福祉，社会的发展又为个人的成长提供基础及支持，而社会进步的过程同时依赖个人的力量之集合汇聚。

从民国初期开始，一批留学欧美的教育家，如蔡元培、陶行知及晏阳初等人持"教育独立"、"教育清高"及"教育神圣"等诸种观点，他们虽然对国民党的"党化教育"有所抵触或消极对待，但在理论上却可依归于教育与社会关系原理，降低社会对教育制约的前提，而夸大教育的作用。杨贤江并未苟同于上述著名教育家的主张，而是主张教育与社会关系的基本原理，借"党化教育"揭示教育的现实性，并推演学生求学的同时应热衷政治、社会问题探讨，这是自然、必须，也是合理的。如他在《申报·教育消息》上发表《谈党化教育》，文章对"党化教育"的内涵作了说明，认为"党化教育"从反面论证"教育非神圣的，这种教育并非属于平民的"。现代教育宗旨，"须合乎政治潮流，在校学生，可从事政治运动、参加校务，断不可专读死书"②。

---

① 杨贤江：《个人心与社会心》，任钟印主编：《杨贤江全集》第一卷，郑州：河南教育出版社，1995年版，第539页。

② 杨贤江：《谈党化教育》，任钟印主编：《杨贤江全集》第二卷，郑州：河南教育出版社，1995年版，第734页。

1918年6月5日，杨贤江在《学生杂志》第5卷第6号发表《个体之觉悟》，他认为，无论是自然界还是人类社会的任意个体，均不可缺少，也不可侮，是谓"个体虽小而微，然其效则大而著。不由此小，无以成天地山川之大；不由此微，无以呈事功风俗之奇。因此，学生作为家族、学校、社会、国家的一个个体，应该赶紧觉悟，认识到自己的作用和使命，纠正或避免无意识、欺骗、害群、依赖的举动，时时以自勉、守规、服务、协助，造成善良校风"。杨贤江接着又说："吾之为前言，一鉴于学生之所病，一鉴于学生之所阙，皆属鞭辟入里之言，而非浮光掠影之谈。故敢叙述以供阅者诸君之省览，苟能循斯而进，庶几与群有补。而个体之职，亦庶几乎其无愧。"①其间文字语气中流露出的期盼、厚爱及关怀青年学生健康成长，全面进步及圆满发展的心思诚挚而温情，宛如长者的叮咛、嘱咐，又似师长的谆谆教诲与殷殷勉励。学生若是尽了个体之于群体及社会之职，便可无愧于心。看来，这是现代学校学生在社会责任担当方面的基本而必要条件。

二、学风、校风与社会风尚

（一）学风

学风是指一地方或一国家的学术界——包括教育界、学术团体及学问家——所表现出来的风尚、特色文化；校风则指学校所表现出来的态度。故学风所指的范围要比校风所指的来得大；或者也有指一个学校内，学生在勤学方面的趋向及态度为学风，以示别于除这种学风之外尚包含别种元素而成的校风；但通常所谓校风，却不是这样狭义的一种。不过两者也有相同的一点，即：它们所产生的影响，都足以广泛而且深入到某一群人之间，使之同化，正如字面所指示，颇有"风行一时"的威力。又两者的关系还要有更深一层的理解，就是校风常受学风的影响。杨贤江举例说，当清代初兴学校的时候，社会上还保持着"师尊道严"的"国故空气"，当时的学风，正好拿学校大门边一对虎头牌上所写的"学堂重地，闲人莫入"八个大字来做写照。所以当时各校的校风也大致是富有官气，一切只会"照章办理"，极少变化。当"五四"运动的前后，新文化运动大倡，学术界顿呈一种新鲜气象。于是各地的校风，也大致趋向于活泼自由的一途。稍后，又有所谓"整理国故"的一派声浪，这虽不能说是文化方面的"向后转——走"的

---

① 杨贤江:《个体之觉悟》，任钟印主编:《杨贤江全集》第二卷，郑州:河南教育出版社，1995年版，第130-131页。

微笑,但是看看各地的校风,却已不复像四五年前那样的发扬卓厉,而竟是消沉萎靡了。"民国十三年间,提倡社会科学、'现代研究'的呼声很高,或者从今而后,各地的校风将趋于切实有为的一路吗?但一校的校风也有足以影响全社会的学风的。譬如民国六七年间北京大学的种种革新现象,如采用选科制、聘请有新思想的学者、提倡新文学、出版新刊物等等,实在是转移中国学风的枢纽。"①

就学校,尤其是班级内组成人员所表现出的学习行为态度、认识特点、价值取向及方式方法等方面来看,学风又是校风的一个核心内容,但非全部因素。学风的维度及影响源很多,构成结构关系复杂,但心理现象、求学动机及价值取向应是最突出的三个部分或维度。应该说,对这种让人道不明、理不清却又是学校工作中至关重要的问题的概念辨析,确实是煞费苦心,而且有几分"剪不断,理还乱,梦无端"之感。杨贤江的理论分析及思辨力十分到位,足可为现代教育提供咨询。

1922年7月5日,杨贤江在《学生杂志》第9卷第7号发表《从现代我国学生生活所见的青年心理现象》,本篇只是就作者观察到的当时的学生生活,推论当时青年所独有的心理现象。"第一,我国学生当中,有一派拘谨的人。第二,我国学生当中,有以过孤寂生活为惯常的。这两种学生生活,虽限于一部分,但就全体学生而言,则是:我国青年学生的感情,实在太不发扬了。第三,我国学生当中,有一派过流浪生活的人。第四,我要讲到三年来最盛行的学校风潮了。风潮之因,或为考试,或为自治,或为经济,或为饮食,但风潮发生的对象,不外是教职员。总而言之,只是学生不信任教职员。学生闹风潮,固然也有出于学生的轻举妄动和受人利用的,但教育者方面也不能不负相当的责任。至少,教育者的感化力太薄弱了,他们的人格太卑鄙了。第五,我们学生当中,有一种任情、自便的风气。第六,我国学生当中,有一派奔走的人。他们喜欢干事、不喜欢读书。第七,我国学生当中,有一派烦闷的人。他们要想发见人生的意义而不得,要想满足个我的欲望而不遂,于是不安于现状,不安于读书,过一种抑郁无聊的生活。但他们烦闷的最根本原因,仍要归于心理的作用。救济青年烦闷的方法,有改变人生观、提倡美术、注重游戏等几种。但关键的,除青年自己警觉外,尤在乎社会制度

---

①杨贤江:《学风与校风》,任钟印主编:《杨贤江全集》第二卷,郑州:河南教育出版社,1995年版,第207–208页。

的合理和教育者教育得法。"最后,作者讲了近年学生界新发生的一种生活,就是社交和恋爱。此外,学生的生活里,有嫖赌的,有偷盗的,有考试作弊的,有欺侮同学的,它们皆为普通的青年心理现象,故不特别讲述。"就自杀现象讲,我国青年自杀的确是极少,仍是我国青年的特殊的心理现象。"①

1925年5月5日,杨贤江在《学生杂志》第12卷第5号上发表《创造新学风与整顿学生会》,认为学风是"智识阶级(或学人社会)所表现的一种风气罢"。这种风气仅对少数人有益。因为"智识阶级的地位,可以说是属于统治阶级或是依附统治阶级的,而他们的知识就常用为统治的手段。到了近来,因资产阶级掌握了社会的实权,智识且成为资产阶级的专利品,智识阶级也就成为资产阶级的魔犬爪牙,所以他们要为这个特权阶级划策,为这个特权阶级理财,为这个特权阶级办学,为这个特权阶级粉饰门面,因此,不能由智识阶级来整顿学风。因为在他们没有觉悟自己的地位、认清自己的责任以前,至多只为特权阶级增强些压迫力罢了"。据此,他对于中国"智识阶级"表现出的所谓学风十分愤慨。"我敢说,时人所常痛骂的'学风嚣张',实不足忧;独有这样'阘茸'的'有奶便是娘'的'学风',才真是亡国灭种的预兆!""乡愿的、奴隶的、商业化的、酿成暴乱的,学生界中有不好的风气,突出的如倾向于文艺的青年们,除爱读文艺书籍,并从事所谓'创作'以外,再没有别种可以留意的事情,他们不但不关心到社会,甚至连自身的学业与健康也所不问,而是单求个人快乐的,口里嚷着'自由解放',实则只为自我的任情妄行而打算。"于是主张"今后的学风,当发挥革命性而消除游惰性,不但要谋学生界自身气象的刷新,更当间接促进教育界气象的振作"。学生应当担当起创造新学风的责任。同时学生创造新学风必须先整顿学生会。因为"学生会是学生们最切身的一个团体。我们要藉它来巩固自己的团结,要藉它来训练自己的力量,要藉它来力争青年的利益,要藉它来唤醒民众的迷梦。我们要承认,单独的个人,无论怎样好法,终究无补于大局,只有集合的团体,才能发生出伟大的力量来"。因此,若能成立全国学生总会,由它领导全国各地的学生联合会,其成效将有立竿见影之表征。学生会是谋学生自身利益的机关,且是教育民众、做种种社会运动的机关。他期望学生会在以下四个方面能对学生发挥

---

①杨贤江:《现代教育主张与现代哲学》,任钟印主编:《杨贤江全集》第六卷,郑州:河南教育出版社,1995年版,第6—13页。

作用:不受反动派的影响,为自己的利益而奋斗,为人格的保障,为革命的推动力。①上述可见,杨贤江为我们描述了那时学风场景的一个侧面,其剖析的问题、成因及思路颇为深刻而有启示意义。

(二)校风及影响因素的分解

一个学校有一个学校的风气,按照一般的说法,学校的风气包括学风和校风,学风和校风都是有好有坏的。校风既是一种教育和管理学校学生的强大力量,又是学校教育和管理工作的重要建设内容,杨贤江对此十分重视。

杨贤江指出,学风和校风两词的意义和范围是不同的。学风所涵盖的范围甚为广泛,他对此没有做过更多讨论。在此只对其所论述的校风问题归纳如下。

杨贤江认为,校风是一个学校内的人物在各方面生活上所表现出来的一种态度和趋向。校风对学校学生以及教职员工的影响甚大,因此,建立良好校风是办学过程中的一个重要工作。杨贤江从三个不同的方面对如何形成良好校风进行论述。

首先从人员的组成入手,分析他们在校风形成中的各种作用。人员为学校活动的主体:校长、教职员、学生、校役等。他认为,一个学校的办学好坏,校长是关键,一个好的校长能充分调动领导班子和教职员工的积极主动性。"校长负有一校教育行政的全责,他不仅要有教育学识,更须有革新精神及办学热诚,须明了时代趋势与社会情况,务使本校的教育足以养成学生为当时当地适用的人才。"②可见,在形成良好的校风方面,校长起着至关重要的作用。教师是学校办学中的中坚力量。"教师在学校教育上居于实际执行的地位,故在形成校风方面也极为重要。"③因为在教学过程中,教师直接与学生接触,教师的言行直接作用于学生,教师的人生观、价值观对学生的影响是潜移默化的熏陶与渗透,无形却持久

---

①杨贤江:《创造新学风与整顿学生会》,任钟印主编:《杨贤江全集》第二卷,郑州:河南教育出版社,1995年版,第282—292页。
②杨贤江:《怎样造成良好的校风》,任钟印主编:《杨贤江全集》第二卷,郑州:河南教育出版社,1995年版,第245页。
③杨贤江:《怎样造成良好的校风》,任钟印主编:《杨贤江全集》第二卷,郑州:河南教育出版社,1995年版,第245页。

而深刻地影响学生。至于学生在形成良好校风方面的作用,杨贤江也有充分的认识。"造成善良校风,为学生本务之一不容忽视。"[1]学生是学校的主要成员,让学生自己行动起来,建立各种规章制度,开展各种自我教育和民主管理的活动,有利于形成良好的校风。他还认为,相对于校长、教职员、学生们来说,校役在形成良好校风方面的作用较小,但他们若不称职,也会妨碍良好校风的形成。总之,"要造成良好的校风,就须以上四种人物团结一气,互相亲爱,向着一个目标努力以谋学校教育的革新与增进。"[2]

其次,学校各方面生活在校风培育中的重要性也不容忽视。学校各方面生活即活动的事业:学艺、健康、社交、服务等,即我们所讲的课外活动与社会实践活动,参与课外活动和社会实践活动有助于激发学生的学习兴趣,增强理论运用于实践的能力,让学生有更多的表现机会,并从中发展能力,培养学生的创新精神,提高学生的思想素质。杨贤江指出:"我们考察某校校风时,须兼顾某校在健康、劳动、服务、学艺各方面所表现出来的成绩,绝不可以单看教室课业状况、学生成绩展览为满足。"

除此以外,态度在营造良好的校风方面也尤为重要。俗话说:"态度决定成败。"在良好校风的问题上,态度对于人的行为活动各个方面有着深刻的影响。这里的态度即为活动的性质:指一个学校内大多数人在各方面生活所表现的态度和趋向,是须应于时代、环境及别种情形的要求的。[3]只有意识到态度的重要性,才能在营造良好校风的工作中顺利走向成功。

校风的形成受多种因素的制约,由多种要素融合而成的风气,校风的性质不是一成不变的。"所谓良好的校风不是别的,就只能适应时代趋势,社会环境和各校自身特种需要罢了。什么'天不变道也不变'式的哀叹'今之校风不如古者'的人,实为没有时代眼光,应被'天演淘汰'的。"[4]总之,良好的校风是一个学校

---

[1] 杨贤江:《论个人改造》,任钟印主编:《杨贤江全集》第一卷,郑州:河南教育出版社,1995年版,第199页。

[2] 杨贤江:《怎样造成良好的校风》,任钟印主编:《杨贤江全集》第二卷,郑州:河南教育出版社,1995年版,第246页。

[3] 杨贤江:《怎样造成良好的校风》,任钟印主编:《杨贤江全集》第二卷,郑州:河南教育出版社,1995年版,第247页。

[4] 杨贤江:《怎样造成良好的校风》,任钟印主编:《杨贤江全集》第二卷,郑州:河南教育出版社,1995年版,第247页。

革新与发展的原动力,而营造好的校风需要各个方面的共同努力。校风不是凝固、静止、一成不变的,而是有历史时代性,它因时代的不同需要,作出相应的调整与改变。

(三)如何造成良好的校风

校风既然是一个学校内大多数人在各方面生活上所表现出来的一种态度和趋向。这里说的大多数人是:"校长、教职员、学生、校役等。所谓各方面的生活是:学艺、健康、社交、服务等。所谓态度及趋向是:适应时代、环境及他种情形的要求等。由这种种要素融合而成的'空气'。"①既然知晓了校风的含义,那良好校风的创建就得从校风所含的各个因素来着手。我们把校风的含义再分析一下,就可以得知里边含有活动的主体:校长、教职员、学生、校役等;活动的事业:学艺、健康、社交、服务等;活动的性质:要适应时代、环境及他种情形的要求等。下面就这三个方面着手进行建构。

1.发挥活动主体的作用。所谓活动的主体,就是指上面所谓人物而言。他们是形成校风的原动力。没有他们,将没有活动的事业可实现,更没有活动的精神可表示。但他们里边也自有差别:校长负有一校教育行政的全责,当然算最重要,他必须有教育学识固不待言。但此外更须具革新精神及办学热诚,更须明了时代趋势与社会情况,务使学校的教育足以养成学生为当时、当地适用的人才。所以他在形成校风的要素上,实是个最最重要的。教职员直接与学生生活发生关系,他们根据本校教育方针,分任一方面的教育职务,对于学生的性情观察、生活指导,应该非常详密,非常切实,他们在学校教育上居于实际执行的地位,故而形成校风方面也是极重要的。至于学生,形式上是与校长、教职员互相对应,因为学生是受教育者,校长、教职员乃是施教育者;但实质上应该是融洽的一体,因为受教育与施教育的目标都在要求教育效果的实现。故学生在形成校风上面的责任,即在顺应学校的教育方针与教育计划。然如发现学校教育方针与教育计划有错误或不完美时,也当提出意见请求校长、教职员设法改良,所以学生对于校风的形成,实负有一半的责任。校役在学校任务上,通常会是不被重视;但我以为,他们奉了校长、教职员及学生们的意思办理种种事务,也与一校

---

①杨贤江:《校风是什么?》,任钟印主编:《杨贤江全集》第二卷,郑州:河南教育出版社,1995年版,第209页。

校风有关;他们若不称职,即足以妨碍或竟破坏一校的校风。尤其是小学和中学的校役,更与学生有密切的关系。故他们对于校风,至少在消极方面是负有责任的。"要造成良好的校风,就须以上四种人物团结一气,互相亲爱,向着一个目标、努力以谋学校教育的革新与增进。最忌是教职员互争权利、互闹意气,把学生利益置之不顾;或者学生更分成派别,'助纣为虐',于是学校变成商场,教育变成交易,将无复有优美的校风可说了。"①

2.全面活动的事业。活动的事业,如前所述,有学艺、健康、社交、服务等四项。这四项是必须平等地注重的。从前的教育,只重读、写、算三种(西洋所谓three Rs'),则不过学艺的一部分,所造就的人也只配任机械式、胥吏式的事务,而于心身的修养、人群的贡献都非所关注,也非所能为。现在我们知道,要造成完美的人格,必须有强健的体魄和精神,有工作的知识和技能,有服务人群的理想和才干,有丰富生活的风尚与习惯。"故我们考察某校校风时,须兼顾某校在健康、劳动、服务、学艺各方面所表现出来的成绩,决不可以单看教室课业状况、学生成绩展览为满足。现在有人鉴于教室作业不能达到教育目的,特提倡课外活动以谋补救。这在事实上固属重要,而在理论上实不可通。因为教育本当以全生活为对象,岂应有课内课外的分别?还有考察校风时,仅着眼于各个学生而忽略了全体学生,或仅着眼于学生而忽略了教职员及校役,也犯个偏而不全的病。"②

3.分析活动的性质。活动的性质,是指一个学校内大多数人在各方面生活所表现的态度和趋向,必须应于时代、环境及别种情形的要求。举例来说,从前科举时代,环境所需要的是会做八股、诗赋,以后加上时务策论,教者、学者就只以这些功课为限。到了废科举、兴学校,因外力的压迫,遂有体操、科学、艺术等科逐渐加到课程里来;到最近又特重自然科学及社会科学的研究;而各学科的内容与编制,也随时进步改良。这些都可以证明教育上的设施是因时、因地而异的。其他如训育方针,如生活形式,如道德观念,也都因时、因地而变迁。"因此,校风的形成固然有多方面的要素,而校风的性质绝不是一成不变的。可知,所谓良好

---

① 杨贤江:《怎样造成良好的校风》,任钟印主编:《杨贤江全集》第二卷,郑州:河南教育出版社,1995年版,第245-246页。
② 杨贤江:《怎样造成良好的校风》,任钟印主编:《杨贤江全集》第二卷,郑州:河南教育出版社,1995年版,第246-247页。

的校风不是别的,就只能适应时代趋势、社会环境和各校自身特种需要罢了。什么'天不变道也不变'式的哀叹'今之校风不如古者'的人,实为没有时代眼光,应被'天演淘汰'的。"[①]这里从主体性、全面性及发展性三个层面来设计造成良好校风的设想或构思是深刻而富有卓识的,能将案例、理论及方法相结合,体现出科学的精神。

三、学校与青年的发展

(一)杨贤江个人的成长历程

学校教育与青年的健康成长及理想发展关系极重,且从普遍意义而言,两者呈正相关的彼此推进关系,这应该是当代教育学的基调及主要论点,这也是杨贤江所阐述的思想主张。不过,他在分析论证时不仅是基于逻辑推演的必然性,还深入到如何能实现的方法引导问题,这就丰富了教育基本原理的资源。从现代心理学所持个体生长史梳理并呈现人物的发展历程,在此便具有特殊的论证价值。

杨贤江在青少年时代,就是一个全面发展的学生。诚意学堂为他的全面发展创造了很好的条件,并为他以后的学习与工作奠定了扎实的基础。

在诚意学堂求学期间,学校先进的教学设施,雄厚的师资力量,科学完善的课程设置为他的全面发展提供了物质基础。诚意学堂自创办伊始,就有完备的设施。学校是按照新式学堂要求新建的,从礼堂、讲堂、自修室、学生寝室、教员室,到阅览室、正门厢房、厨房等一应俱全。另外还修有一个新式运动场,添置有篮球、排球、足球等各种运动器械。学校师资力量雄厚,历任堂长、校长一般都出身于举人、秀才,教师中亦人才济济,各学科配有专职教师。在杨贤江就读期间,国文教育员胡云袁、郭嘉树、杨积芳、阮性传(候补知县),历史地理教员陆茂钊,体操图画手工教员蒋寿承,算术教员杨传藻,英文教员王冠俊等著名教师,他们都热心教育、潜心教学,使杨贤江受益匪浅。学堂开设课程也相对齐全,主要有

[①] 杨贤江:《怎样造成良好的校风》,任钟印主编:《杨贤江全集》第二卷,郑州:河南教育出版社,1995年版,第246-247页。

修身、国文、算术、英语、本国史、地理、理科、手工、图画、唱歌、体操等课。这就为杨贤江修习各种课程,培养各种素质,提供了条件。

学校组织的丰富多彩的校外活动为杨贤江提供了广泛的活动舞台,无疑提升了他各方面的素质能力。如1909年春,该校第一次春游的情形如下:初六日,教职员率全体学生为春游旅行。上午七时出发,过承志、汝湖后宅、二房、景棋、存著名校,由大古塘西行,过络芦庵、宝胜庵、五里墩,进湖地大街,过敦厚学堂,至临山卫,过凤山学堂,出西门,过老寨、干墩村、荧家埠,至冯氏学堂。散队。由校董冯景周接待午膳。午后八时回校。①

1912年8月20日,杨贤江离别故乡到浙江省省会杭州,为继续求学辞去教职。他奉李叔同、夏丏尊及陈望道等名家为师,夜以继日、废寝忘食地孜孜以求,专心于学业的增进与素质的全面提升。

李叔同(1880—1942),学名文涛,字叔同,随环境变化,名号常改。祖籍浙江平湖,生于天津一个经营盐业与银钱业的家庭。少时即擅长吟诗作画、写字刻印。1901年秋入上海南洋公学。1905年留学日本。创中国最早音乐期刊——《音乐小杂志》及中国最早话剧社团——"春柳社",后饰演《茶花女》女主角得名。1910年回国。1911年春,任上海城东女学音乐教习。1912年7月受聘为浙江两级师范学校音乐、图画教职,1915年又兼任南京高等师范学校音乐图画课,每月往返于杭宁之间。1918年初在西湖虎跑定慧寺削发为僧,法号演音,号弘一,1942年圆寂于福建泉州温陵养老院。

夏丏尊(1886—1946),浙江上虞人。原名铸,字勉旃,号闷斋。光绪二十八年(1902)取秀才。后入上海中西学院(东吴大学前身)初等科、绍兴府中学堂、日本宏文学院、东京高等工业学校就读。1909年任浙江两级师范学堂日籍教习的翻译,学校易名浙江第一师范学校后任该校国文教师,并当选为文艺部部长,创办会刊《校友会志》。与刘大白、李次久、陈望道合称为一师的"四大金刚"。1920年至长沙第一师范任教。1922年到上虞春晖中学任教,加入文学研究会。1924年兼

---

① 百年校史筹备办公室资料组:《纪念余姚泗门镇中心小学建校100周年百年校史》,第23页。

拉直青年人生成长的问号

任浙江省立四中国文教员,1925年与他人在上海成立"立达学会",创办"立达学园"。1926年参与筹建开明书店。次年任上海暨南大学中国文学系主任。1928年任开明书店编辑所所长。1930年创办《中学生》杂志。1936年创办《新少年》杂志,任社长。1937年任《月报》社长,后编辑字典,兼私立南屏女子中学国文教员。抗战胜利后当选为中华全国文艺协会上海分会理事。译有意大利女教育家亚米契斯著的《爱的教育》《续爱的教育》等,著作收入《夏丏尊全集》。

陈望道(1890—1977),原名参一,曾用名佛突、任重,笔名雪帆、晓风、张华等。浙江义乌人。出生于农民家庭。入私塾,1908年后入金华中学、浙江之江大学。1915年赴日留学入东洋大学、早稻田大学,接触并初步接受马克思主义。1919年5月回国,任浙江第一师范学校语文教员。1920年到上海编辑《新青年》,并参加组织马克思主义研究会、社会主义青年团的筹备工作。后在复旦大学、上海大学、中华艺术大学、安徽大学、广西大学等任职。参与发动了"大众语文运动",上海文化界救亡协会。新中国成立后曾任《辞海》总主编。所著有《陈望道文集》等。

教育活动的影响因素很复杂,大致可分为学校、社会及家庭诸种力量,而各个部分又可以分出多种子项目,就学校内部而言,教师的主导与学生的主体角色共同发挥作用产生的交互促进力量是最为直接和显要的。杨贤江后来曾撰写教学活动过程中师生作用角色分担的专论加以揭示,其中的论点至今仍十分闪光。1926年10月20日,杨贤江在《教育杂志》第18卷第10号上发表《论"师生合作"》。他认为在实行"师生合作"时,教师应该注意三点:"(一)'师'当以原谅'生'者为合作。(二)'师'当以不干涉'生'者为合作。学生为本身利益,当民众利益,组织学生会,出版刊物,参加群众运动,为'师'者方当指导鼓励之不遑,更何忍加以干涉?(三)'师'当以援助'生'者为合作。如研究学术、从事实际运动或对付当地某一个重大问题。'师'与'生'应该切实联合,共同策划,以期抵于成功。"①只有这样,才能建立起真正的"师生合作",这对于国家、教育都是一件有积极意义的事情。1922年1月5日,杨贤江在《学生杂志》第9卷第1号发表《我所希望于今年的学生的》,认为学生求学,一半靠教师的指导,一半靠自动的研究。学生

---

① 杨贤江:《论"师生合作"》,任钟印主编:《杨贤江全集》第二卷,郑州:河南教育出版社,1995年版,第657页。

应该用自力来改良共通缺点,即欠缺团体训练、少有科学兴趣、不注意身体、不发达美感,随着新年去过新的生活。①这是对古老经典教学论著作《学记》的深刻诠释与现代挖掘。

1922年9月5日,杨贤江在《学生杂志》第9卷第9号发表《教学相长》,认为:以前应用这个词,限于教师,现在可应用于学生了。现在,学生中有勤学和不勤学两派,教员中也就有勤教和不勤教两派。学生的勤学与否,实能影响到教师的勤教与不勤教。因为勤学的学生常要向教员提出疑问,请求解决;教员为解惑释疑起见,自然不得不先有预备,这就要先学了。当良师不易多得之时,学生们肯勤学,多提问,使做教员的不得不竭力研究,以期有满意的答复,倒也是个间接培养良师的方法。同时,这个方法在师生关系上,又是人己两利、情理皆宜的。②大家熟知,"教学相长"是《学记》的一条重要教学原则,杨贤江的上述理解丰富了古老教学思想的认识,其实也是他自身对教学问题的精辟论断,尤其是从过程或内在机制问题阐释了"以教人者教己"这一师生互动论命题。

从当前教学理念来衡量,这正符合当代教育理论中交互沟通、对话交流学说,从而对先秦古典教学论著作《学记》的教学相长原则及古谚所称的"名师出高徒""师傅领进门,修行靠个人"的语义作了现代性升华的诠释。杨贤江在一师的成就业绩自然就是这种教育效应的结晶。例如在他进入一师的第二年,即1913年,杨贤江就在《浙江省立第一师范校友会志》第1号发表《竹柔随录》,认为师范生求学开端之始不应偏科,平均修习各种学科,"一则关乎生理之作用"犹为普通各学校公共之理;一则关乎吾人之资格,实为师范学校所特具之点也。"又寓意深长地点题:新年非年之能新,而是人的自新,即心新年之心、行新年之事,人新乃能年新。③可谓言词之间富有哲理,韵味悠长。

而在两年后的1915年8月5日,杨贤江在《学生杂志》第2卷第8号上发表《我之学校生活》(另载于浙江省立第一师范《校友会志》第8号)。就对于学校教育与个人发展的特殊意义加以阐发,个体学习、修养的严格要求尤为师范生服务

---

① 杨贤江:《我所希望于今年的学生的》,任钟印主编:《杨贤江全集》第一卷,郑州:河南教育出版社,1995年版,第478页。

② 杨贤江:《教学相长》,任钟印主编:《杨贤江全集》第一卷,郑州:河南教育出版社,1995年版,第685页。

③ 杨贤江:《竹柔随录》,任钟印主编:《杨贤江全集》第一卷,郑州:河南教育出版社,1995年版,第5页。

教育的预设条件，也是达成理想人生的前提。如他认为国家基础在少年教育，而修学业之地，莫如学校。学校时代是人一生中最重要、最宝贵的时代，学校生活自然与其他生活不可同日而论。师范学校以造就小学合格教员为目的，是教育及培养人格的专修学校，师范生的生活亦与其他学校学生的生活有所不同。作者的师范生生活即是：秩序的生活、自律的生活（子时修学，丑时勤务，寅时日记、笔记，卯时卫生，辰时集会，巳时投稿应征）、服从的生活、简约的生活、愉快的生活、礼法的生活、假日的生活。师范生是学习教育原理和方法以利日后教养儿童与陶冶国民的预备者。"由学生之资格而言，一身所负担者，已觉任重而道远；由教师之责任而言，益觉艰巨难堪。故作者立志：将来于教育界必当有所尽力，务勉为世界上三育均备的人，而以'高尚纯洁'四字为吾前程之鹄。高尚纯洁，固为教师所必具之美德，亦即人世终极之目的也。"①可以说，这恰是杨贤江浙江一师求学生涯的教育视角的提炼与浓缩。

（二）促进青年发展的学校工作改进策略

学校是青年求学、生活及素质能力提升的园地，称为这一特定矛盾冲突期的摇篮，当不为过。这一方面出于学校育人环境、计划、目标及师资等方面的科学化设计，同时，也是教育力量、资源优化整合、实施的结果。但是，这仅仅停留在理论陈述之中，现实如何，实际的困惑化解及理想目标的达成，都有赖于学校工作的改进方略。杨贤江对此的构思及描事，引人深思，足资吸取或借鉴。

1．提出青年成长的目标，体察青年的具体问题

中国传统社会长期沿袭男尊女卑的陈旧观念，致使女子教育边缘化在家庭及社会活动中进行，这必然是扭曲的病态教育。在运用男女同校合班教育管理方式以后，学校中的青年学生自然已包括男生、女生。由此，学校的培养对象也就包括了两性不同的生源。这两者虽有自身特点，但其精神则是平等、独立与自主，学校对他们的人生愿景应发挥同等无差别的作用。

1921年8月杨贤江在《妇女杂志》第7卷第8号发表《男女精神上特征的比较》。他这篇文章汇集了许多心理学家有关男女智能差别的实验结果，说明妇女

---

① 杨贤江：《我之学校生活》，任钟印主编：《杨贤江全集》第一卷，郑州：河南教育出版社，1995年版，第48—49页。

本来是和男子有差不多的智能,其差别实在看不出来,男子对于光的感性、单一反应时间、单一动作的速度力量、一时的注意、数学的机械的论理的思考方面,都比女性优;而女性对于色的感性、味觉、皮肤感觉、记忆限制联想、连续的注意、调整的动作及感动性方面,都比男性优。作者希望妇女们自己要觉悟、要努力,打破男尊女卑说的谬误。①

1924年11月5日,杨贤江在《学生杂志》第11卷第11号上以"曲它"署名发表《青年运动的几个要点》,主张在青年中间要做运动。目的是:"为了看重青年,为了希望青年,为了改进青年。"他认为青年成长的目的是"希望他们能觉悟起来,为自己的利益而奋斗,并为一般被剥夺生活权的群众的利益奋斗。为此目的,在青年运动中应注意四个方面:我们须要明白青年有些什么问题,就是青年有些什么苦痛,有些什么要求,有些什么困难;我们知道了,要向青年解说,要引起他们求解决问题的动机,要鼓动他们为解决问题而有觉悟的决心;进一步,我们就要和青年研究怎样着手解决问题;我们更要引导青年扩大眼界,向四周的民众看看,他们有些什么问题?他们该怎样解决问题?他们的对象是否和我们相同?我们该怎样和他们联络起来?"②

上述文字表述或主张,无论是青年运动或发展的目标问题都应属于教育上的顶层设计,上位的目的及下位的要素与目标一道构成了目标分类体系,成为学校组织、实施及测评的参照,至为重要。作为教育活动的有效性如何提升,有多方面工作,但了解对象的特点、愿望及需求是十分重要的。杨贤江的现代教育理性思索由于他的人生定位及立场取向而带有了鲜明的社会化及革命性,这应该从历史时代的空间中去解释,而不能全盘地移植至当今的青年教育规划之中,以至失去了具体的多维目标要素,我想这应是不言而喻的。

2.指导青年学生合理对待升学与就业的矛盾

一直以来,初高中阶段的学生存在着升学就业的矛盾与困惑、抉择与态度应对。这是近代学制实施以来就长期盘绕、无法回避的问题,既涉及社会经济、产

---

① 杨贤江:《男女精神上特征的比较》,任钟印主编:《杨贤江全集》第一卷,郑州:河南教育出版社,1995年版,第350页。
② 杨贤江:《青年运动的几个要点》,任钟印主编:《杨贤江全集》第二卷,郑州:河南教育出版社,1995年版,第192-193页。

业与教育的多层关系协调,也关乎教育体制结构、类型的合理编定,可以说,至今纷扰复杂,还未有理想、一致的方案。

杨贤江在指导青年学生学习、工作、生活及交往中曾从不同角度讨论这一问题,如1922年6月,本年中学高年级学生行将毕业,面临着升学与就业的选择,而其中的艰辛与矛盾、竞争与努力都困扰着学生。为此,杨贤江在《学生杂志》第9卷第6号,刊发《见解和勇气》《告中学毕业生》两篇文章,加以耐心而理性的解答。勇气的根源是热烈的感情和明澈的见解,而见解更足以指导动作,使之趋于一个解决的方向。他劝告青年要有抵抗习俗的勇气,更要有抵抗习俗的见解。[①]中学毕业生,实在是人生进程上最有关系的一个时期:或者从普通的教育进一步接受专门的教育,或者从学生的生活改就职业的生活。因此,要升学的毕业生:一要审查所欲入的学校是否合于教育的性质;二要审问自己求学的动机是否合于做人的条件。要谋生的毕业生:一要审察所欲就的职业是否合于人的生活;二要审察所欲就的职业是否合于自己的志愿和才力。"[②]一个革命的青年,应该是一个过健康、正常生活的青年,而立志改造社会和过"正常生活"是一致的。因此,青年人要注意德智体全面发展,应该破除一切陋习,向着积极的方向,努力把自己培养成为一个"圆满发达"的人。

3.组织学生团体,造就学生群众

为了克服青年学生容易出现的孤傲、偏激以及自命不凡的心理困境,促进其健全人格的养成,同时也有益于改变传统社会中散沙游离性的民族痼疾,转化青年教育中存在强调竞争、优胜劣汰的观念、方式,实现优势互补,部分组合整体以实现结构优化,从而出现整体大于部分之和的效果。杨贤江主张加强团体组织,增进协同合作,提高群体性力量的自觉聚合。

(1)学生团体的分类与教育作用

青年学生所组织的团体有两种:一种为课外研究的团体,它的目标在随各人兴趣的差别,于正课之外,就文艺、美术、科学、雄辩等项,作较为深切的研究,以

[①] 杨贤江:《见解和勇气》,任钟印主编:《杨贤江全集》第一卷,郑州:河南教育出版社,1995年版,第613-614页。

[②] 杨贤江:《告中学毕业生》,任钟印主编:《杨贤江全集》第一卷,郑州:河南教育出版社,1995年版,第615-616页。

发展某种特殊的天赋兴趣,故有补正课的不及的功用。一种为公益服务的团体,它的目标,一方面在使学生能协助学校治理校中各种公共事务,以收分工协作、事半功倍之效;一方面又在藉各项公益服务,锻炼良好公民,以作改进社会之基础。

学生团体的作用主要表现在三个方面:第一是藉组织团体练习我们的组织能力。中国人因为几千年过惯了自然的家庭生活,没有什么群众的团体活动,所以组织能力便因无所用而不发达。现在虽有团体事业,但不能发挥团体效力,大半的原因就在组织能力的幼稚。须知:要使团体组织完整、运用有力,必须有确定的目标,做团体成员的必须个个遵守纪律,朝着同一目标干去。我们现在组织团体,就要对这点格外注意。第二是藉组织团体学习活动能力。学问与做事性质不同。我们只预备了学问而不练习做事,恐怕仍不能做出有益于人群的事业来。而且在现代的社会生活里,无论做何种建设事业,都靠有团体的力量做后盾;单单一个人或是少数人,不管学问怎样高明,实在是很难做成功的。第三是藉团体的力量来防止我们的堕落与促进我们的努力。环境对于个人的势力是很大的。过去及现在,在政治舞台上干出卖国害民的勾当的人,当他们在做学生时,未尝不想做救国利民的事。无如他们上台以后所接触的统是些腐败现象,更没有人鼓励他们要革陋俗,要守廉耻,于是他们遂不知不觉之间与恶劣环境同化了。我们要晓得这是种事实,又当明白,人是常免不了须受勉励和监察的,故真想做个有作为的人,就应在现时组织团体来增加我们人格的保障力。①也就是说,学生借助于团体力量便能得以切实发挥,真正体现出来的自主、能动及独立力量,不仅是学生自我发展的积极推进因素,也是保障学校管理组织及其他资源合力育人的正向举措。

1925年10月5日,杨贤江在《学生杂志》第12卷第10号上发表《有问题要觉悟,要用自力解决》。西方有句谚语叫"天助自助者",这是非常正确的。"要真享福必须用自己的力去争得"。他对当时学生风潮中求助于外部力量的现象十分愤慨,"譬如'驱逐校长',在宣言中间,一定说该校长如何腐败,如何顽固,他

---

① 杨贤江:《为什么要组织团体》,任钟印主编:《杨贤江全集》第二卷,郑州:河南教育出版社,1995年版,第280页。

如不走,他们的学业将大受损失;反之,在提出新校长的条件中,也必叙说种种的希望……从这种语气里边看出,他们的心理,实在叫我们不敢恭维。我们认为,这种心理,岂不与乡民望'真命天子'来治天下的心理一样吗?"他进而分析说:"学生要中国的学校办得好,要校长、教员都能为学生利益打算,这固然也是应有的心理。但他们如果真想自己能操胜券,还得先培养自己的实力。他们有实力,足使居心不良的校长不敢作恶。"于是,"真要学生生活有利益,那绝不是靠好校长的功,一定要学生自己用力量去造成"。因此,学生要发挥出实力必须依靠学生会这个组织团体。"学生会就是巩固学生势力、保障学生利益的一个团体。全校的学生要觉悟到用自力解决问题的必要,应该加入而且拥护本校的学生会。"①

（2）设计团体组织的教学

1925年12月20日,杨贤江在《教育杂志》第17卷第12号上发表《团体组织的教学》,认为中等教育的另一个缺点是忽视团体组织的教学。他赞同近代教育史家、教育实验家舒新城关于养成学生团体活动的两个方法:"一从消极方面减少个人在社会活动中之群众心理的冲动;二从积极方面养成社会活动的团体精神。"同时中等学校应将团体组织纳入正式课程之内,其理由有三个方面:"(一)这乃是民治国国民必不可少的常识与常能,要发表民意,要发达民权,都有赖于团体组织与团体力量的运用;(二)这乃是个人社会化与机关社会化的通路;(三)就是为对于现在的学生运动尽指导作用,使更有力量、更能彻底。"此外,简要介绍了一些关于团体组织的具体内容。如关于团体的作用,团体的组织法,会议的作用,会议的方法,团体的纪律。并认为我国会议存在五个缺点:"(一)议事无一定的程序;(二)讨论时多说不相干的话;(三)不重视表决或明知表决的必要而嫌其烦琐;(四)记录的疏忽和记录后不宣读;(五)不注意附属动议的顺序。"他期待中等学校注意这些缺点,避免会议中出现这些情况。"我极希望我国中等学校能对于这个问题加以注意,庶几未来的青年都配做民治国最有用的公民。"②

校内团体组织很多,除了学生团体之外,尚有学校团体,两者不是包融、独

---

①杨贤江:《有问题要觉悟,要用自力解决》,任钟印主编:《杨贤江全集》第二卷,郑州:河南教育出版社,1995年版,第381—383页。

②杨贤江:《团体组织的教学》,任钟印主编:《杨贤江全集》第二卷,郑州:河南教育出版社,1995年版,第447—450页。

立的,而是联系影响或互动的多线性关系。学生团体应获得学校团体的支持与协助。1925年9月20日,杨贤江在《教育杂志》第17卷第9号上发表《学校团体生活的训练》,认为学校团体生活的训练主要包括两方面,自然的与意识的。"自然的团体生活训练就是实际的学校生活"。它的目的在于使校长、教职员、学生或校役联络起来,打破所有的种种界限。"通常最著的裂痕,无过于教职员与学生俨然成为相对峙的两派"。而打破这种隔膜有三种方法:"第一,教职员除上课及办公以外,应多与学生接触,以便指导学生的行为,解释学生的疑问,考察学生的需要。第二,应多组织师生合作同乐会、旅行团等以联络双方的感情,培养全校的和谐的空气。第三,教职员应参加学生所组织的关于学术、关于事业的种种会社……以便实施辅导并矫正缺点。"之所以要进行有意识的团体生活训练"是因为我国人向来缺少团体的组织力及活动力,故特用方法来培养对于社会负有重大责任的青年以这种能力"。为此,需从两方面着手:"一为顺'民治'潮流,赞助学生的全体团体活动。一为促进学生组织小的团体,以便充分地训练团体生活及团体活动。"①应该说,团体教学组织形式或管理理念是有多重教育价值的,不仅有利于教学的效率与公平、教学中的社会群体性道德养成以及学生学习的优化互补、协作双赢,而且有利于营造愉快、活泼的教学氛围,这在当前的教学实践中是颇为贫乏、需要改进的。

(3)组织学生群众

通过团体的组织力,协调各种矛盾冲突及相互关系,达成某种程度的共识,便有了心理认同和意会上的一致性,这样个体的力量可在方向的引导下,出现群体性驱动,形成运动,更有了社会的效应或触动力了。在这种团体统合下个体的行为及活动便有了群众的势头。这种形式是教育发生社会冲击的激烈表现。杨贤江认为当时的学生没有组织成群众势力,这就不能发挥出其巨大的作用。"请看现状,只有一个个的学生,至多也只有一校的学生,却没有一地的学生群众,没有一省的学生群众,自然更没有全国的学生群众了。虽然每年一度的全国学生联合会曾经议决了许多切实的彻底的关于学生运动的种种议案,但终于因为没有学生群众的基础,就丝毫不得实现。"因此亟须通过学生会把学生组织起

---

① 杨贤江:《学校团体生活的训练》,任钟印主编:《杨贤江全集》第二卷,郑州:河南教育出版社,1995年版,第375—377页。

来,以发挥群众势力的巨大作用。"要学生能实践先驱的任务,必须先把他们自己组织在一个团结力的下面,由这个团结机关去指挥他们、教育他们,使他们成为壮健的一种力量。这个机关必须是学生会,因为学生会是他们最切身的一个组织。"为此,学生会在学生群众中"一方面注重学生生活的改进与丰富,如对于宿舍、饮食等方面,要尽力谋改良,谋解决;另一方面就是实地做国民运动。"①只有这样,才能克服以前学生运动中的种种缺陷,发挥学生群众的效力。

（三）青年学生学习与发展的自主努力

学生在校求学,作为客体或对象,即受教育者,首先是接受教育环境设计、程序规章、材料编制、组织管理,尤其是教师行为活动的引导、干预及塑造,这是制度化教育活动的特点,也集中代表了教育者秉承社会国家意志对培养人才规格质量的诉求。但按照辩证唯物论的认识论,参与活动的对象不仅是机械地被动地接受影响,而是有其主观能动性的发挥,尤其是双方作用对事物矛盾运动及性质而言,更主要的是内因。由于教育的目的指向学生的进步成长与全面发展,教育实践活动中恰是受教育者的学生,成为教育工作的决定因素。这一原理更为当今建构主义学派与交互对话理论所强化。当然,其间内容很多,根据杨贤江的论述材料,举其要者如下:

1.努力与成功

现代教育学突出了过程与方法在教育活动,尤其是问责考评中的地位,在教育终极性问题或参照理想标准方面也以目标来取代"目的"的表述,这乃是一种教育观念转变。

1921年12月5日,杨贤江在《学生杂志》第8卷第12号发表《努力即成功》,对"成功"这一社会学与教育学的范畴加以辩证地认识,发人深省。世俗对成功的看法,是从结果上来看的,但这种看法,有四种弊端:世俗所谓成功,不外乎名利权势的获得与扩大,全出于虚荣心和自私心,是一种极不正确的迷妄的人生观;如此成功,世俗又以"幸气"形容,流弊所及,只求成功不重实力;为了成

---

① 杨贤江:《怎样造成学生群众》,任钟印主编:《杨贤江全集》第二卷,郑州:河南教育出版社,1995年版,第256–257页。

功,不择手段;这种成功的欲望,便是发生倾轧、诱起战争、酿成惨剧的原因。我们应当这样来看待成功:成功不当从结果来测定,因为成功存在于努力的历程中。我们所要问的是努力的程度和目标,不是成功的实现和享受。所以作者劝现在觉得苦闷的青年,不要因一时的失意,便停顿不前,和邪恶的社会进行斗争,究竟谁胜谁败,还是悬而未定,何苦自先气馁?"一息尚存,此志不容稍懈"①,还是先努力吧!

2.学习与成绩的作用

青年要成为一个圆满发达的人,认真的学习、研究是不能缺少的。杨贤江虽然反对青年"专门静守读书",但认为文化知识不可不学习,书还是要读。只有这样,青年在德智体三方面才能全面发展,从而"融会精澈,始能成为完人"。因此,学习在青少年的成长过程中是非常重要的。

既然文化知识的学习是重要的,那么广大青年应该通过哪些途径进行学习呢?杨贤江认为,只要有条件,首先应该重视在学校利用书本进行系统的学习。虽然求知的范围,不是仅限于学校,更不是仅限于书本。在社会上做任何有意义的事情,都能增长智能,养成良好习惯。但是,有条件在学校读书的青年,要利用这个机会,进行系统的学习。"学校的教育,是有人故意的安排,可以把知识技能有系统的学习;而书本的学习,又是学习上最经济的方法;所以我们不能忽视,不容随便。"②

但是,对于种种原因不能升学的青年,总是需要鼓励他们刻苦自学。"贫苦青年的求学问题,是在经济上不能升学的问题。要解决这个问题,顶好是学校方面和社会方面有免费、津贴、借贷、工读等等办法。但如果这些都没有希望,则不升学也未尝不是一个办法……只要我们能自学,能活学,则在这个宇宙间,到处都是求学的地方。"③

---

①杨贤江:《努力即成功》,任钟印主编:《杨贤江全集》第一卷,郑州:河南教育出版社,1995年版,第452-453页。
②杨贤江:《如何改变生活的单调》,任钟印主编:《杨贤江全集》第二卷,郑州:河南教育出版社,1995年版,第402页。
③杨贤江:《青年求学问题》,任钟印主编:《贤江全集》第二卷,郑州:河南教育出版社,1995年版,第63-64页。

杨贤江关于学习的各种论述,虽然有时也包括教学过程中学生的学习,但他更多探讨的还是青少年如何自学的问题。这里所说的自学既包括社会上失学和已毕业学生的独立学习,也包括在校学生在教师指导之下的独立学习。

与学业或课程科目学习成就、效果相关的词汇便是成绩,俗称分数,这是一种取得多大程度掌握、理解、巩固和应用的符号象征,传统有用甲、乙、丙、丁,优、良、中、差,上、中、下或A、B、C等形式表示,古代中国甚至用天干地支话语或《千字文》的词句顺序规范。不过现代以来,教育心理测量与学业评定技术中,常用百分制的数字,这推广到教育课业及其他方面的符号运用,应该是出于便于统计、分析及序列排位的客观要求,近来的教育科学化潮流中多以此作为标准化计分测评的工具手段。由于成绩与学业程度正相关度很大,向来为教育家注重。1926年10月5日,杨贤江在《学生杂志》第13卷第10号上发表《怎样可以增进学业成绩》,为中学生的学业成绩差而愤慨。"在民国十二年度投考北大的学生二千四百八十八名中,仅录取一百六十三人,殆不及总数百分之三;视考核试卷的成绩,则国文得零分者有十名,英文得零分者有六十七名,数学得零分者竟有三百一十名……足见这批中学毕业生的程度实在低得太不像样了。"他认为就学生而言,要提高他们的学业成绩,可采取三种办法:"第一,我们该要求各科教员须有专门的学识并且懂得教学的方法。第二,我们该要求学校当局及各科教员须有与时俱进的精神及世界的眼光。第三,我们该组织读书会、讨论会或研究会,用自力来促进好学的兴趣,习得修学的有效方法。"①今天持素质教育论者往往会抨击分数的假象或误区,其实这是转移了问题的方向,根本在于测评的观念导向及功能作用的制度机制,在学业评估中,以分值为符号表示,只是工具,重在分数背后含义的不同理解或个体体验差异。

3.弘扬青年学生的个性

个性在哲学和逻辑学当中主要与共性相对应,意指独特性,而非共同、普适性,而在心理学之中则着眼于群体发展过程中个体差异性,属一般性、普遍性基

---

①杨贤江:《怎样可以增进学业成绩》,任钟印主编:《杨贤江全集》第二卷,郑州:河南教育出版社,1995年版,第642-643页。

础上的不平衡、不稳定及个体心理特征方面的表征。缘于共性、普遍性往往注重的是存在中的因果与线性关系,也是教育或心理中的普泛性原理与抽象理论的概括及推演。但这显然会忽略非线性的多样化、灵活性及情境创设的建构方式,而且也会无视个体生命多样、生动、丰富的价值。在教育活动中,由于教育主体双方,尤其是学生存在个体差异性的事实,因此,无论是全面发展或是素质教育均要张扬生命、弘扬个性。

1922年12月5日,杨贤江在《学生杂志》第9卷第12号发表《青年与个性》。自己所具有的特性要用特殊的方法去发展的,就叫做个性。个性差异可以分为精神、思考、动作、气质及男女五个方面。近代教育家尊重个性,以为学校教育不当划一,应重视学生的特长而谋积极的发展,目的是"为要造成有独立思想、能力谋进取的'人'"[①]。因为一个理想的完人,是不怯弱的、不卑屈的、不嫉妒的、不随俗的,乃是自尊的、自信的、自己表现的、特立独行的。教育者要教成这种完人,学习者要学成这种完人,都要重视个性。就学制、课程、教法以及学生方面讲,我国现代学校所对于个性的影响可以说妨碍的成分较多。要发展个性,也不是一件容易的事。要使一个人的思想行动完全属于自己,实在是很困难的。我们对个性要采取拥护的态度,于求学中应当注意发展自我,功课上、行动上均须由自己发动和自己负责。

1925年2月5日,杨贤江在《学生杂志》第12卷第2号上发表《学生自治失败的负责者》,在本文中他反对王云鹏对学生自治的消极看法,而赞成学生自治。"学校风潮的起因,不必由于学生自治,而风潮是否一定算为恶果,更是一个问题。"学生自治收效甚微的原因不在于学生,而在于教职员们。"学生自治何以竟无成效?青年们诚如王君所说,有遇事不假思索、不知注意作事的手续、方法等等现象。但这些现象,原待教育者的训练,不然,用不着再受教育。故要说学生自治已经失败——实在说来,学生自治在中国学校里并没有完全实行,说他已经失败,未免冤枉了他。故失败的负责者终不能推到学生身上。我认为,教职员们实应负责。"在当时的情况下,要想真正组织建立一个具有完整教育意义的"学生自治会"难以办到。"在学生方面,因为想从专制的教育里得救,竭力希望学生

[①] 杨贤江:《青年与个性》,任钟印主编:《杨贤江全集》第一卷,郑州:河南教育出版社,1995年版,第795页。

自治。但因为学校惯习的关系,不免要与学校发生冲突,因而彼此成为俨然对抗的形势。在敌对态度的教职员看来,自然把他看作眼中钉,务以拔去为快,故不惜用种种高压的手段,而学生的怨愤因之愈深。要希望在这种反动、顽固的学校教育底下,实现'一个教育意义下的学生自治会',原是很难的啊!"因此,"学生自治失败的负责者,实为这般把持学校,而不懂青年心理、不明教育原则的'教育家'。"[1]将学生自主、自治能力及素质的缺失归因于学校管理及教师控制或教学组织方法的呆板、机械等方面,在中国教育界应该是有针对性的,杨贤江的学生观重视主体及个体精神的因素之突出,从中可见一斑。

---

[1] 杨贤江:《学生自治失败的负责者》,任钟印主编:《杨贤江全集》第二卷,郑州:河南教育出版社,1995年版,第251–252页。

第三章

健康篇

拉直青年人生成长的问号

在当今科技高度发达的时代,川流不息的车辆代替了双腿的跋涉,各种各样的电器和机械省去了双手的劳作,运动渐渐被人忽略,处于亚健康的人与日俱增。特别是青少年,学校和家长都教育他们"唯有读书高",视课外活动为浪费时间、不务正业,健康亮起了红灯。杨贤江所处的时代已然远去,他所说的读书人的形象——"惨白的脸色,萎黄的肌肤,窄狭的肩胛骨,平的胸,鞠的'躬',一张黄皮裹了一副枯骨,瘦损了的筋肉和逃走了的血气""不会直立,不会端坐,更不像模像样地走路"①——却以另一种形式继续存在着。青少年是祖国的未来,近代思想家梁启超曾呐喊"少年强则中国强",维护青少年的健康问题,迫在眉睫。

青年的健康大体可以分为身体与精神两个方面,而其中所联结的内容因素则有生理、心理、卫生、体育、审美等诸多方面,杨贤江的立论、思考大体也是循着这些因素设定的。

1921年11月5日,杨贤江在《学生杂志》第9卷第11号发表《怎样保持健康》,他认为,保持健康重在保持适宜,即把一个人的身体和精神放在最得当的地位,能够永远这样持续下去,使之适于做人生的工作。保持适宜的方法就是要做好三件事:好的食物,好的休息,好的娱乐。要使这三件事处理得法,还需依靠一件事情,即节制或是训练。1917年11月5日,杨贤江在《学生杂志》第4卷第11号发表《我之个人卫生谈》,认为:"卫生者何?图保持健康,增进活力,健全心意之谓也。""卫生之道,即在兴盛细胞之新陈代谢,护持心意之安宁和平,以助长吾人之生活能力也。故其方法有二:一曰物质;一曰精神。二者调和,效果乃全;偏务一端,缺憾未免。盖心、身相关,有如水、波,古今学者,言之已悉。"②物质卫生有勤务,精神卫生有快乐、善意、中庸,心意的贞洁、默祷。由此可知,杨贤江对健康及其教育论题的展开与当代教育学是对接串联的关系,不需转弯抹角的生硬组合。

---

① 杨贤江:《怎样保持健康》,任钟印主编:《杨贤江全集》第一卷,郑州:河南教育出版社,1995年版,第720-721页。

② 杨贤江:《我之个人卫生谈》,任钟印主编:《杨贤江全集》第一卷,郑州:河南教育出版社,1995年版,第115页。

一、身体

杨贤江非常重视青年人的身体健康,提出过"健康第一"的思想。身体是人的工作、学习和从事一切活动的物质基础,还时时影响着人的精神状态。他反复教育青年,要为人类谋福利,就必须对自己的身体加以锻炼磨砺。很多人深知健康的重要,却不知如何判断自己是否健康,尤其是青少年,他们处于身体发展的骤变期,往往对自身的发展变化感到无所适从,甚至感到羞耻。伟大的青年教育学家杨贤江为青年们解答了这一疑惑:"我们人类从出生到成长,就是从胎儿到大人,终要占据二十五年这样一个长时期。在这一个长时期——可说是成熟期或生长期中,又可分为几个短时期。照普通的分法,有下列五个时期:第一期为胎儿期,包含从受胎到出生的二百八十余日,便是第一诞生期(平常以出母胎时为人生之初,实则以受胎时为人生之初。出胎后不过变换生活底场所罢了。)。第二期为乳儿期,从生后一岁半到三岁,这一时期便称为人生第一危险期。因为心身的发达最急、死亡率最高的缘故。第三期为幼儿期,从三岁到八岁,心身的发达比前期稍迟,便为此减少些不平衡的状态。第四期为少年期,从八岁到十五岁。但女儿近于发情期,发育急速比男儿成熟约早二年,所以至于十三岁。在这一时期里,身体各部已能安定平均,可说发育上告一段落。从十五岁以后——女儿则从十三岁以后,便是第五期。英语称为 adolescence,我国译为青年期或青春期。在这时期里,身心再呈急剧的变化,重来一个不安定的状态,死亡率亦增多,所以可称为人生第二危险期。最著名的美国青年心理研究者赫尔博士(Dr. Stanley Hall)就叫这 adolescence 为第二诞生期(second birth)。"[①]

(一)一般特征

在这一时期,青少年的身体发展要经历急剧的变化,"骨骼的发达自发情时开始。女子十二岁以后,男子十五岁以后,躯干的骨骼,比两腿的骨骼发达得快一点。所以坐的时候,可和成人相仿,立直时却依然是矮的身材。头部及胸部的发育,亦在发情期里尤为显著。据柏泰的研究:从颚的尖端到毛发附着点的额之高度,六岁时男胜于女,六至十三岁差度减少,十三岁男女相等,十四岁以上男再增加,十六岁时女的发达中止,而男的发达仍发达甚急。至额之横幅,十三岁

[①] 杨贤江:《第二诞生期——人生第二危险期》,任钟印主编:《杨贤江全集》第一卷,郑州:河南教育出版社,1995年版,第540-541页。

以前男胜于女,十三至十六岁差度减少,十六岁时大略相等,而从十四到十五岁,男女的发达都极显著。据威斯脱说,女儿到十八岁就达到额幅最大的极限了。至于胸围的发达,据马罗的调查:十岁至十二岁以前,不见有怎样的发达。一到发情期,则发达速度达于顶点,直继续至十九岁而止。而从十二岁到十九岁,增加的数目,为零点六二乃至零点七六米。心脏的生长是与全体重量有一定的比例的,大约占全体重量千分之四十八。不过青年搏动的次数,似乎减少一点,而力量却要大一点。这因青年期中,动脉的生长比心为缓,以至血压增大的缘故。肺部的发展,男女不同:女子自十三岁至十五岁,男子自十四岁至十六岁,肺之增长最快,大约男女至十六岁,呼吸速率已与成人相等。青春期身体发育方面最显著的现象当中,筋肉发达的急剧也是一种。青春期往往因骨骼的发育胜于筋肉的增长,感著发育之痛。反之,为筋肉底发育,那关节底屈曲运动就达于最大量。又因筋肉发育的不平均,就有体躯、四肢位置及容貌底变化。而因补助筋底发育,筋肉作用底发达却很精细。神经系统方面,骨髓的基础形态,在胎生八个月时已经略定。生后渐渐发达到十二岁及十四岁,它的重量就达于顶点。其他呼吸器、循环器,都随着筋肉及胸部的发达而营活泼的、生理的机能。消化器及其他内脏并皮肤粘膜和腺,也各自发育起来。而男女底差别、性欲底发动与生殖器底发育,更为青春期里所发生的一个特征。"[1]男女精神特征的具体差别如下表所示。

男女精神特征比较分析表[2]

		男性	女性
感觉及知觉方面(大体女性比男性优)	视觉	对于光的感性优 右眼优	对于色的感性优 左眼优
	听觉	感性及识别不能断定孰优孰劣	
	嗅觉	同上	
	味觉	对于咸味稍优,但不能断定	对于苦、酸、甘味较优
	皮肤及筋肉感觉(大体女性优)	对于重的识别优	对于触痛二点的识别及温度优
记忆过程(大体女性优)	机械的记忆	记忆标式为听觉的	记忆标式为视觉的
	论理的记忆	大体女性优但相差不远,把持性或说女性优,或说相等	

---

[1] 杨贤江:《第二诞生期——人生第二危险期》,任钟印主编:《杨贤江全集》第一卷,郑州:河南教育出版社,1995年版,第542-543页。

[2] 杨贤江:《男女精神上特征的比较》,任钟印主编:《杨贤江全集》第一卷,郑州:河南教育出版社,1995年版,第350-354页。

		男性	女性
联想过程	自由联想	大体单一联想反应时间早	在一定时间内所写字数多
	限制联想		女性优
注意及其范围	一时的注意	男性优,范围也广	
	连续的注意		女性优
	比较判断	在时间上的比较优,但空间上无大差别	
思考活动方面	想象作用	男性优,但仍难确说	
	简单的文学上推理		女性优
	数学的机械的考察推理	男性计算劣,但数学问题的解决、机械的推理比女性优	
	论理的推理	男性优	
	暗示性	大体女性富于被暗示性,但对于重及线长的判断,男性多受暗示	
叙述报告方面	这方面实验的结果,在范围及确度,都不能一致,或者这方面的差别,不在范围确度,而在内容的质的不同。(参考下面思想的内容)		
简单的意志动作方面	反应时间	男性速,但在复杂的反应时间,男女性无差	
	单一动作	速度男性优	
	书写运动	实验结果不一致,或说单一的男性优,连续的女性优。	
	运动确度	实验结果不一致	
	调整的意志运动		女性优
	力量	握力计男性大	
左利、右利、疲劳性、练习可能性	不一定		
思想内容及其系列	自由联想的内容(不能看出两性的差别)	一般的、抽象的、客观的、时间的观念多,各联想语相互关系:是比较的远的(间接的)关系,事物的动的方面(物与活动),从全体向部分进行,同种的多被统一;为此,系列的联想之中心的观念比较的一贯些	部分的具体的主观的空间的观念多,各联想语相互关系:是直接的关系,事物的静的方面,(物与性质),从部分向全体进行,结合复杂的内容;这个中心的观念之统一,因为伴于情绪的变化,所以比较的不能继续。又在女性的血族间,要比男的多些联想观念的一样性
	叙述报告(观察)内容	大体富于创造力,对于远近乃运动等为优	对于事物的细节特如色彩装饰等为优

			男性	女性
思想内容及其系列	趣味（好恶）		一般的说起来，男女并无大异。不过，男性对于所好的东西，彼此比较的相似；女性对于所恶的东西，彼此比较的相似，而且女性所恶的东西，比男性要多些；所恶的程度也要强些 就色彩讲：在绘画上男性多用粗的线、强的色，女性多用细的线、淡的色	
		绘画	选自由画的画题，两性大体相似	
		言语	两性虽说相似，但男性多用能动的言语，女性多用受动的言语；又，男性多选公共的、历史的，女性多选亲近于自己的	
		读物	喜欢单行本，喜欢冒险、侦探、战争、慈爱这样的顺序，他的选择是独立的。	喜欢杂志，喜欢恋爱、冒险、侦探、旅行、传记这样的顺序，读的范围广；善于利用图书馆。
		游戏娱乐	喜欢活动身体的竞技，喜欢建设的构造的游玩。	喜欢摹造事物的游戏
		其他方面	社会的意识强	宗教的意识强，因此迷信的多
		一般知识	物理的方面优	文学的方面优
	学科目	一般方面	不能断定	
		分科方面	数学的、理化学的、历史的科目优	语言学的、文学的、艺术的、宗教的科目优
从发达上所见的性的差异	精神方面		女性从七八岁到十二岁之间，精神检查的结果，大抵比男儿优秀些。到十三或十四五岁，却比男儿低劣些。 七八岁以前，大抵男性优，或者相似（有时到十六岁，还是女性优秀）。 女性在七八岁以后，发达最著，尤以在十一、十二岁时为更甚。男性在十三四岁以下发达最著。 在一定的年龄，男女的发达，生理交叉的结果，这是很有趣的；言语构成及记忆方面，也有相同的倾向。	
	身体方面		在女性初潮，即在十二岁（有时十一岁）到十五岁的几年间，女子的身体和毛色，都比男子大些，在别种时期，男子总比女子大。 体重与大脑的重量比，男大或女大并不一致。 肺活量常常男大。男女之比，为：10:7.5 吸入碳素量男大。约 100:65.5	
变异性			学校儿童精神检查的结果，不能看出两性间有显著的差别；但在事实上，总是男性的变异性大	
感情情绪方面			女性比男性大（但亦有一人，试验专门学校学生，在感情过程之生理的表出、呼吸、脉搏的变化，还是男性方面大些。在别种感情的生活上，男女有一样的反应，所以竟可说两性并无差别）	

从上表可以看出男性对光的感性优，女性的对色的感性优；男性左眼优，女性的右眼优；男性对于重量的识别优，女性的对触痛及温度的识别优；男性的听觉优，女性的视觉优；男性注重大体结构，女性注重事物细节，男性喜欢用粗线条，女性喜欢用细线条。生活趣味无优劣之分，只是男女间有一个有趣的现象，那就是男性对于所好的东西，彼此比较相似；女性对于所恶的东西，彼此比较相

似,而且女性所恶的东西,比男性要多些,所恶的程度也要强些;男性喜欢竞技游戏,女性喜欢摹造事物的游戏;男性的社会意识强,女性的宗教意识强;男性擅长数理化,女性擅长语言、文学艺术……从总体上看,男女特征并无优劣之分。因此,通过比较研究可以得出:世俗所认为的男性比女性强的观点不攻自破。

身体在发育的过程中,身高和体重是交互生长的,杨贤江引用斯脱拉兹底的调查结果说明了这一现象,如下表①所示。

生后一岁至四岁	第一充实期	身幅(体重)底增加胜于身长
五岁至七岁	第一伸张期	身长的增加胜于体重
男从八岁至十二岁 女从八岁至十岁	第二充实期	体重的增加胜于身长
男从十三岁至十六岁 女从十一岁至十四岁	第二伸张期	身长的增加胜于体重
男十七岁 女十五岁	第三充实期	体重增加甚速

(二)特殊特征

1.感觉方面

杨贤江说触觉、味觉、嗅觉、口音、视觉在青少年时期有着自身独有的特征。触觉:青少年的触觉发展最快,极其灵敏,可谓"知冷知热",既怕冷又怕热。身体各部分很容易触痛或发痒,常见青少年掏耳朵、拔眉毛、蹭趾缝或抓粉刺,并且很容易害羞和脸红,青年男女往往在第一次见面时面红耳赤,甚至能在一次握手的感觉中定终身。味觉:由于青少年的身体在急速发展,需求的能量极大,因此,他们的食量都很大,以此来补充身体所需,并且他们喜欢吃硬的和刺激性强的东西。嗅觉:青少年喜香厌臭,他们喜欢闻各种香味,如花香、树香、香水等。厌恶各种臭味,但他们偏偏汗腺发达,有腋臭,这是他们极其忌讳的东西,并且他们开始吸烟喝酒,男性青年尤甚。听觉:青少年喜欢沐浴在大自然的阳光中,听大自然奏响的悦耳交响曲,如鸟声、水声、风声等,乐感特别强。口音:青少年喜欢模仿他人的声音,声音浊而低,男性开始变声。视觉:青少年的视野开阔、发达,尤喜爱鲜艳亮丽的颜色。

---

① 杨贤江:《第二诞生期——人生第二危险期》,任钟印主编:《杨贤江全集》第一卷,郑州:河南教育出版社,1995年版,第541-542页。

2.性欲方面

性欲的发生是青年期的一个特殊特征,不能不给予极大注意。杨贤江认为,由于这一特征的出现,导致两个特别现象的发生:"(一)两性间虽然彼此有吸引的倾向,但事实上却又退避的风尚。因为这时羞耻心最为发达,而内心里宗教的、道德的战争又正达于高度,很不愿意都用心思在异性方面。结果就是男和男结群,女和女结群,虽互相欣慕,却互相隔离。稍后(或说十五岁时)两性渐渐相距而为相吸,男孩子就要在女孩子面前特别卖力的出风头逞能。女孩子虽也好出风头,却又发生了一种收敛的倾向,所以统觉得腼腆人前,欲发又止。(二)青年期以前,事事以自己为中心,对于身外事不起注意。但一到青年期,跟了恋爱的发生,就有忘我之念和牺牲之心,所谓真的道德也就从此开端了。"①

3.疾患方面

青年期是第二诞生期,也是第二危险期,之所以称为第二危险期,就是因为,这一时期承上启下,上一时期的病没有结束,而下一时期的病却开始发生在他们身上。杨贤江说:"青年期是个种种病底势力辐辏的时期。凡少年期所发现的诸种疾病尚在存续,壮年期待发现的诸种疾病已在开始,于是使青年期有一种在既不生病又不健康的中间状态的倾向。这时期的疾病,有关血液的萎黄病、贫血症及关于神经性的歇斯底利、癫痫、舞蹈病,此外尚有消化器病及赤痢、窒扶斯(即伤寒病)等。"青年期特有的疾病具体如下,"消化器病。这时期骨骼的生长甚速,需要多量之钙;血液需要铁分;身体一般的变化发达,要求发热用的酸素与脂肪;脑要求磷;筋肉要求蛋白质;筋肉的运动要求 lnogen(铁维)及 myogen(筋肉内自然凝固的蛋白质)的分解。为了这种种需要,新陈代谢的机能益盛,而所需于消化器的益大,故消化器就容易出现营养不良的诸种疾病。心脏病。在青年期最为显著。十五岁至十八岁多动气之病,间有因自测脉搏而陷于恐怖病的。脊椎弯曲。这也是青年普通的疾病。据亚林比尔西的调查:三百个病人中,大多数是从六岁至十四岁得这病的。又据克洛格底调查:一百八十一个病人中,有百分之三十五是从十三岁至十三岁九个月间受这病的。肺结核。这病倒少见。因多数患这病的,是在二十五岁至三十岁之间。据克洛司登的调查,患肺结核者中,

---

① 杨贤江:《第二诞生期——人生第二危险期》,任钟印主编:《杨贤江全集》第一卷,郑州:河南教育出版社,1995年版,第545页。

年龄与发病率有如下列关系：

十五岁之肺结核发病率	14%
二十岁	34%
二十五岁	38%
三十岁	40%

吃音及呐音。这是由于言语筋之痉挛性病，妨碍言语筋调整力的缘故。据哈脱威尔底调查：患这病最多的，女儿在七、十二、十六岁，男儿在八、十三、十六岁。眼疾。这多是由于性的变化。如近视眼多半发生在性的成熟尚未确定的发情期里。据杰葛尔调查德国学校的结果，当十四、十五、十六岁时大有增加。窒扶斯。据谦姆琴的调查：这种病人中，十六岁至二十岁的占19%，二十岁至三十岁的占58%，三十一岁至四十岁的占16%。睡眠不安定多变化。如睡游病往往在青年期发生，那种介乎睡眠与觉醒中间的冥想沉思的失神状态，在青年期最多。有时夜间做剧烈的梦，晨间就觉疲劳。而这些梦多有性的关系，且有觉醒后对于梦中所见的那个异性者，表示新的强烈的感情。"①

（三）身体健康要略

青少年应如何保持身体健康？杨贤江作为青年的导师，指出了健康的要件、健康的信条、健康法的要点以及美满一天应如何开始等。

1.健康的要件②。第一是多量的新鲜空气。第二是用智慧的有规律的运动。不运动则这个人间的机器要受阻滞而终于锈烂。第三是清洁。因有许多足以致死的疾病，如黄热症、霍乱、花柳病等，都由污秽而生。第四是排泄。通大便，清洁毛孔，可以说是健康的保险单。第五是不忧虑。这是最重要的，因为世上有许多病症，是由忧虑所引起，至少也是被忧虑所增剧的。

---

① 杨贤江：《第二诞生期——人生第二危险期》，任钟印主编：《杨贤江全集》第一卷，郑州：河南教育出版社，1995年版，第549—550页。
② 杨贤江：《健康第一》，任钟印主编：《杨贤江全集》第一卷，郑州：河南教育出版社，1995年版，第670页。

2.健康的信条①。相信留意自我的身体是责任。我要研究自然的健康原则,并要为我自己的缘故而遵守这些原则:不在嘴里湿润指头;当翻书的时候,不放铅笔在嘴里,也不用唇来湿铅笔,要不放针或线在嘴里,要常常细嚼食物,咳嗽时、喷嚏时,转过脸来,而且用纸头或手帕放在嘴前,竭力使面孔、两手及指头清洁;不吐痰在地板、楼梯及走道上;要洗我的嘴,当早晨起身及晚间睡觉的时候,而且还要用牙刷;要竭力多吸清气,而且还要开窗睡觉;要身体清洁,心地清洁,避去一切可以使人讨厌的习惯。

3.健康法要点②。第一,食——要慢,食物要合胃口,如食后需做费力的运动或研究,应少食。当疲倦或受刺激时更应少食。第二,饮——早起和入睡时饮水一杯,在两餐之间要多量的饮。第三,呼吸——早起和入睡时,在窗前作深长的呼吸五分钟或十分钟,而且房间里应该日夜通气。第四,运动——要按时,要充分享受运动的乐处。运动开始时宜渐进,收束时宜和缓。感觉疲倦,立刻停止。第五,洗浴——在和缓的运动之后,先用热水,后用冷水,用粗毛巾猛力地擦。第六,睡眠——要按时,至少八小时。如神经疲乏,不能入睡,可在睡前洗一次温水浴。第七,休息——在适当的时限,应该休息心和身。休息时间的量,按年龄、作业轻重而不同。

4.美满一天应如何开始?③第一,第一件事是及时起身。第二,一醒就起,不要流连。第三,脱去衣服,使全身皮肤直接空气,是为气浴。第四,用力做五分钟或十分钟早操,也要裸体。第五,很彻底地清洁牙齿。第六,饮一杯冷水。第七,衣服不可太重,不可太紧。第八,进食时需从容,须愉快;应吃何物、应吃多少,宜听智慧的指示,不可一任本能的欲求。第九,每天开始,宜有快乐的感觉。第十,当开始工作时,先当定出本日应做的事,这样可以免去紊乱和焦急。第十一,本日应做的事,在本日做了。不要忧虑将来,也不要悔恨过去。第十二,每天要酣睡八小时。以上展现的是男女青年身体健康指标、问题及如何提升机体、机能,防治

---

①杨贤江:《健康第一》,任钟印主编:《杨贤江全集》第一卷,郑州:河南教育出版社,1995年版,第668-669页。
②杨贤江:《健康第一》,任钟印主编:《杨贤江全集》第一卷,郑州:河南教育出版社,1995年版,第670-671页。
③杨贤江:《健康第一》,任钟印主编:《杨贤江全集》第一卷,郑州:河南教育出版社1995年版,第669-670页。

疾病,增进体能素质的一幅图景,值得我们珍视,并以当前生理解剖或营养卫生学的新成果加以丰富补充,为实现教育学生全面成长的应然目标的蓝图提供科学化的依据及技术要求。

二、精神

青春期是身体发育的骤变期,也是精神发展的骤变期,更是矛盾冲突错综复杂的时期。如杨贤江所说:"因为种种本能:如恐惧(包括羞耻)、愤怒(包括嫉妒)、社交、模仿、色欲及恋爱、宗教心等,都用强烈的势力表现出来,而且多互相竞争,形成一种宏涛阔浪,激起心身两方面的动摇变化。又以自我之感忽然增高,渴望刺激和动作,故心情大大的转变。"①

青年学生精神方面种种矛盾的表现:忽而热心,忽而冷淡,忽而有气无力,忽而充满力量,飘忽不定;今日笑容满面,明日愁眉不展,今日积极向上,明日忽变得消极悲观;忽而认为自己纯洁高尚,忽而认为自己丑恶无比,忽而认为自己是个伟人,能干一番大事业,忽而又认为自己很无用;想做舍己为人者,却发现利己主义占据自己心灵的上风;想广交朋友,在社交中落落大方、如鱼得水,却因羞愧而不敢走向大众,只默默地站在角落,忍受孤独寂寞;有时对知识非常渴望热切,忽然这股劲儿又消失得无影无踪,对知识又非常冷淡;急切地想打破世俗,冲破传统,惩治恶习,向自己的理想迈进,实际行动上却非常保守,主张国粹保存;一时间自由享乐,极其高兴,一时间又因发现了自己的罪恶而烦闷不已。"这样,青年时代简直是矛盾底结晶,冲突底集团了。我们再把这种种冲突归纳起来,便可得到主要的三点:第一是欲望与意思的冲突。我们晓得青年是缺乏经验的,对于社会万般事情,并没有充分准备的材料。而一方面因为感情的热烈,不肯听老人长辈底忠言,反认为没勇气的废话。故当解决底时候,必落在一个极端:非零分即满点,非成功即失败。在真有有为的资质的人,固不怕失败而尽能勇往进取。然大多数却恐因此怀疑,竟至气沮胆落了。第二是现实与理想底冲

---

① 杨贤江:《第二诞生期——人生第二危险期》,任钟印主编:《杨贤江全集》第一卷,郑州:河南教育出版社,1995年版,第547页。

拉直青年人生成长的问号

突。青年底理想,如前所述,以极其纯洁而近于高远的多。但一方面因为缺少对社会的经验,见了世间有种种腐败不堪的现象,而不胜其惊奇,遂觉得这是烦闷苦楚,而厌世隐遁,讽世佯狂的举动也就有个发现的机会了。第三是潜在意识与显在意识底冲突。平常在精神意识活动时所不感触到的东西,却能在做梦时映演出来。普通这两种意识固不见有何等的冲突,然当人底思想变化进步底时候,这种潜在意识却能以强力影响于显在意识,而使人陷于不可耐的烦闷与怀疑。青年期性格底突变,以及宗教上的烦闷,多半是由于这两种意识底冲突。"①

如果这种种冲突矛盾中哪一种或几种没有解决好,心理上难以接受的话,很可能就造成人间惨剧。如,在我们各种生活的历程上,发展与停顿总是交替出现,发展到一定程度就到了一个"瓶颈期",很难有所突破。在这段期间,似乎所有的努力都白费,一切都停滞不前,但心理成熟的青年绝不会绝望,因为他们知道这是积蓄力量的时段,是自己思考、反省的最好时机,是向更高阶段进发的准备期。过了这一时期,新的生命、新的路程就会开始了。阿美斯教授(Professor Ames)说得好:"逐渐的生长,不能当作绝对有规则的进行来解释。因为这个概念是和自然底历程没有一种相适合的。各种生物的生长,乃是有节奏,有定时,有水平期。有时还要发生冲突和危机。至于最高等的人类发达底形式也是一样"。②

这种情形就好像"旅行时遇著高山峻岭,我们须得经过两山间的低地——就是山谷,然后才能爬上山顶。当亍盘旋于山谷时,自然不免发生胆怯的感觉,懊丧的神情,以为不容易前进;但若能不畏难,不馁气,'含辛茹苦'、'锲而不舍',终于会有登极峰纵览天下底时候。这时好比到了一个'柳暗花明又一村'底境地"③。很多青年缺少"停滞期"的承受力,以为自己跌入谷底,永无出头之日,一时想不开而寻短见。倘若我们经常看报或新闻,就可看到很多这样的人间惨剧:马佩尔约菩斯女士三十四岁了,因为她的母亲不能带她同去避暑,不胜悲戚,遂于今晨在自家门廊上吞服毒药。一小时以后就死在病院中。弥勒君昨晚在街上谋自杀,用枪射击头部。今在梅利病院,非常危险。据警察说,他有一个情人

---

① 杨贤江:《第二诞生期——人生第二危险期》,任钟印主编:《杨贤江全集》第一卷,郑州:河南教育出版社,1995年版,第547-548页。
② 杨贤江:《山谷期——失意底心理》,任钟印主编:《杨贤江全集》第一卷,郑州:河南教育出版社,1995年版,第487页。
③ 杨贤江:《山谷期——失意底心理》,任钟印主编:《杨贤江全集》第一卷,郑州:河南教育出版社,1995年版,第487-488页。

在西方。一直每日通信,但这几日来忽然没有音信。他因不胜绝望,所以谋自杀了。大概像疾病,破产,损失名誉和别种失意事情,都是常引人到自杀一路的。因为人相信目前这种黑暗的世界将永远存在着,所以处处抱著悲观。①

杨贤江认为青年精神的激变,除了以上思想方面外,青年感情生活的激变尤其值得重视。"感情生活上放特异的色彩者,为想象作用。人间想象发达最盛的时期有二:第一期在五六岁即幼稚园底时代。然这时期底想象,从游戏及谈话中引起,是受动的。第二期就是在青年时代,当这时期,由于自己的意思描出种种的空想,以满足如火般的欲望,这种想象才是发动的。青年大概是抱著纯洁而高尚的理想,他们被活泼的想象力所驱,遂多自信这种理想可以实现。这种理想中富于实际经验的成人看来,很多可笑的。然在青年自身,却认为是最严肃、最真实的。这种理想当中,也有含独创的分子,足为人间进步向上的基础者,所以不全是可以排斥,宁当有适宜的指导。而且古来道德上有价值的大事业,青年的贡献正是不少。如十字军、法国革命、日本维新、俄国改造,以及我中国革命和各种新运动,多成于青年底手或成于青年时代所计划的结果,便可知青年的理想的值得注意了。"②而青年感情生活的中心是情绪及情操。"少年期底感情是偏于感觉的,强度虽激,而易于消灭。至青春期底感情,则强度相同,而不易变化。以前感情底对象,限于眼前的范围和琐细的事情,如衣服、食物、戏谑等。到了这时,因为所接触的世界底扩大和知识底开展,就不仅对于一身的利害关系,而对于政治、道德、宗教及其他社会万般事情都要唤起感情。然最与少年期底感情生活差异的,就为男女爱情底勃发。因为到了这时,两性底区别显著,能营生殖作用,见对方的心身上都有自己所缺少的特征,就起一种欲求之心。从生物学的看法,这种爱情底根本,原在于生殖的本能。但文明人类的恋爱,却不以色欲底满足为直接的目的,而与审美的、道德的、宗教的复杂要素有关系。所以在男女所发生的一种微妙的牵引力乃至强烈的恋爱,是很复杂的。"③

此外,青年心理上还有几种现象必须得说:1.自知心。青少年开始自知他们

---

① 杨贤江:《山谷期——失意底心理》,任钟印主编:《杨贤江全集》第一卷,郑州:河南教育出版社,1995年版,第492—493页。

② 杨贤江:《第二诞生期——人生第二危险期》,任钟印主编:《杨贤江全集》第一卷,郑州:河南教育出版社,1995年版,第544页。

③ 杨贤江:《第二诞生期——人生第二危险期》,任钟印主编:《杨贤江全集》第一卷,郑州:河南教育出版社,1995出版,第544—545页。

的兴趣爱好及天然的特长,为将来的择业做铺垫,各种职业学校由此而发展,中学据此而采取分科或选科的方式。2.自立心。青年往往想脱离一切束缚,如家庭、学校,或在学校主张学生自治,这些都是自立心发生的缘故。3.合群性。青年开始注重社会交往,在学校总是组织各种各样的社团组织,以加强交流,如武术协会、演讲社、诗社、体育会等。

杨贤江强调说:"青年期在人生发育底历程上,占个重要的位置。因人生到了这个时期,发生一大波澜,随后风暴平息,遂入于壮年期了。第一诞生期为养护不周,小儿要受夭折底灾厄;第二诞生期为教育不良,青年就要受人生堕落者底恶名。然而小儿底死,不过一身的不幸,只有少数人感到悲伤;若堕落者底流毒,却能令一般公众受箸危险。故在教育上讲,青年期底指导万一贻误,这不但是青年个人底不幸,实是社会全体要受影响的。"[①]所以一定要注意青年的教育,青年教育关乎祖国未来的荣辱兴衰。青年要保持愉悦的身心,需要注意的事项固然很多,但最重要的是以下五种:"第一,注意体育。第二,注意性欲。这件事多半要靠教育上的方法,像向来习俗所用的秘密主义或是消极抑止,全是不适当的。在青年自身,应当涵养纯洁的情操,锻炼强固的意志,注意游戏、运动、户外工作、自然研究、艺术动作、团体集会等,使有多方面的活动,多方面的兴趣,以使性欲冲动减少为是。第三,培养自发的向上心。青年多有高尚的理想和纯洁的心志,故在个人当努力奋发,不使堕落;在友朋当互相勉励,以求进益。若为习俗所拘,为情欲所缚,为势利所动,因以鄙弃壮志,抛去宏图,实足为青年的致命伤。我们有为青年,决不当如此。第四,培养理性底势力。青年底感情热烈,血气旺盛,故敢于破坏,敢于'发难',中等学校特多风潮底原因,或亦在此。但这种行动,有时仅为感情上的好恶而起,并未经过理性的考虑,所以往往走错了路,还不自知。为要免除这样无益的风波起见,我们平常终当养成用理性指导行事底习惯,使得我们所做的事,都有正当的理由,受得起人家底质问。并且如果理性得着势力,我们便有了相当的见地,可不致被人利用,受人煽惑,我们尽能独立主张、自由活动了。第五,准备独立的生活。"[②]其中所论及的身心愉悦、意志磨炼、向上进取、理性精神以及自由独立等内容既是青年期心理与教育的核心命题,也是全人生教育普通性价值的推崇及追求。

[①] 杨贤江:《第二诞生期——人生第二危险期》,任钟印主编:《杨贤江全集》第一卷,郑州:河南教育出版社,1995年版,第551页。

[②] 杨贤江:《第二诞生期——人生第二危险期》,任钟印主编:《杨贤江全集》第一卷,郑州:河南教育出版社,1995年版,第551-552页。

三、体育

体育,从广义上来讲包括身体锻炼教育和卫生保健教育两个方面,是向学生传授体育的基本知识和技能,培养运动能力和良好的卫生习惯,促进学生身体健康发育和增强体质的教育活动,是全面发展教育和综合素质能力培养的重要组成部分之一。

(一)体育的重要性

杨贤江指出:"体育是造成健全人格,养成具足人生的工具。"他对体育的本质概括为:"体育的目的在于使感觉灵敏,姿势优美,筋肉发达,内脏完整,动作敏捷,精神充实。一句话,是在造成健全而美的体格和体质。"[1]体育能够增强学生体质,提高学生的健康水平,如果在工作之余进行恰当的体育锻炼就可以既提高工作效率,又增强了体质。此外,体育锻炼还可以锻炼人的意志,体育锻炼的同时也是磨炼意志的过程,毛泽东在自己的第一篇论文《体育之研究》中大声疾呼:"欲文明其精神,先自野蛮其体魄。苟野蛮其体魄矣,则文明之精神随之。夫知识之事,认识世间之事物而判断其理也。于此有须于体者焉。直观则赖乎耳目,思索则赖乎脑筋,耳目脑筋之谓体,体全而知识之事以全。故可谓间接从体育以得知识。今世百科之学,无论学校独修,总须力能胜任。力能胜任者,体之强者也。不能胜任者,其弱者也。强弱分,而所任之区域以殊矣。"[2]

生命在于运动,体育锻炼是积极的保健投资,杨贤江本人是个言行一致的体育提倡者,在其求学阶段坚持体育锻炼,他是我们思想以及行动上的楷模。1915年10月17日,杨贤江在浙江省一师求学期间,举行省会学校联合会操,八时齐集操场,听候点名。九时出发,至梅东高桥大操场。先后至者,共十校二千四百余人。首由省教育会会长、会操主任经先生致开会辞,略谓:此举以结合精神、振兴体育为宗旨,以改良社会重文轻武之恶习为目的,不在学习军人皮毛,比较优劣,号曰军国民教育云云。词毕,各校甲组兵式教练,次乙组兵式柔软。[3]

---

[1] 孙培青:《杨贤江教育思想研究》,上海:华东师范大学出版社,1989年版,第274页。
[2] 成都体育学院体育史研究所:《中国近代体育史资料》,成都:四川教育出版社,1988年版,第376页。
[3] 杜学元、吴吉惠等:《杨贤江年谱长编》,北京:光明日报出版社,2005年版,第81页。

拉直青年人生成长的问号

1919年6月,杨贤江在《教育潮》第1卷第2期发表译作《近代教育上之需要》,译自美国学者泰勒的《生长与教育》。他认为"今夫吾人之所需者,尚非此(即教育)完备精确之定义也",而应考察现代教育制度,以"求发见改良之方法也"。①针对我国学校"尚多闭户读书之陋习,而社会趋势,又复群趋于享乐一途,以谋目前之快乐",提出"今日学校宜注重男女学生之体育,以补救文明社会缺乏肌肉练习之劣点;并论享乐竞争之非,因崇拜金钱之故,群思幸获,不肯苦思,不肯力作,长在忧急烦闷之中,其结果神经衰弱,生活力低下,大足为未来人种之害;末论教育所当养成之人,为德智体三育完全发达,足以应付危难把持机会之男女,而教育之道,又当利用自然以遂其生长"。②

1921年4月20日,杨贤江在《教育杂志》第13卷第4号发表《体育之四大要素》,他认为,近年来,我国教育肯注意体育问题了。我国体育的前途,终归还是有发达的希望的。体育有体格、体质、体力、气力四大要素。体格,是指身体外部可以看出的部分而言,其中尤以身长、胸围、体重、姿势四项最为要紧。体质和体格是不同的。体质有两个根本条件:第一是遗传,第二是营养。这两个条件欠佳,其补救之法决不能单单靠教育,必须要有社会政策和别种作用来做解决的基础。体育不可仅仅偏重体格,还应注意内部素质的体质方面。体格、体质都好的人,其体力也好。体力有两种:一是绝对力量,二是利用力量。利用之法可分为三:速度、持续力、技巧。这三种利用力量,在一个人身上是难以兼有的。因此,判断体育成绩,除了体格和体质检查外,还要参考绝对力量的强弱与三种利用力量的优劣。气力,照东方体育家的意见,不讲气力,就不能看出体育的结果。这所谓"气",是元气之气,士气之气;它不是肉体之力,而是精神之力、意志之力。我国的技击家,对于气工夫,也是非常注重的。在作者看来,这种气力的体育观,确有研究的价值,应把它的长处说明出来才是。③

1923年4月5日,杨贤江在《学生杂志》第10卷第4号发表《青年对于体育的自觉》。认为"体育是造成健全人格、养成具足生活的一种工具。重视体育,实

---

① 杨贤江:《近代教育上之需要》,任钟印主编:《杨贤江全集》第六卷,郑州:河南教育出版社,1995年版,第14页。
② 杨贤江:《近代教育上之需要》,任钟印主编:《杨贤江全集》第六卷,郑州:河南教育出版社,1995年版,第22—23页。
③ 杨贤江:《体育之四大要素》,任钟印主编:《杨贤江全集》第一卷,郑州:河南教育出版社,1995年版,第284—291页。

行体育,是个个人应有的态度、应尽的义务。我们的体育的目的,在于造成强健而美的体格和体质。青年在自己每天的生活里不能忘了体育生活,缺少体育生活的人生,决不是具足的人生。青年所需的体育生活,一方面是运动,另一方面是卫生。青年对于体育生活应有不可'不',也不可'过'这两种觉悟。"①

体育在青少年保持身体健康中占有极其重要的地位。流水不腐,户枢不蠹,生命在于运动,健康源于坚持不懈的体育锻炼。杨贤江所处的时代,正是中国社会变革极为广泛、急剧和深刻的时候。新旧思想的交替、势力的斗争、文化的矛盾,使人们无所适从,处于迷茫状态。1911年辛亥革命的不彻底性,使中国社会依然处于半殖民地半封建社会的深渊。1919年的五四运动,与同时进行的新文化运动,也未能把封建制度连根拔起,封建道德与思想依然存在于人们的头脑中。20世纪20年代正值大革命时期,外有列强侵略,内有军阀混战,反动政府卖国求荣,拥护旧思想,推行封建复古教育和奴化教育,新教育受到压制和打击。国难当头,中国急需一批身体强健、思想先进的救国人士。然而,当时的中国封建思想的余毒至深,尤其是青年更是深受其害。杨贤江说:"青年本该是活动而强健的——身体发达,筋肉强固,耳目聪明,口齿伶俐,感觉灵敏,精神发皇。……青年本该是多趣的——富有滑稽感、艺术性,能讲笑话,会做游戏,且好奇好问,无处不表示其天真烂漫。"然而,他们被旧思想旧制度磨灭了热情与活力,变得呆板、木讷,不会谈笑,不会娱乐,不会工作,更不可能有好奇心,只会照章办事,无病呻吟。是什么样的因素在腐蚀着青年的思想、损害着青年的身体呢?杨贤江站在马克思主义的角度针对当时的社会进行了全面而深刻的分析,他指出以下十个方面:

第一是吃人的礼教。杨贤江说,吃人的礼教使青年唯唯诺诺,一言一行都不敢逾越常轨。"父母在,不远游"的传统使青年只能封闭在一片狭小的天地,难有大的见识和新的想法;光耀门楣、显名扬亲的旧训,让青年变得虚伪、世故、敷衍、浮夸,甘为旧规旧习的奴隶;贞操、名节像一座座大山一样,挡在青年奔向自由的路上;纲常名分、虚文缛节像吸血鬼一样,在一滴滴吸尽青年的热血,剥蚀青年的身体;主敬、主静的封建思想使一个个青年把健康与体育抛在了脑后。

---

① 杨贤江:《青年对于体育的自觉》,任钟印主编:《杨贤江全集》第一卷,郑州:河南教育出版社,1995年版,第844-845页。

第二是玄学鬼。杨贤江指出,玄学使青年"说心谈性,徒逞臆想;轻身贱物,不顾实际。如提倡精神生活者、空谈东方文化者,以及什么同善社、盛德坛的'人鬼',都是迷惑青年理性,麻痹青年脑筋,使青年陷于睡眠状态,不复知有人群生活、社会工作的妖魔"。杨贤江呼吁,青年不要总妄谈哲理,空谈莫须有的什么"性",应擦亮眼睛,看清玄学的本质,认清当下的社会环境,赶紧行动起来,加强体育锻炼,把身体锻炼得强健有力,这样才能承担起救国、护国的责任。

第三是名士毒。杨贤江愤慨,有一大批青年中"名士毒"至深,他们自视极高,整天不务正业,玩弄笔墨,时不时召集一帮狐朋狗友,吟风弄月,饮酒赋诗,无病呻吟,而自身行为又极不检点,目空一切,时发牢骚,"名士毒"严重损害着青年的身心健康。

第四是时髦朋友。体育有愉悦身心的功效,青年时期身体生长极快,心理变化极端剧烈,正是加强体育锻炼,为身心打下健康基础的好时节。然而,此时青年的人生观、价值观尚未稳定,极易受到外界环境的影响,"时髦"以不可抵挡的诱惑力,使青年痴迷不悔。杨贤江不无感慨地说:"汽车、洋房、俱乐部、大菜间、打弹、跳舞、留学生、资本家、漂亮老婆、时髦老公,以及'看守门户'式的外交家等等,不知误用了、吸去了多少青年的精力与雄心啊!这样遍天地的铜臭和土气,又有多少青年能不受着熏染呢?"

第五是顽固的家长。有的家长打骂子女,对子女的身心造成直接伤害;有的家长则溺爱子女,不舍得让子女干一点体力活,让他们坐享其成,对子女的身心造成间接伤害。殊途同归,两者导致的结果都是子女的身体受损、心理变态。

第六是腐败的教职员。杨贤江说,当时的教职员工守旧拘礼,外行居多。他们不明白时代发展的方向,不懂得教育的原理,更不知体育在教育中的地位和其对学生的益处,只知一味地禁止学生的自由活动。这样的教师培养出来的学生,顶好的也就是考试严谨、背诵流畅,而于身体健康则全然不顾。

第七是外国人的教育。杨贤江警告青年,不要被外国貌似"人性化"的教育所迷惑,外国列强的目的是侵占中国,其对中国青年的教育不可能是强身健体的爱国主义教育,只可能是奴化教育,因为,他们要培养的不是他们的敌人,而是为他们国家服务的奴隶。

第八是国内反动的压迫阶级。他们大搞封建教育和奴化教育,拥护旧思想,排斥新思想,侵占教育经费,使新教育无从进展;严守旧规,用封建礼教束缚学生的手脚,使学生成为老夫子模样。

第九是国际资本的帝国主义。列强把中国瓜分,在各自的势力范围内加强各自的教育,这种奴化教育自然对青年的身心造成极大的伤害。

第十是压死人命的经济制度。杨贤江说:"现代的资本主义的经济组织,使一切生产变成商品,使一切生产机关握在少数人手里。于是富者不劳而获,坐拥巨资;贫者终日辛苦,难谋温饱。"大多数青年处于极端贫困的经济条件下,其身体自然不好。[①]

在以上这种社会和教育背景下,杨贤江呼吁广大青年要加强体育锻炼,强身健体,因为只有身体强健、心理健康的人才能成为救国、护国的人才,承担起救国、护国的重任。

(二)体育的目的

青年学生们不懂体育运动的真义,不知锻炼身体为何目的,体育知识更是闻所未闻。许多学校误认为多拿几面锦旗、多夺几块奖牌就是对体育的重视,于是把大量经费花在了训练运动队上面,而忽视了广大学生的身体锻炼问题。以至于一说起读书人,脑中立刻闪现出手无缚鸡之力的书生形象。杨贤江告诫青年,体育的真正目的在于实现人生价值,实践人生责任。而人生价值的体现与责任的实践在于为社会谋发展、为人类谋幸福。为了实现这一目的,我们必须要讲究体育。因为,"我们既非'玄学鬼',自非口上讲讲、心里想想、纸上写写就算毕事,一定是要亲身去做的。要亲身去做,我们既非资本家,自不能带了仆人,坐了汽车去干,而是要'劳其筋骨,饿其体肤'的"。所以,我们必须加强锻炼磨砺、忍苦耐劳、栉风沐雨,不能做温室的花朵。杨贤江认为体育应培养体格强壮、忍耐劳

[①]杨贤江:《中国青年之敌》,任钟印主编:《杨贤江全集》第二卷,郑州:河南教育出版社,1995年版,第41—43页。

苦、精神充足、办事敏捷、身心愉悦、奋发敢为的人。

杨贤江说,有些人为获得奖牌奖金而讲究体育,有些人为美容美体而讲究体育,有些人为结交朋友而讲究体育,有些人为出名而讲究体育。这些都无可厚非。但青年更要弄清楚体育运动的真义,树立正确的人生观,有意识地讲究体育。体育运动能使人的身体强健,但仅有强健的身体并不能保证这个人能服务于社会,因为身体受思想的支配。如果缺乏正确的人生观,不明白体育运动的真正含义,纵然无病,纵然强健,于真实的人生又有什么益处呢?

(三)体育的功能

每个人都有自己的人生目标,并时时激励自己向着目标努力。但可惜的是很多人把健康忽略甚至牺牲了。杨贤江强调体育运动是生活的必须品,是生命的重要分子,我们应该时时谨记,不能把体育当成奢侈品而束之高阁。作为青年的导师,他进一步指出获得健康的途径。他说,要有健康的身体首先要呼吸大量的新鲜空气。其次,要进行智慧的有规律的运动。生命在于运动,人体各部分的零件需经常运动才不致受阻滞而终于锈烂。西方不也流行着这样一句话,"All work and no play makes a full boy"。

1.学校体育的功能

杨贤江说,体育自古被中西教育者所重视。如孔子和他的弟子"暮春者,春风既成,冠者五六人,童子六七人,浴乎沂,风乎舞雩,咏而归"①。在西方教育史上,洛克、卢梭、裴斯泰洛奇、福禄培尔等教育者也都极其重视体育。尤其是到了现在,欧美各国的学校,无不把体育当作重要的功课。青年学生要保持身体健康,取得学业和事业的成功首要的就是体育运动。体育的好处具体如下:

(1)人的感觉和观察能力更加敏锐。比如,无论是打羽毛球还是踢足球,都需要眼疾、耳快,并迅速判断对方打过来的力度、速度和方向,确定自己如何回避、接球和反击。经常锻炼既可发达视听能力,也可加快反应的速度。1922年9月5日,杨贤江在《学生杂志》第9卷第9号发表《手和舌的训练》,他认为,我国

---

① 孟宪承编:《中国古代教育文选》,北京:人民教育出版社,2003年版,第24—25页。

读书人不注重身体上各种器官的利用,往往把天生的器官萎缩摧残。如今大家该觉悟:手和舌的发达是最与人类的进步有关系的,故我们就要及时训练了。训练手的方法有三:一做手工,二绘画,三雕塑。简言之,便是手的筋肉劳动。训练舌的方法也有三种:一演说,二谈话,三唱歌。①

1921年11月5日,杨贤江还在《学生杂志》第9卷第11号发表《刺戟和反应》,提出人们在注意外来刺激的同时,应当创造或发现刺激以求有效的不绝的常新的反应。要创造、发现或注意刺激,有几个不可缺少的条件:一是敏锐的观察,二是继续的反省,三是有秩序的思考。②

(2)磨炼人的意志。如长跑,当跑到半截,筋疲力尽时,听到队友的呐喊助威而咬紧牙关继续向前,这发动的正是人的意志。再如,踢足球不可用手,而我们的本能习惯有手的协助,这其实是抑制意志的训练。这种发动和抑制意志的训练能使我们在日常做事时超越自身的局限和瓶颈,也能使我们在意气勃发、感情激昂的时候,控制情绪,保持冷静的头脑。

(3)促进社交。人与人总是要交往和联系的,体育活动需要聚集许多的人,要承担各自的角色,人们在这样的角色扮演中取长补短,不断提高,交往更加紧密。如,足球比赛,需要队友共同努力、团结协作才可能赢得比赛,多进行这样的体育活动有利于养成与他人友好共处的习惯和品行,能帮助人克服胆怯怕羞的心理,使内向的人在公众场合落落大方;平常放肆粗暴的人,亦能为了团体利益而克制冲动,遵守规则。

(4)帮助学生养成团体生活的习惯。杨贤江说,团体生活最重要的是组织与规则,只有大家遵守共同制定的规矩,承担自己应尽的责任,才能使之顺利进展。无论是指挥者还是服从者,二者协力办事的目的是团体的荣誉。这种守法奉公的精神,对日后适应社会生活具有极大的作用。另外,体育还可发达肌肉、愉悦身心等。

---

① 杨贤江:《手和舌的训练》,任钟印主编:《杨贤江全集》第一卷,郑州:河南教育出版社,1995年版,第690页。
② 杨贤江:《刺戟和反应》,任钟印主编:《杨贤江全集》第一卷,郑州:河南教育出版社,1995年版,第722-723页。

2.社会体育的功能

社会体育,在国外称之为 sport for all(所有人的体育),我国大众体育意识不强,社会体育依旧极不发达。虽然现在提倡体育的声浪很高,但实行者还仅限于少数学生和体育精英,应引起足够的重视。据研究表明,"在低机械化时代,人们体力支出与脑力支出之比为 9:1,到中等机械化时代就转变为 6:4,在全盘自动化时代就倒置为 1:9。长时间伏案的静态的工作已经成为部分社会成员的基本活动方式"。长期的运动不足已成为危害大众健康的第一大杀手。

杨贤江一再强调"健全之精神宿于健全之身体中。盖惟有强健之体格者,始能运用精神,以成学问事业。彼精神萎靡、器官衰弱者,无论其学不能修,业不能习,前途之事皆废也。即使博学多闻,而不能裨益人世,果何所用乎!"他劝告青年:"在你的每天的生活中切不要忘记最和你有关系的体育生活啊!你的日常生活要有学业的、有服务的、有社交的,但更要有健康的。体育生活就是使你保住健康、增进健康的。缺少体育生活的人生,决不是具足的人生。"①"流水不腐,户枢不蠹",生命在于运动,健康源于坚持不懈的体育锻炼。运动对于生命就如同根之于花草,皮之于树木一样重要。他进一步向青少年敲响了警钟,过去有很多出色的青年就是因为不注重体育锻炼而英年早逝。"好学生如颜回,安于箪食、瓢饮、陋巷,这种坚苦的精神,的确可以佩服,只是不幸刚到三十二岁就去世了!唐代诗人李长吉七岁能辞章,赋诗援笔辄就,确是天才了。但才二十七岁,竟至'呕出心乃已'!这和'出师未捷身先死,长使英雄泪满襟'的感慨怕是一样的哀音吧!"杨贤江还提醒青少年,健康第一,没有健康便没有一切。很难想象一个体弱多病、整日淹没在病痛中的人,能为社会做出什么大贡献。这种人才不仅不能服务于社会,相反,却得依靠社会生活,这不能不说是人生的一种缺憾。青年学生们往往在自己拥有健康时,不注重体育锻炼,等到闲置的器官萎缩退化,身体像漏雨的茅舍、岌岌可危时,才想起运动的好处,临时抱佛脚,悔之晚矣!

(四)体育的规则与方法

既然体育有如此多的好处,那么应该如何实施呢?伟大的马克思主义教育家杨贤江给青年们指出了如下锻炼规则和方法。

---

①杨贤江:《青年对于体育的自觉》,任钟印主编:《杨贤江全集》第一卷,郑州:河南教育出版社,1995年版,第845页。

1.自然的运动法,如走路、跑步、做工、种植、登山、游泳等。杨贤江特别提倡童子军的训练,如野宿、斥堠、烹饪、救急等。他认为这不仅能锻炼体魄、愉悦身心,而且能自救救人。更重要的是,这些活动的场所在户外,能呼吸更多的新鲜空气,欣赏更多的自然景观,得到更多"自然母亲"的恩惠。他呼吁青年说:"用你们的眼去看自然界光怪陆离的色罢!用你们的耳去听自然界流利晓畅的音罢!用你们的手去开掘攀援罢!用你们的足去奔波蹴踢罢!用你们的鼻去吸清气,用你们的身去沐阳光罢!你们要呼啸,你们要狂跳;你们要做'老圃',你们要做小工;你们要和星月共宿夜,你们要和花草虫豸结知交。""披著绿衣的山林,绣著彩色的田野,那里有嘹亮的歌,那里有翩跹的舞。和风里,阳光下,流水上,碧海边,那里都是怡情、娱日、健身、壮气的好处所。"①这种自然中的运动不仅是种体魄的锻炼,自然野外的体验与学习,更有丰富认识,深化理解,在活动与审美中完善性格的意义,而其中蕴涵的蓬勃生机与向上精神更是一种朝气与力量。

2.应有最低限度的生活能力及应用体力。杨贤江指责以前的读书人总是轻视体力活,以写字、画花、刻图章为技能,读书人无论穷富,随处走动总有一个专门拿行李的仆人跟着,自己则不扛一物,一身轻松。他强调现在的读书人应有最低限度的生活能力及应用体力。如旅行或出差能自提行李、自备行装。生活中,能自烧菜饭,自补衣袜。

3.端正姿势。头要正、胸要挺、背要直、头发要干净、衣服要整洁。

4.要以规律的生活促进体育锻炼的效果。日常生活无规律的,无形间会损害身体、耗费体力,即使积极参加各种体育运动,效果终不明显,甚至有害,这和"太虚弱的身体经不起大补"是一个道理。

5.要以快乐的精神扶植体育的根柢。体育可以愉悦身心,如散步,读书劳累或烦躁时,在操场花园间或空旷闲静之处到处走走,既可远瞩日月星辰之丽,近玩花草禽鸟之美,吸清气,瞩浓翠,也可舒展肢体、心旷神怡。反过来,愉悦的身心亦可以促进体育的发展。因为心情愉悦能加快血液循环,增加心脏、肺脏的机

---

①杨贤江:《青年与春天》,任钟印主编:《杨贤江全集》第一卷,郑州:河南教育出版社,1995年版,第839—840页。

能,增强体质,从而使体育的根柢——身体得到扶植。而忧郁和痛苦只能让身体产生更多的毒素,摧残、破坏身体的发达,即使讲究体育到头来也是徒然。"宇宙之间,山川明媚,花木灿烂,晨曦夕霞,春风秋水,在与吾人以欢娱畅快之机、慰藉温语之境。吾人不求快乐,是谓弃天;自陷忧惶,是谓逆天。"①

6.体育锻炼要有"度"。做任何事情都有"度",体育锻炼也不例外。人体的各个器官总要不断运用才能保持并逐渐发达,倘若长期闲置,零件就会生锈、钝化,就有本能,也要衰退。故日常生活,体育运动确是养身所必需。但应当有限制、有程度。如果逾有限、越其程,就可能损害身体。如,跑步可以舒展筋骨,增加血液含氧量,利于身体。但如果一跑就跑得筋疲力尽,就得不偿失了。

其实,从教学原理的角度考察,这里所涉及的问题是教学与学生生理发展相适应的规律。体育教学(包括体育课外作业)是否能增强体质,发展体力,还得看它是否与学生的生理特点相适应。体育教学要达到增强体质的目的,必须使学生身体承受一定的负荷量,即运动量。它包括运动的强度、密度与持续时间等因素。运动量过小,不能引起学生生理机能发生较大的变化;而运动量过大,超过了生理负担量,又会使体内能量过分消耗,出现虚弱无力,过渡疲劳的现象。运动量过大过小都不利于学生身体的发展。据调查,有的学校的体育课,学生真正活动的时间只有十分钟左顺,强度也不够,至于体育课外作业或课外活动也没有开展,这是不能适应处在生长发育重要阶段的青少年的需要的。合理安排运动量就得根据不同年龄、性别和每个学生身体发育的水平。

7.体育课程要合理编排。体育无论如何重要,也只是教育事业的一个方面,因此,对于体育课程的编排应从整体出发,合理统筹,并把学生身心发展的特点、体育自身的规律、其他课程的编排、周围环境的影响等各种因素考虑在内。这样的课程编排才能为全面人才的培养提供前提和依据。亦如杨贤江所说,"吾人欲成为强有力之人,必德智体三育圆满发达,配合匀称,无此强彼弱、此盈彼虚之弊。不若是,有一能力未经充分发展,则终为全体之累。吾人今日所需者,为此种调和发达之人,使居领袖之职,以助吾人应变处常。吾国教育,果能实现此

---

① 杨贤江:《我之个人卫生谈》,任钟印主编:《杨贤江全集》第一卷,郑州:河南教育出版社,1995年版,第116页。

种理想,则以后吾人事业,必能超轶前代也"。

当今,物质文明高度发达,一切都倾向于享受与奢侈,虽然很多人都讲究养生,但更多的人强调的是营养与卫生,而体育锻炼则很少被提起。以往我国对体育就不太讲究,现今虽有所改观,但由于对体育目的的模糊性,学校体育依然存在"过与不及"的现象。所谓"过",并不是对以往不讲究体育的矫枉过正,提倡的过火了,在"过"的表面下隐藏的恰恰是"不及"的实质。"过"与"不及"两者同是由不明体育目的所致。杨贤江一再强调体育的目的是强身健体、愉悦身心,做个对社会有用的人。而今学校体育的现状实与这一目的有所偏离。有的学校把体育当作"副科",不予重视,甚至认为体育无甚意义,干脆取消;有的学校误认为体操即体育,安排几堂课,随便找个代课老师比划几节体操便敷衍了事;有的学校把体育作为个人或团体获得名利的工具,精挑细选出为数不多的学生作为运动选手,专事体育,甚至专攻某一项体育项目,以图赢得比赛,获得体育强校的好名声。至于大多数学生,则成为运动选手比赛时观众席上的"座上客"。要改善这种体育状况,首先要明确体育的目的。因为,目的是行动的方向,只有在正确目的的指引下才能达到正确的方向,这样的体育才能真正增强学生的体质,养成健全的身体,使学生能忍苦耐劳,栉风沐雨,为社会做出贡献。

重视社会体育对社会与个人有很多益处。首先,体育锻炼能增强人体免疫力,预防或减少疾病的发生。对于个人,可以保持好的精神状态,减少病假,把更多的时间和精力投入到工作中;对于社会,不仅能减轻医疗负担,而且劳动者工作效率也得以提高,提高总体收益。其次,体育锻炼能减少社会犯罪。随着社会的发展,越来越多的人从体力劳动中解放出来,休闲时间越来越多,如何支配休闲时间成为一个迫切需要解决的问题。尤其是青少年,精力极其旺盛,如若不能让剩余精力用在正确的地方,很可能误入歧途,走向犯罪。体育锻炼正好填补了这一空白,让青少年的精力得以正确消耗,不仅能帮助自身形成良好的生活习惯,而且对良好社会秩序与环境的形成有重要作用。再次,体育锻炼能提高人的适应能力与交际能力。很多体育项目,要求随机应变,在极短的时间内迅速作出反应,从而使人的应变力得到锻炼,办事效率得到提高。最后,各种各样的体育活动,极大地丰富了人们的精神生活。

由此可以看出社会体育发达与否与全民健康水平、生活环境、生活质量等息息相关，重视社会体育尤其重要。杨贤江在当时的时代背景下能认识到社会体育的重要作用，认为体育是人人应尽的责任和态度，大力提倡社会体育，实在难能可贵。

四、美育

美育是一种培养学生具有正确的审美观和鉴赏美、表达美、创造美能力的教育活动。美育对提高一个国家整体的国民素质，鼓舞和振奋民族精神，培养爱国主义情感都具有重大意义，其目标是造就具有思想之美、心灵之美、性格之美、气质风格之美的优秀青年，当代生理学及体育学都十分认同并强调美育对儿童、青少年身体健康的促进作用与精神心理健全丰富的涵养价值。

杨贤江对美育定义为："我们简单解释起来，可以说是美的陶冶，审美心的养成。爱好美，识别美。这是美的欣赏力。创作美、设计美，这是美的发动力。美育所陶冶的能力，就是指这两种而言。"①他反对当时所谓的"美育无用论"，美育可以养成青年高尚的审美情操，使其志趣纯洁；还可以丰富青年的生活，创造更多的乐趣；还可以陶冶青年的美术思想，创造更多的艺术作品，进而创造更多的财富。

美育是有目的、有计划地培养受教育者识别、鉴赏和创造美的能力的教育活动。它能帮助受教育者确立正确的审美观，促进受教育者认识美、鉴赏美与创造美的知识及能力的发展，同时能够促进德智体诸育的完成，帮助受教育者超越现实生活，形成对人生意趣和理想境界的追求。杨贤江非常重视对青年学生的美育工作，并为之撰写了不少论文。

杨贤江主张在体育教学中渗透情感。人们往往想当然地认为，体育教学就是教学生如何强身健体，要增强体质，多锻炼即可，与情感毫无瓜葛。其实不然，体育与情感相辅相成、密不可分。一方面，愉悦的情感可以增加学生的积极性，主

---

① 杨贤江：《美育的价值》，任钟印主编：《杨贤江全集》第一卷，郑州：河南教育出版社，1995年版，第302页。

动投入到体育锻炼中去,树立终身体育的观念。内因是问题的关键,只有充分发挥学生的主体性,才能使体育教学深入人心。正如杨贤江所提醒的一样,"要以快乐的精神扶植体育的根柢"。另一方面,"百年以前,学校所重在供给书籍与学问,以此俱非家庭所固有,其在家庭所特长者,为获得健康、手艺、坚忍、干练。然在今之学校,则当兼顾及此种种,而与心力之修养并重。所尤宜加意者,在图神经之健全、精力之充实与忍耐之特性。更简言之,即学校当为养成体力与学力之机关也。"尤其是现在,入学时间早,在校时间长,亲子班——幼儿园——小学——初中——高中——大学——研究生,一串下来几乎占到了人生三分之一的时间。学校已成为学生生活最重要的场所,如若不在教学中渗透情感因素,岂不是要把学生培养成机器人?体育教学是学校教学的重要组成部分,当然也不能例外。

(一)对美育的基本认识

1921年5月,杨贤江在《学生杂志》发表专门论述美育问题的文章《美育的价值》,认为美育的意义就在于"美的陶冶、审美心的养成",其结果是形成学生两方面的能力,一是"爱好美,识别美,这是美的欣赏力",一是"创作美,设计美,这是美的发动力"。[①]

在教育过程中,美育不是万能的,但也绝不是毫无价值的。杨贤江认为,现代社会虽然是一个物质文明进步的社会,但人们精神上享受幸福的机会很少,当有提倡美育的必要。美育的价值或者说功能主要在四个方面:一是道德层面,"从道德上看:一个人有了高尚的审美心,足以使志趣纯洁,品格优美;自然他的道德力也增高了"[②]。二是在人生目的层面,"从人生目的上看:真、善、美的自身,都是同等的为社会文化和为我们心身所要求的;所以'美'自有他独立存在的价值,决不是为了别种方便才有价值。它的价值,就在使我们脱离现实社会的束缚,另在一个理想的境地得著喜悦,以扩大人生的活动。"三是在美术层面,"从美术上看:由美育而发达的一般美术思想,自能帮助美术品的创作,因以发生上述的价值。"四是在经济层面,"从经济上看:美的生产品的销路很大,于经济上

[①] 杨贤江:《美育的价值》,任钟印主编:《杨贤江全集》第一卷,郑州:河南教育出版社,1995年版,第302页。

[②] 杨贤江:《美育的价值》,任钟印主编:《杨贤江全集》第一卷,郑州:河南教育出版社1995年版,第302页。

的利益自必很多。"①

学校美育是培养身心全面、和谐发展的现代人所不可缺少的重要内容和途径,但是要注意的是,培养和提高学生感受美、鉴赏美、创造美的能力,在学校教育中首先或主要不是为了培养艺术家。学校美育的基本和主要任务是使学生具有鉴别、欣赏和创造美好生活的基本能力,从而努力追求高品位的生活、高境界的人生。杨贤江正是从这一认识出发,根据当时的社会和教育的现实条件,提出了很多切实可行的学校美育方法。

(二)通过文艺作品进行美育

文学艺术作品是充满丰富的文艺美的精神文化产品,其中的文艺美是一种以现实为基础,但又经过艺术加工,因而高于现实美的形态,它比现实美强烈、集中、典型,所以就具有更高的教育价值。因此,通过对文学艺术作品鉴赏进行美育应该是学校美育的重要内容。

通过文艺作品进行美育,可以激发学生的情感体验,引导学生理解美的本质、内容和境界,从而在实质意义上得到美的陶冶;还能够使学生理解、掌握不同的文艺形式及表现方式,不同文艺体裁和风格的特点,从而提高文艺美的鉴赏能力。与此同时,通过相关的训练,可以使学生具有一定的美的表现或创造能力,提高他们创造美的实践素质修养。

杨贤江很重视文艺作品的美育功能,希望广大青年学生在学习和生活中能够摒弃和抵抗庸俗的物质享乐的诱惑,而尽力"培养艺术上的创造和欣赏的能力……以期享受纯洁的及从奋斗里出来的快乐"②。

1921年8月5日杨贤江在《学生杂志》发表《文艺与人生》一文。他认为,文艺是一种表现人生的艺术,以让人们超脱"俗界"而与"自然"同化为目的。这里的文艺是包括文学、音乐、绘画等学科领域在内的,这些都是艺术,不是科学。他

---

①杨贤江:《美育的价值》,任钟印主编:《杨贤江全集》第一卷,郑州:河南教育出版社,1995年版,第303页。
②杨贤江:《现代世相》,任钟印主编:《杨贤江全集》第一卷,郑州:河南教育出版社1995年版,第416页。

认为,艺术与科学之别在于,前者诉诸人的感情,后者诉诸人的理性。文艺的作用,是拿这些艺术形式来表现人生所潜在的势力,像思想、情绪等,又拿它来表现人间在自然界的动作以及和人生有关系的自然现象。我们接触了这些东西,仿佛脱离了现实,消灭了苦恼、烦闷、倦怠等等,别有一种真挚地深刻觉悟的意味,到了一个"物我无间""优哉游哉"的境界,产生一种甜蜜的不可形容的快感,所谓与"自然"同化了。这其实就是一种极高层次的美的享受和玩味。文艺对于人生的价值,最重要的有提高理想,扩大同情,安慰痛苦,但可惜我国学生对于美的追求,未免太不着力了。古代学者把文艺当作"雕虫小技",把专心文艺者当作"玩物丧志",这是错误的。

杨贤江要求青年趁早培养艺术趣味和艺术欣赏能力。他用达尔文的生活经历说明培养艺术趣味的重要性。达尔文在年轻时对诗歌、绘画和音乐有浓厚的兴趣,这给他带来了许多快乐。但老年的达尔文由于长时间搞科学研究,忽略了艺术活动,觉得大脑的那个部分机能都萎缩了。因此,如果能再生,要制定出一条规则,至少每星期有一次读诗歌听音乐的机会。青年学生"不要蹈达尔文的覆辙"。"乘这个青春的时期,努力去培养文学的趣味和艺术欣赏的能力"[①]。杨贤江同时也指出了鉴别美丑能力的重要性。培养艺术趣味和欣赏能力"不是提倡浅薄的享乐主义",目的在于"希望有圆满的人类生活"。他把消极颓废的文艺作品称之为"靡靡之音",并明确提出坚决反对的态度。

(三)通过文娱活动进行美育

在美感教育贯穿始终的各种美育形式中,如果说文艺作品的鉴赏是一种侧重认知的美育形式,那么,参与各种文娱活动就是一种侧重动作技能的美育形式。

文娱活动既可能是以已有的完美艺术形式或作品为标准的模仿和学习的过程,也可能是创造新的艺术形式和作品的过程。无论哪一种,人的各种感官都直接参与到美学实践中,都是融创造、欣赏和感受美于一体的过程,其感觉和体验往往更深、更强烈,因此,也是进行美育的一个重要途径。

杨贤江把包括音乐、艺术、戏剧等在内的各种文娱活动称为"游戏"。现代青

[①] 杨贤江:《文艺与人生》,任钟印主编:《杨贤江全集》第一卷,郑州:河南教育出版社,1995年版,第347页。

年要打破中国传统教育中轻视和贬低文娱活动陈旧观念,代以新的观念——"游戏是必须品,不是奢侈品"。青年要养成经常参与各种文娱活动的习惯,"因为游戏(音乐、艺术、戏剧、诙谐、运动等)的习惯,我国人没有正当养成。或者终日忙碌,无暇游戏;或者不务正业,干有害的'娱乐'"①。

杨贤江不仅重视文娱活动的美育价值,而且认为,文娱活动和工作一样重要,人要发挥最大的效能,需要通过训练,使自己能够自由使用或修养脑力,能够集中全身的精力在眼前的事情上。"如不能集中他的精力在游戏上,和在工作上一样,便没有握住真实生活的诀窍,就在事业上也没有握住出色的本领。"②因此,在游戏时要"能用全副的精力,决不分心"。所以,文娱活动不仅具有美育功能,还具有训练良好心理素质和工作习惯,提高人的整个生活和工作品质效率的功能。

(四)通过大自然进行美育

人类生活的自然环境中,由于自然鬼斧神工的作用,也呈现出无穷无尽、千姿百态的自然之美。所以大自然也是进行美育的重要资源,而且是最丰富的源泉。与艺术作品不同,自然之美是现实的,生动、丰富和多变的。比如自然景观就具有天然质朴、色彩丰富的特点,而且随季节、昼夜和天气变化而经常变换。所以,通过大自然进行美育具有明显的生动性和一定的随机性。

通过自然之美的鉴赏,可以使学生了解自然美的特征,增强学生的审美感知和理解能力;欣赏自然之美还可以开阔视野,增加知识,陶冶性情;对一些打上了人类和民族印记的自然之美的欣赏,更是增强学生热爱自然环境、热爱祖国美好河山情感的好方法。

人类天然就具有对自然之美的欣赏兴趣,所以,利用自然之美进行美育具有很大的普遍性,可以称为进一步开展其他形式的美育的起点。正如杨贤江所说的

---

①杨贤江:《好习惯怎样造成?》,任钟印主编:《杨贤江全集》第一卷,郑州:河南教育出版社,1995年版,第604页。

②杨贤江:《青年与游戏》,任钟印主编:《杨贤江全集》第一卷,郑州:河南教育出版社,1995年版,第725页。

那样,"杨柳抽条了,桃花盛开了;还有鲜黄的菜花,放出轻微的香气;蝴蝶啊!蜜蜂啊!飞来飞去;鸟儿在树枝上,唱很好的歌给我们听……都是叫人听了看了很快乐的"①。他认为,郊游、远足、户外活动等都是利用大自然进行美育的好方法。为此,在1921年4月至11月半年多的时间里,杨贤江在期刊连发3篇论文,讨论这一问题,足见其关注之高密度以及期盼之深切。

1921年4月杨贤江在《少年杂志》发表《好玩的春天怎样过?》。他说,春天是很好玩的,少年们在好玩的春天最好是去"野游"。他认为,"野游"可以呼吸新鲜空气,看看美丽的风景;还可以看见许多花草、树木、虫鸟以增长知识;和同学、老师、父母兄妹一道同游,大家欢欢喜喜、和和睦睦,在道德上有益,而且野游后还可以把心得和体会写成文章,向杂志社投稿。②

1921年5月,他在《学生杂志》发表《"辟克尼克"》。"辟克尼克"是英文"picnic"音译,意即很多人一起自带食物去"郊游"或"野游"。风和日暖、花开草长的春天是举行"辟克尼克"的最好时间,既能赏玩自然界景物的美,又能抒发纯洁的真挚的情感,这样可以获得人生的乐趣并养成高尚的品格。③

1921年11月5日,杨贤江在《学生杂志》第8卷第11号发表《自然界里的生活》,他陈述了主张自然界里的生活的理由:一是可以认识自然界的真,二是可以欣赏自然界的美。自然界是个公开、公平的大学校,也是生命的源泉。自然科学的各个学科都是这个大学校的课程,学习这些课程的方法就是到自然界去观察、去实验。这样,不仅可以得到许多自然界里的知识,增进对自然界的了解,而且还可以领略自然的美,以养成高尚的意境和丰富的情趣。只要人们肯与自然界相亲,它终有恩惠赐予人们。学校要注重自然研究,学生们应到户外作观察、实验、探

---

① 杨贤江:《好玩的春天怎样过?》,任钟印主编:《杨贤江全集》第一卷,郑州:河南教育出版社,1995年版,第293页。
② 杨贤江:《好玩的春天怎样过?》,任钟印主编:《杨贤江全集》第一卷,郑州:河南教育出版社,1995年版,第293-294页。
③ 杨贤江:《"辟克尼克"》,任钟印主编:《杨贤江全集》第一卷,郑州:河南教育出版社,1995年版,第297-298页。

索,即使研究文学,也需到自然界里做调查,做考察。①

当然,需要指出的是,在杨贤江的眼中,郊游、远足之类的活动并不仅仅只有美育价值,而且同时具有美育、德育、体育、智育等多方面价值。这一点在他关于"野游"的论述中可以看出来。在前面关于杨贤江的体育理论中,也有进行"远足"的建议,其体育意义和价值在此我们不再赘述。

(五)在日常的生活和学习过程中渗透美育

在人类的社会生活中同样存在大量美的因素,它包括人格美、劳动与生活过程的美、产品以及环境美等。日常社会生活中的美往往与善、真相结合,具有较大的美育价值。

杨贤江很注重在日常的生活和学习中树立正确的价值观和审美观,比如,在《1918年6月27日日记》中,他强调心灵美比装饰美更重要,"'貌虽不美,而心花当有色香'。大慈悲现柔和相,浓爱情现依念相,心之不美而第饰其貌,何异骷髅涂脂膏、木偶御艳装耶?"②

杨贤江希望广大青年学生能发现生活之美,特别是要用自己的实际行动努力创造生活美。比如要求学生坚持每天都做到"保持优良姿势的习惯:1.头必正。2.发必短。3.胸必挺。4.背必直。5.衣必整"③,"人品、服装都整洁"④。这些既是良好的习惯,也体现出了强烈的整洁、干练等生活之美。希望这样能促使学生对人格美的向往与追求,实现心灵美与形体美的统一。

尤为可贵和值得一提的是,杨贤江还认识到要利用教育过程本身的美进行

---

① 杨贤江:《自然界里的生活》,任钟印主编:《杨贤江全集》第六卷,郑州:河南教育出版社,1995年版,第448-449页。

② 杨贤江:《1918年6月27日日记》,任钟印主编:《杨贤江全集》第四卷,郑州:河南教育出版社,1995年版,第269页。

③ 杨贤江:《好习惯怎样造成?》,任钟印主编:《杨贤江全集》第一卷,郑州:河南教育出版社,1995年版,第604页。

④ 杨贤江:《好习惯怎样造成?》,任钟印主编:《杨贤江全集》第一卷,郑州:河南教育出版社,1995年版,第606页。

美育，也就是教育活动本身要努力做到审美化。传统教育学教育活动要求更多的是真和善，而忽视了对美的要求，教育活动讲究的是言传身教，榜样示范以及娓娓说教。如果教育本身忽视对美的追求而要求学生在生活中有真正的美的追求，其效果的低下是不言自明的。杨贤江在这方面的论述不多，但的确是注意到了这一问题。比如，1921年7月，他在《学生杂志》发表的《我对于〈学生杂志〉改革的意见及今后的希望》一文中建议，以教育广大青年学生为己任的《学生杂志》应该"改良印刷形式，以期发生审美的印象"[①]。

现代社会是物质财富高速增长、闲暇时间大为充足的社会。按照马斯洛的观点，人类个体在基本需要得到满足的前提下，真、善、美等追求将成为主导性的心理需要。忽视这些需要，就会产生常见的懒散、空虚、无聊、寂寞等问题。所以，当前美育的重要任务之一就是培养和提高学生追求人生高尚趣味和理想境界的能力。杨贤江重视在日常生活和学习过程中进行美育的思想与方法都是能给我们有益的启发的。

美育不仅能促进学生审美能力的发展，使学生的精神生活更加愉悦，还在加强学生审美意识的同时，使学生的情感生活朝着更加高尚、健康的方向发展。如，通过对优秀艺术作品的欣赏和鉴别，通过训练有素的教师的引导，在适合学生接受水平与个性倾向的条件下，让他们自觉和能动地吸收，并整合到他们的整体人格中去，正所谓"潜移默化"。加强审美意识的教育并非要束缚学生自由活泼的心灵，压抑他们的个性情感，而应该是更有利于学生自觉地肯定与追求审美价值，更主动地创造审美世界，使情感生活更丰富、更自由，从而使青年学生的身心沿着健康、高尚的方向发展。

---

① 杨贤江：《我对于〈学生杂志〉改革的意见及今后的希望》，任钟印主编：《杨贤江全集》第一卷，郑州：河南教育出版社，1995年版，第325页。

第四章

学习篇(上)

拉直青年人生成长的问号

　　学习是在校青年学生的主要生活及课业活动，同时也是因各种原因失学或离校青年的日常活动的一个重要方面。现代教育重在学习者学习中的主体地位与作用，将自学作为学习的策略及主要方法之一，符合"学会学习"及"终身学习"的理念内容。虽然学习的主体、作用效果的表现以及检测评定的依据都要通过学生来实现，但并不能因此而忽略教师在其中的引导组织的主导作用。教师在教学，包括学习中的价值与意义并不能因为学生观的转变而降低，相反提出了更高的要求，从另一个角度说，学生主体性表现及发挥的程度恰应是教师主导性作用有效性的成果。鉴于此，本章仍从教师入手开始探析。同时，青年学生的成长中以学习问题突出、任务繁重、为此在校期间所付出的时间和耗费的精力都堪称首位，因此，本书中我们分两章来对此加以构建解读。

一、教师的地位与要求

　　人类历史犹如大海，每一次的潮涨都会留下一地的珍奇；每一次的发展，都少不了经验、知识及思想意识的传递。而教师正是人类文化思想的继承者和传播者，肩负着培养合格的社会成员、推动社会进步的重要职责。正是教师职业的特殊性使得这一职业被称为"太阳底下最光辉的事业"，教师被称为"园丁、蜡烛、春蚕……"，甚至被奉为"人类灵魂的工程师"，但教师真的是全知全能至善至美的圣贤吗？伟大的马克思主义教育家杨贤江在自身从事多年的教育实践基础上，运用马克思主义原理预见性地分析总结了教师的性质、责任和应具备的素质，给出了一个圆满的答案。时至今日，依然熠熠生辉，对正确定位教师的地位和作用有很大的启示作用。

（一）教师的性质

　　教师好比一棵棵攀附在支配阶级大树上的常春藤，由于长期缠绕在大树身上，对于它的根部———我们视野之外的东西———到底属于哪方土地，一直处于模糊之中。有些人仿佛这样说，教师具有知识的特权，是支配阶级思想和意识的扬声器。难道教师真的像表面看上去的那样，属于支配阶级吗？现代青年教育家杨贤江启示我们,千万不能让眼睛迷惑了思维,要啄破虚假的外壳透视真实的本体,还事物的本来面貌。他认为,在一切东西商品化的资本主义社会中,任何一种生产物都是于支配阶级有利的,就连食米这种与世无争、不偏不倚的东西也难逃此命,何况教育者,教师根本不可能脱离被支配者的地位。第一,他们得从支配阶级那儿支领薪水。这一经济上的牵制,必然导致教师要受人的支配,从而像中了魔咒似的,说着自己不愿说的话,做着自己不情愿的事。第二,教师虽然具有知识特权,但这种特权并不能使他高高在上,而只是使他获得能将就养家糊口的技术。"何况现时小学教师所得的薪水,老实说有许多还不及熟练工人之所得,甚至连汽车夫或包车夫都不如"。

前苏联教育家乌申斯基曾说过,理解和思维的基础是比较,我们正是通过比较来了解世界上的一切。杨贤江就是运用比较的方法,基于马克思主义阶级划分的观点,进一步严肃认真地论证了教师的阶级属性。杨贤江指出,教育者的生活和一般劳动者的生活是如此的相近。他列举了教育者与工厂劳动者处于相同地位的几个重要相通之点:第一,两者都是"什么也不能发见自己的'器械人'"。"工厂劳动者对于自己的生产物,绝对没有选择权,他们只须走入工厂主所有的工厂中,一天到晚为换得口粮而出卖劳动力"。而"教师受雇于名叫学校的工场","在那儿,设有现成的教科书、教材、教法等等的器械,要他对国家所需要生产的人,施以技巧"。两者都得按支配者的意图工作,服从支配者,是支配者榨取剩余价值的来源,表面不同,而实质一样。第二,"两者都是工银劳动者。他们中谁也没有生产手段,除单靠出卖劳动力以维持生活外,别无法想"。[1]他们只能在国家经营的"学校工厂",按照支配阶级的意图生产"学生产品"。假若在他的加工品上稍稍加上自己的个性与色彩,与支配阶级所要求的性质稍有出入,就会被视为超轶常规而终其销路,甚至受到处罚,使教师的生活陷入危机。或者有人要说,这样的比法有点过分,教育这种事情要比较自由得多,要比较有功效得多,怎好把它们排在一起?其实,这种迷惑是未能透过教师权力显性膨胀现象而看到其隐性缺失的本质所造成的。表面上看,教师似乎有很大权力,实质只是统治阶级的"肉喇叭"而已。杨贤江指出,当时的小学教师大都是出身于贫困阶级,所受的师范教育并不适合他们自身的需要,也并不适合学生们的需要,只不过是为适合

---

[1] 杨贤江:《新教育大纲》,任钟印主编:《杨贤江全集》第三卷,郑州:河南教育出版社,1995年版,第443-444页。

支配阶级的需要而设立的。所以,当时的教师是"无能为也"的,是消了"火气"的,是要扮成"俨然若人师"的,他们处处受到压迫,日夜为糊口的微俸而忙碌奔波。杨贤江深知在这样的大环境下,单个教师的力量势单力薄,他号召师范生团结起来,用团体的力量去唤起民众。杨贤江目光犀利,能透过现象看本质,把处在当时社会的教师准确定位于被支配阶级,既符合马克思主义基本原理,也是历史事实的准确反映。时至今日,教师的地位已有了质的变化,再也不是什么"被支配阶级",而是社会主义的建设者和中坚力量。

杨贤江运用马克思主义这个强大而正确的理论武器,唯物辩证地透视到教师在生产关系———这一基本社会关系中的地位,并从经济关系———这一社会本质关系中论证了教师是雇佣劳动者,是工人阶级的一部分,是普普通通的人,而不是所谓的"圣贤"。

(二)教师的责任

教育是民族振兴的基石,是促进社会发展的重要动力,所以,要把教育放在优先发展的地位。杨贤江在《教师职业的重要》中指出,教育事业虽然不比别的事业神圣、高尚,但到底是一种很重要的、特殊的事业,它是"造人"的事业,它的教育对象"是一个个活泼泼的人"。教师肩负着培养年青一代的神圣使命,承担着人类文化的传播和弘扬的任务。教师要充分认识到这一职业的重要性和特殊性,以尽到自己的义务和责任。杨贤江认为,教师虽然不可能全知全能至善至美,但也不应该把自己的职业仅仅当作以此谋生糊口的工具,在"生存型"生活状态下无奈的苦捱,即使解脱不了经济的支配,也应尽可能拿出真心诚意来干。这是杨贤江从消极方面对教师提出的要求。另外,他从积极方面对教师应然的责任提出了更高的期盼,即当时的社会是不良的,是需要改造的,教师应积极进取,培养有改造能力的人。杨贤江认为,当时的教师有政治使命和全人生指导这两大责任:

1.政治使命

杨贤江生活在中国半殖民地半封建社会的历史时期,内忧外患,民不聊生。处在这种环境下的杨贤江,对教师的政治使命有着更为深刻的认识。他指出,教师要负起自己的政治使命,首先要明确教育与政治的关系。教育是上层建筑之一,绝对不能超越政治而独立存在。虽然教育与政治同为上层建筑之组成部分,但它是"较为第二义的,较为派生的。因为它不仅由生产过程所决定,也由政治过程所决定"①。教育没有不属于政治的,自有历史,就没有过超政治的教育。在阶级社会中,教育是支配阶级主宰、利用的工具,是为支配阶级服务的,超越政治的教育只不过是欺蒙和虚伪。当然,教育也有影响政治的作用。在革命前,教师就是要用教育这个"武器",揭露统治阶级的罪恶,传播革命的政纲,激起民众的革命情绪;在革命后,教师要用教育来捍卫和促进政权,因为那时的政府与民众是站在一起的。杨贤江说,在政治变革已经完成的国家,仍需要政治的教育。如苏联"除一般学校是为政治的以外,另有专对成人所施的政治教育,其目的便在准备社会主义社会的建设"②。如今,我们的政府是人民的政府,是为人民服务的,所以,我们要用教育来促进社会主义建设和发展。

"儿童是教师的影子,有什么样的教师就有什么样的儿童。"教师是学生模仿的对象。所以,教师对于自己所日夕与共的儿童们,必须承担起责任。杨贤江指出:"究竟他们能获得解放的门路,抑或依旧受旧支配势力的屈服而不获见天日,就视今日教育者如何教育他们以为定。"教师要以革命道理教育学生,引导他们去观察环境、接触实际、接近政治,"随时随地指导学生向合理的路上走"。"教育者要对儿童供给他们所需要的政治教育"③。儿童虽年幼,但政治绝不能忽视,任何人都脱离不了政治,何况儿童是未来的希望,教育者应让他们明白当地的政治环境以及对他们本身生活的关系,绝不能教他们"安分守己",与政治绝缘。杨贤江认为,当时是危机之秋,青年学生四面受敌,教师应号召青年突围而出,打破纲常名分、虚文缛节,不再为习俗和礼教所束缚;看透歪理邪说,过真正的人类生活;积极参与政治改革,废除不合时宜的学校政策,驱除顽固守旧的教育政客,清除学校的遗毒;教师更要引导青年学生爱国、救国,从事救国运动,为民族独立而努力奋斗,切不可闭户潜修、妄想悠悠度日,把救国的希望寄托在军阀的恩赐或政客的商议上;当学生沾染资本主义的毒素而怯懦、自私时,教师应激励、鞭策他们快快觉醒,做一个有血性、有志气、有活力的革命者;当学生热心救国却苦于找不到途径时,教师应给他们指明前进的方向。帮助学生认清形势、

---

①杨贤江:《新教育大纲》,任钟印主编:《杨贤江全集》第三卷,郑州:河南教育出版社,1995年版,第424页。
②杨贤江:《新教育大纲》,任钟印主编:《杨贤江全集》第三卷,郑州:河南教育出版社,1995年版,第437页。
③杨贤江:《教育之政治的使命》,任钟印主编:《杨贤江全集》第二卷,郑州:河南教育出版社,1995年版,第880-881页。

拉直青年人生成长的问号

关注时事,要为革命的需要、国家的独立、富强而读书。所有这些都这是时代赋予教师的责任。

杨贤江认为,教师的阶级地位和教师职业的特殊性赋予了他们"教学生革命、教民众革命"的双重历史使命。"教育者是联通文化与民众之间的一条大路",教师是一般民众的引领者。所以,教师决不该幽禁在校门以内,而"应从讲坛上解放,向着社会民众进去,参加社会民众运动"①。他指出,当时的中国民众因太无常识而易被邪说、邪行所迷,因太无组织而常受强暴者所欺,教育者应该教育他们、组织他们。"不管教育最后的目的怎样,但就目前讲,只有革命的教育,才是中国需要的教育;只有革命的教育者,才是中国需要的教育者"②。因此,教师不能只囿于学校研究学理、教书而已;学校不能是仅局限于儿童的场地,而应是文化的中心和民众吸取知识的源泉;人生教育观也不能局限于个人,而应是公开于社会的。杨贤江认为,教师要做文化的引导者、民众的启明灯,文化与政治相互作用,文化越开明,政治进行就越顺利。

教育者承担着准备自己、训练儿童、引导民众的重大历史责任,而单独的分散的力量是做不到的,只有通过结社、积聚力量才能既保障教师自身的利益,又为社会变革的工作出一份力。因此,教师一定要冲破官僚思想与隶属思想的禁锢,走出封建思想的牢笼。作为一名马克思主义教育理论家,杨贤江预见性地指出旧社会的现实政治必如风前残烛,经不起微风一吹,因此教育者要有真知灼见,啄破当时社会之壳,迈出新时代的步伐。时代的发展已经验证了杨贤江的预言,我们已经驱除了列强,推翻了军阀,进入了社会主义新时期。当今世界,和平和发展是两大主题,现在的中国,和谐发展是主旋律,满足人民日益增长的物质文化需要是社会最主要的矛盾和必须解决的问题。"教学生革命、教民众革命"的双重历史使命已经被"教学生建设、教民众建设"所代替,齐心协力建设有中国特色的社会主义才是我们的主题。

---

① 杨贤江:《教育者之政治的使命》,任钟印主编:《杨贤江全集》第二卷,郑州:河南教育出版社,1995年版,第881页。

② 杨贤江:《教育与政治》,任钟印主编:《杨贤江全集》第一卷,郑州:河南教育出版社,1995年版,第823页。

2.全人生指导

"教育是民族振兴的基石。"教育在儿童成长发展中发挥着巨大而不可替代的作用。杨贤江认为,教育应该统观整个人生,教育者应帮助学生树立正确的人生观、价值观、世界观,助他发展,使其完善,在他们身上培养"人生必须的条件",使其成为"于社会有用的人"。如若教育者不能在知识的传授以及健康、生活、交友等方面对学生进行良好指导的话,那么,青年学生极容易犯有违社会要求的错误,为社会所不容。

"青年期是人生中朝气蓬勃、茁壮成长的黄金时期,但这也是人身心发展的十分特殊的时期,急风暴雨式的时期,极易造成青年问题"。由于青年期是人的身心发生显著而重要变化的时期,既是"第二诞生期""第二危险期",也是"人生改造期"。因此,青年期的指导非常关键,一旦贻误,不但是青年个人的不幸,更是社会全体的悲哀。面对社会上的阴霾弥漫、乌烟瘴气,目睹蹩脚的教育、病态的生活,杨贤江主张教师应该"指示青年们可以解决的途径并可以努力的方法。只有这样做,才算尽了教育的能事,才算尽了教育者的天职"①。当时现实的教育没有"全人生指导"观念的存在,活生生地把人生割裂开来,不从学生本身着想,也不从社会环境上着想。青年们犹如羽毛未丰的大雁在电闪雷鸣的高空中飞翔,原本就很艰难。强健的身体、平衡的技巧和勇敢的气魄,少之一样,都会从高空坠落。而当时的教育不但不帮助他们飞翔,反而硬生生地折断他们的翅膀,使他们失去自由、缺乏反抗的力量,只能永远在地面上徘徊不前。杨贤江的"全人生指导"理论,让他们重新插上翅膀,身心更加健壮。杨贤江说,教师不仅要对青少年的一事负责,而且更要对其一生负责;不仅要教育学生树立正确的人生观、价值观,而且要关注他们的体质、生活、恋爱、交友、择业等人生问题。杨贤江所处的时代,根本没有"全人生指导"大展宏图的机会,而今,我们的社会主义社会才使得"全人生指导"得到关注和实施。在以综合化发展为主旋律的新时代,要求教师以无尽的热情和高度的责任感对青年学生进行"全人生指导",使其成为知识广博、意志坚强、身心健康的全面发展的人才。

"全人生指导"是杨贤江对教师培养人才提出的关键性要求。"所谓'全人生

---

① 杨贤江:《新教育大纲》,任钟印主编:《杨贤江全集》第二卷,郑州:河南教育出版社,1995年版,第372页。

拉直青年人生成长的问号

指导',概括地说,就是'完成的人'的教育,是指教育者要对青年进行全面关心、教育和引导,即不仅关心他们的文化知识学习,同时对他们生活中各种实际问题也要给予正确的指点和疏导,使之在德、智、体、美、劳诸方面得以健康成长,成为一个'完整的人'"。①"全人生指导"在当时"畸形的、蹩脚的教育"中,犹如茫茫黑暗中的灯塔,给青年以希望,引导青年发展和完善。杨贤江说:"向来的学校教育,大都偏于知识的传授,而对于良好习惯的培养、青年问题的探索,未尝加以留意,换句话,就是未能为全人生指导。"他反对旧教育中教师照书本讲解、按教材来"定音"、依教材为乐谱来"弹琴",对学生的切身问题毫不理会,对现实的事也毫不指点,对怎样处世、如何解决问题更是不闻不问。他同情旧教育的受害者,看不惯旧教育造就的人才———眼睛近视,背部弯曲,肌肤菱黄,步履迂缓。他积极呐喊冲破旧教育的樊笼,培养适应现代社会的能过"健康圆满生活的'完人'"。杨贤江所说的"完人",要求"有强健的身体和精神,有工作的智识及技能,有服务人群的理想和才干,有丰富生活的风尚和习惯"②。

特别值得一提的是,杨贤江把青年教育和现实社会改造事业有机地联系在一起。我们今天依然要本着振兴中华的高度社会责任感,把青年教育和社会主义建设的伟大事业结合起来,用教育推动社会主义建设。

(三)教师的素质

俗话说:"打铁还靠自身硬。"作为一名教师,能否完成自己肩负的重大的历史使命,能否引导"学生向合理的路上走",能否掌握正确的航向,引领学生在知识的海洋中遨游,这一切都得看你自身"硬"的程度。杨贤江非常重视教师自身的修养,认为教育者除了勤而好学之外,必须要加强修养,力求具备政治、道德、文化、艺术、身体等各方面的素质。杨贤江言行一致,表里如一,为我们树立了榜样。在求学和工作期间,他一直积极进取,不断地从先进的经验中汲取营养,提高自身素质,为成为一名真正合格的教师而奋斗不息。

---

①吴洪成,陈淑霞:《不朽的革命人生 辉煌的教育成就———马克思主义教育家杨贤江的理论与实践》,北京:光明日报出版社,2005年版,第158页。

②杨贤江:《新教育大纲》,任钟印主编:《杨贤江全集》第二卷,郑州:河南教育出版社,1995年版,第329页。

1.政治素质

"国之不存,何以为家"。如果国家处于动荡危机之中,教育者还迷信教育是"神圣""中正""清高""独立"的事业,为教育而教育,两耳不闻窗外事,一心只读圣贤书,对时事、政治毫不过问,对革命毫不理会,岂不是本末倒置?岂不成了一个分不清轻重主次的糊涂蛋,还何谈做一名培养时代新人的教师呢?杨贤江所处的时代,正值中国国难当头,内忧外患,满目疮痍,外受帝国主义列强的侵略和压迫,内受反动军阀的压制和剥削。反动派疯狂镇压革命力量,妄图扑灭革命的火焰。作为早期的中共党员,杨贤江强调教师首先应当是一个革命者,号召当时的广大教育工作者,在党的领导下,为解放自己、解放民众进行奋斗。他指出,教师要以培养人才、指导民众为己任,不仅要供给儿童所需要的政治教育,而且要启迪民众觉醒,因为只有团结民众,革命力量才会壮大,事业才能成功。

教师肩负着巨大的历史使命,要完成这一使命,就必须具有相应的政治素质。杨贤江批判了中国教育者自命清高不问政治的倾向,并引述亚里士多德的话说:"人是政治的动物。"现代人更难脱离政治,教师也不会例外。"何况现代的教育制度,处处和现实政治要发生联系",所以"中国的教育者,处在这个时候,还要说'我们专讲教育,不问政治'的话,真是最无常识、最没良心的"[①]。当时,在国内外反动势力及旧礼教、玄学鬼等四面包围下,教师应当有能力引导学生拨开笼罩在学生周围的层层迷雾,探寻前进的方向和目标;绝不能借口"恶劣的天气""路上的障碍"而畏畏缩缩,使学生迷失方向,成为反动势力的俘虏。他要求教师要有革命意识,培养"要啄破现代社会之壳而走入新时代的选手"。

2.道德素质

教师职业的特点,决定了其必须具有崇高的教育精神和道德素质。道德素质低下的教师,对学生进行的教育没有根基和生命;对自己的职业和学生没有爱心的教师,其教育就会失去精髓,游离灵魂。正如杨贤江所说:"盖儿童之于教师,譬犹水之于源,木之于根。欲流清,须浚其源;欲叶茂,须固其根;欲感化生徒,活用

[①] 杨贤江:《教育与政治》,任钟印主编:《杨贤江全集》第一卷,郑州:河南教育出版社,1995年版,第822页。

拉直青年人生成长的问号

教授材料,导之为善之境,大半在教员之品格之高尚也。"①

教师一定要有对教育事业的信仰、对学生发自心底的爱心、对伟大人格和道德素养的执著追求。首先,道德是不断变迁的,教师的道德观念要随时代的变迁而变迁,这样才能将时代进步的潮流趋势和现实社会的需求及时传授给学生。其次,教师一定要关心时事政治,绝不能徘徊在社会的边缘。因为道德与社会实践紧密联系,受环境影响和社会制约。再次,教师不要囿于"独善其身"的狭隘圈子,而要依靠组织集体来加强道德修养。因为道德具有社会性,只讲个人修养是徒劳的。他指出,教师要养成高尚的道德素质,前提是使自己具备改造现实社会中许多缺陷的信念和力量,"具备调查社会害恶的见识与实行改造的热情",因为"我们所欲培养的人,应当是所适应当代及最近将来社会的人,同时又不可不为具有实现能力的人"。培养教师道德素质,方法是通过结社集会来加强道德修养。"教师有了结社集会,使得集思广益,使得努力实行。等到形成教育者多数的意志以后,自可发生社会的力量。故教师的组织,是在发挥教育的本质上所最必要的。觉悟的教育者,必须从事于教师的组织运动才是正路。"②因此,集体的影响力是不可忽视的。通过集体内部成员的互相监督和鼓励,教师的道德素质会与时俱进,跟随时代的变迁而进步,并把此影响辐射到社会全体,做好"人类灵魂的工程师"。

杨贤江的上述见解,不仅有深刻的理论意义,而且有现实的实际影响。"教师结社运动的理论,曾对我国的教师运动产生过一定影响,也直接导致了1932年党领导下的'教育工作者联盟'的成立"③。教师素质的提高是时代发展的重要动力,教师的道德是社会道德的缩影与一定程度的超越。通过集体的力量来加强修养,是值得我们借鉴与学习的。我们今天教师队伍的建设也应经常开展集体活动、集体评议、集体监督等组织方法,以达到共同商讨、互相砥砺、取长补短、相互促进的效果。

---

① 杨贤江:《我之学校生活》,任钟印主编:《杨贤江全集》第一卷,郑州:河南教育出版社,1995年版,第37页。
② 杨贤江:《自然界里的生活》,任钟印主编:《杨贤江全集》第二卷,郑州:河南教育出版社,1995年版,第448—449页。
③ 吴洪成、陈淑霞:《不朽的革命人生 辉煌的教育成就:马克思主义教育家杨贤江的理论与实践》,北京:光明日报出版社,2005年版,第131页。

教师的职业特点决定了教师的品质必须是高尚的、纯洁的。杨贤江明确提出教师的首要条件是必须具备高尚的品德,选拔教师要把德行放在重要的地位来考察,从事教育工作的教师更要注意品德修养。现代学校的整体改革,对教师的道德素质提出了更高的要求,教师要时刻牢记忠诚人民的教育事业,做到任凭窗外势利纷华、繁花似锦,也要驻足在讲台心静如水、自甘淡泊;即使面对麻木的灵魂,心灵也不能荒芜、冷漠;信任可以延伸,品质可以传递,教师一定要加强道德修养,传递好这人类文明承续的一棒,培养学生的高尚人格,促使其综合素质能力的整体发展。

3.文化素质

教师的文化素质是指教师在专业教学中所具备的文化素养、知识结构及其程度,是教师从事教学工作的最基本的素质。如果教师的文化知识是浮光掠影式的,缺乏认识的深度和正确性,那么他拿什么教学生,不就成"无米之炊"了吗?杨贤江认为,渊博的知识和多方面的才能是成为好教师的基础和前提,教师的知识不仅要博、专、精,还要把握时代的脉搏,合乎时代的要求。在杨贤江看来,作为一名优秀的教师,首先,要精通自己本专业的知识,对于所任学科的学识,一定要继续求其增进,致力于教学的进步,这样才能引起学生的注意,激发学生的兴趣,有益于学生的学习和发展。其次,教师的知识要在专、精的基础上进一步拓展知识面。只有既宽广又深厚的知识根基,教师才能游刃有余地理解、讲授教材。因为"普通各科学相联络之处甚多。例如讲历史,不可不明地理;教理化,不可不讲数学;教手工,不可不习图画。其余各科,亦皆有密切之关系。为教师者,若非略涉门径,窥见全豹,必有自相冲突之处;而偏见之弊,必不能免矣"[①]。再次,教师要与时俱进,"有现代知识和现代思想……须是合乎进步的人生的要求的"。如果教师"希望学生能有'日新月异'的进步",那么,他的思想、他的见识、他的生活态度,必须符合时代的潮流和教育原理。否则"就不免为一个头脑顽固的老先生,而非我们需要的教师了"[②]。世事日渐变迁,我们要着眼于现代最需要的学识,以推动教育的实现和进步,不能像铁轨上的火车一样循规蹈矩,更不该像刚被修剪的冬青一样,不敢越雷池半步。

---

① 杨贤江:《吾人平均修习各学科之故》,任钟印主编:《杨贤江全集》第一卷,郑州:河南教育出版社,1995年版,第33页。

② 杨贤江:《要怎样一种人做我们的教师》,任钟印主编:《杨贤江全集》第二卷,郑州:河南教育出版社,1995年版,第62页。

德国教育家第斯多惠说过,如果不能自我发展、自我培养和自我教育,就不可能发展、培养和教育别人。陶行知先生也曾指出,只有先生学好在先,学生才有可能学好。教师拥有渊博的知识,才能得心应手地把握基础知识,唯有"深入",才能"浅出"。如果教师满足于浅显的知识而不思进取,不随时代的发展而拓宽知识的话,就会变得平庸、落伍。杨贤江特别强调继续教育与学习对于提高教师文化素质的重要性。虽然教师是教育的组织、引导者和外在力量,学生最终的发展只能靠自己,但任何教师的劳动都能为学生的成长培一把沃土,添一把养料,引导学生更迅速地成长,促进学生身心的健康发展。从杨贤江的日记中可以看出,他在浙江省第一师范学校求学期间,刻苦励精,博览古今中外书籍,修习英文、日文,还经常撰写论文,不断开阔自己的视野,丝毫没有放松对自己学识的提升和理论水平的提高,逐渐积累的广博宏阔的知识素养为他日后从教打下了深厚的基础。他认为,研究学术,不可能立竿见影,要有韧性、耐心,要有坚定的意志,要有"打硬仗打死仗"的心理准备,不能让一点点的风吹草动、一丝丝的物质诱惑就成为放弃自身学习的借口。当今时代,科技飞速发展,要求教师不断地"充电",迅速地更新知识。所以,教师要充分利用点滴时间,创造一切条件参加进修或培训,做一位适应并推动21世纪教育事业发展的新教师。

4.艺术素质

教师工作的对象是"活泼泼的人",不是死死板板、没有生气的物,更不是容器,教师不可能把自己的知识打包一并"倾倒"给学生。所以,教师"不仅贵有丰富之智识、擅长之技能,尤贵能通晓教育原则、儿童心理,利用其熏陶之法,善使其教授之术,庶几能于不知不识间,收教育之效果"。杨贤江说:"欲明一理、知一事,固有藉乎教师之教授;而举一反三之功,则仍在吾学生。是以教授之力,仅为诱导之具,而自动之力,实为成功之基。"实践证明,教师再优秀,其渊博的知识也不能直接赠送给学生,能做的也只是帮助学生发展内在的潜力,提供活动和探索的机会及条件,适时恰当地启发诱导学生,教给他们学习策略和方法。所以,教师一定要学习教授之术,让自己的外力推动、促进学生的内力发展。"普通中学之学生,求能读书已足,而师范生则须擅观人之法;普通中学之学生,求能自善其学为归,而师范生则须兼习善人之学"①。这种"善人"之学,在当时的社会环

---

① 杨贤江:《青年的生活》,任钟印主编:《杨贤江全集》第二卷,郑州:河南教育出版社,1995年版,第37—38页。

境中犹如雨露甘霖,滋润了学生久旱后的心灵,与其"灌注"禁锢他们的思维,不如给学生留下一些自由呼吸的空间,让他们自己先踏踏那布满荆棘,同时也奔向洒满鲜花的知识之路。

杨贤江强调,教师须具有教学的艺术和方法,教师仅有专门的学识是不够的。虽然没有学识的老师令学生无从受益,但徒有学识而不懂得运用教学原理和方法的老师,也难使他们学习有效。就像装满水却没有口的喷壶一样,难以发挥作用。在教学活动中,尤其应反对死板、单调的教学方式,"要求教师的教授须热心而有生趣。因为我们到了青春期,已有了社会的意识,教师的教授就应特别亲切而有味,且当注重于人生的关系,以求各科教材的活用"。拘泥于固定课本或教材是教学上的缺点之一,教师要"把固定的无生气的教科书上的材料,使与目前的实际需要及问题发生关系""要有演戏、展览及别种可诉于视官的形式以发扬情感"。①只有具有这样艺术素质的教师,才能挥洒自如、唤醒学生"沉睡"的心灵,把学生从深奥的理论和枯燥的学习中解脱出来,使学生在快乐中成长。教学既是一门科学,也是一门艺术,在信息瞬间变换、知识更新加快的新时代,教师所能直接传授给学生的知识越来越少,教会学生学习、使学生学会学习、培养学生终身学习的能力、创造学生成功的满足与自信的力量,才是更重要的。所以,教师不能再满足于做"教书匠",而应成为通晓教育原则、儿童心理、教学法等方面知识的教育者,成为一位不断探寻教学艺术、富有教学个性、形成教学风格的艺术家。

5.身体素质

杨贤江深悉"物质决定精神"这一马克思主义原理,"身体是革命的本钱",如果没有身体这一物质条件做前提,人所有的素质就会随着身体的消弱和消失被"风化腐蚀",甚至逐渐"烟消云散"。杨贤江说,教师承担着特殊的使命和重大的责任,强健的身体素质至关重要。他并不反对有些人为养生而锻炼身体、有些人为娱乐而讲究体育、有些人为夺冠而拼搏训练,但他更注重"从实践人生责任的立足点"来提高身体素质。他指出,如果教师疲于奔命,鞠"躬"尽"骨",瘦损了筋骨,熬干了血气,呕心沥血而未老先衰,即使才华横溢,又和唐代大诗人杜甫

---

① 杨贤江:《教科书教授的利弊与采用补充教材之研究》,任钟印主编:《杨贤江全集》第二卷,郑州:河南教育出版社,第 618—619,680 页。

拉直青年人生成长的问号

对三国时期军事家诸葛孔明"出师未捷身先死,长使英雄泪满襟"的感慨哀音有什么区别?

杨贤江反复强调,为人群谋福利是人活在世上应尽的责任,如果身体不支,有心无力,想努力工作、想尽责任也是枉然。"我们要为人群谋福利,我们既非'玄学鬼',自非口上讲讲、心里想想、纸上写写就算毕事,一定是要亲身去做的。"①既然要亲身去做,就得加强锻炼磨砺,学会"忍劳耐苦,栉风沐雨",而不能像温室里的花朵一样经不起风雨。教师的工作"实为至劳苦之事业",要做一名好教师,须倾注大量的心血,如若身体萎靡,精神不振,则将难胜任此重任。

没有教育,历史很可能会断层;没有教师,人类社会的延续和发展将很难延绵不绝。薪火相传,生生不息,经久永恒的社会文明跨越时空,不断创新,赓续永远,均有赖于教育活动、教师职责及功能的存在与发挥。教师是传递人类文明的"阶梯",不仅要传授知识,还要引导年青一代,培养和发展他们的智力和能力,促进他们全面成长,为社会发展做出贡献。从古到今,从东方到西方,从孔孟、韩愈到杨贤江,从苏格拉底、柏拉图到卢梭、杜威,我们都可以看到人类教育的灵光。职业的神圣,激励着教师追求"格物、致知、修身、齐家、治国、平天下"的理想境界,身怀"先天下之忧而忧,后天下之乐而乐"的忧患意识,具有"为天地立心、为生民立命、为往圣断绝学、为万世开太平"的崇高精神。杨贤江指出,只有教师相信他自己所做的事是在塑造人,是在培养能处理事情、支配环境、有活动的人格的人,是以"人"为教育对象的,才会竭尽心力谋求教育事业的发展。他要求教师要有"和谐的品性"和"庄重的态度",遇到困难而"能愈坚定改进的勇气",遇到繁琐讨嫌的事情能"保持冷静的头脑",不失之于暴躁,对最笨拙的儿童也能耐心地循循善诱。教师应时刻记着自己不仅是聪明学生的老师,更是笨拙儿童的师长,应追求"百花齐放春满园",而不是"一枝红杏出墙来"。但人非圣贤,孰能无过,教师也是人,绝不可能十全十美、至高至上。

星星还是那颗星星,月亮还是那轮月亮,可是时间老人的脚步并没有停下,杨贤江所处的那个年代已然远去。然而,他的教师观却犹如优美音乐的袅袅余

---

① 杨贤江:《对初中同学们谈谈》,任钟印主编:《杨贤江全集》第二卷,郑州:河南教育出版社,1995年版,第617页。

音,依然陶冶、启迪着我们。花儿谢了,可花香依然留有余韵,令人回味,发人深思;昨夕的太阳落山了,可它的余热依然留在人间,给人希望,以迎接今晨的朝阳。

二、自学成才论

杨贤江的国际比较教育视野是十分敏锐的,他总是能洞察、捕捉世界教育大潮的趋势及特点,针对我国教育的历史与现实,加以理论探究及现实回应。自学教育自然是他所关注的一项内容。1922年9月20日,杨贤江在《教育杂志》第14卷第9号发表《日本最近教育思潮概观》,摘译介绍了日本的"八大教育主张",即自学教育论、自动教育论、自由教育论、一切冲动皆满足论、创造教育论、动的教育论、全人教育论、文艺教育论,供我国研究。①这里所需要分解的便是自学教育论的核心自学成才论。

(一)自学成才的概念诠释

自学可以成才吗?对于这样一个问题大家总是有些疑惑。伟大的马克思主义教育家杨贤江在致张䌹之先生的信中写道,"我相信:只要自学得法,将来的结果,是可以同有教师教授者一样的。你不看见电学大家爱迪生吗?他没有正式入过学校,他从小就须做工度日。但是他有着许多发明。这不是自学的成效吗?原来求学的最要关头全在学者的自己教育。虽然有了教师的教授,仍然要靠自修、自学的工夫。不过在别的事情相等的条件下面,有教师教授者的进步,比自学者的可以较快一点罢了"②。他又说:"我们研究学问的时候,虽不能不赖教师的指示,然要研究得透澈,便非单靠教师的指示所能为功,一定要凭自己的聪明才力去体会、揣摩、设想、解决,方有希望。须知教师的功用只在指示一个门径、一点方法,而探索内容、应用方法,完全要靠自己。所以在平时,学生必于受教以外再须自学,才算善学。毕业以后也必本已学的再加自学,才不致落伍。所以自学在

---

①杨贤江:《日本最近教育思潮概观》,任钟印主编:《杨贤江全集》第一卷,郑州:河南教育出版社,1995年版,第691—708页。
②杨贤江:《通信:致张炯之》,任钟印主编:《杨贤江全集》第四卷,郑州:河南教育出版社,1995年版,第387页。

拉直青年人生成长的问号

研究学问上所占的位置是极重要的。自学对于学问,是一种彻始彻终的工夫。离开了自学,直无学问可说。"①

从中可以发现自学这种教育组织形式或学习方式方法存在着两种有差别的情形或种类,即社会失学或就业人员(主要是青年)的独立自主学习以及在校青少年学生掌握学习方法,在教师辅助下的自我学习,包括阅读、思考、练习、实验、实习及实践等内容。在近代国家学制体系建立以前,学校教育的数量及招生量有限,大批儿童及其他学龄段成员无力入学,主要靠非制度化教育加以多种方式的教育与训练,主要靠自学来完成学业的增补和提高,典型的如中国古代的"耕读传家"模式。但到了近现代社会,学校教育扩展,形成制度,又有强迫教育、义务教育的思潮或运动,以提高未来就业者知识技能及素质水平,使其能顺应、促进社会生产与工商业经济的需求。因此,从理论上看,自学成才应该主要指在校生学习方法的改变及学习能力的增强,并发挥出学习中的主体、主动性精神。但实际的情形不容乐观,仍有大量失学者游离于学校大门之外,更有许多因各种原因而未能进一步升学提高教育水准的青少年,这样就依旧需关注失学及就业者的自学问题。

1925年6月5日,杨贤江在《学生杂志》第12卷第6号上发表《中国青年学生升学的难关》,认为中国青年学生升学有两道难关:"一是入学试验;二是求学经费"。他认为第一道难关产生的原因:"一种当可说是由于投考者的程度不足。试考核投考北大者的成绩,则国文得零分者有十名,英文得零分者有六十七名,数学的零分者竟有三百一十名。这个究竟由于中学毕业生程度的太低,还是由于大学考试题目的太高,自然也有问题。另一种发生升学难的原因,则是由于大学校数少、大学学额不能扩充,故入学试验的竞争不得不烈。"第二道难关产生的原因是大学学费太贵。"现在升到大学求学,终非有每年三百元不可。在这样'高价'之下,我们一定能想像得到许多有学力、有志愿、应该升学的青年学生,到底因为负担不起这笔费用,而终于'望洋兴叹'的。"如果要冲破这两道难关,必须改造中国社会。"我们诚要解决这个问题,倘非先把国家经过一番改造,使

---

① 杨贤江:《勖自学者》,任钟印主编:《杨贤江全集》第一卷,郑州:河南教育出版社,1995年版,第859-860页。

我们中国不再受不平等条约的压迫,不再受军阀、官僚的剥削,则中国的教育事业便难望发达,即中国青年的升学难关也难望打破。"①

1926年4月5日,杨贤江在《学生杂志》第13卷第4号发表《读书运动》,他认为青年失学的原因不在于他们命运不好,而在于不良的教育现状。"失学青年要知道所以陷于失学的惨境的,并非由于命运不好,而实由于教育现象太坏。中国科学社赵笃明君论今日中国教育现象最坏而亟应改革者有四端:(一)经费枯竭;(二)学潮汹涌;(三)资本化太利害;(四)机会太不均等……赵君这段话,可称痛切之极。"于是,要解决青年失学问题,从根本上来说是要改造中国的经济制度。"青年失学的原因,不仅由于学校征费的昂贵,而实由于社会民生的困苦;故欲解决这个问题,根本还在经济制度的改造。然就目前而论,只要真有代表民众利益的政府,也未尝不可补救"。但是,"讲到我国现时财政状况:全国岁入总计四亿五千九百九十六万零一百三十四元;全国岁出总计六亿一千六百十九万六千二百六十元。岁出各费中,军费约占岁出百分之四十五;……教育费约占岁出百分之二。由此可知,我国并非为真穷,实缘耗费太多;倘能把军费减削、外债与赔款消除,则教育费可增加不少。故中国失学青年如想获得求学权利,必当对于中国的政治问题有所研究、努力。"②

教育的公平、正义、权利、机会以及质量、效率等等均是体制中带有思想理念层面的重要问题。作为马克思主义教育家的杨贤江身处现代中国军阀统治率兽食人的黑暗社会背景下,革命运动蓬勃发展,方兴未艾,为了争取民众教育权利,解决教育经费等诸多关键问题,会更多地诉诸社会制度的根本性变革,这是特定时空的社会场景下革命者思维的典型路向。但这些问题在新制度下仍会以另类方式表现出来,不过社会性质及矛盾冲突程度会有差异。因此,在教育学语义下,杨贤江的分析带有理论中的普适性的价值。

学习问题是教育活动的核心内容,它与课程及测评等方面在普通教育学中

---

① 杨贤江:《中国青年学生升学的难关》,任钟印主编:《杨贤江全集》第二卷,郑州:河南教育出版社,1995年版,第295—297页。
② 杨贤江:《读书运动》,任钟印主编:《杨贤江全集》第二卷,郑州:河南教育出版社,1995年版,第536—538页。

应属智育论范畴,不过在多数教育学著作版本中仍以"教学"或"教学工作"来设计。智育,是教育者有目的,有计划地向学生传授系统的知识技能,发展学生智力,培养学生创新力的教育活动,智育为人的全面发展提供知识基础和智力资源。杨贤江鼓励在校生奋勉学习以为以后立足社会做准备:"学校时代之修学,为将来社会时代活动之准备。"在学校读书的青年,要利用这个机会,进行系统的学习。"学校的教育,是有人故意的安排,可以把知识技能有系统的学习;而书本的研究,又是学习上最经济的方法,所以我们不能忽视,不容随便。"①书本知识是前人或他人在实践中获得的直接经验概括总结而来的,属于间接经验的范畴。学习书本知识可以为学习者节省很多宝贵的时间。在学校学习的学生平时于受教之外须自学,才算善学。毕业后也要在已学的基础上再继续自学,才不致落伍。所以自学在研究学问上所占的位置是极其重要的。自学对于学问,是一种彻始彻终的工夫,离开了自学,就无学问可说。对于不能在学校进行学习的青年,尤应鼓励自学,"青年的前途有无希望,就是觉悟不觉悟的一点,倒并不在乎升学不升学。"杨贤江还给青年学生提出自学方法的建议:"第一,须有相当的根砥。……第二,须有不息的努力,不可'一暴十寒',不可期速成。第三,须有强固的意志,不怕困难,不怕失败,不怕劳苦。第四,须有确定的方向,选定书籍,制定课程,照着顺序做去,不贪多,不贪高。"②这当中,尤其涵强调学生自学过程中意志、恒心及探求心理因素所起的作用,他一再援引美国大发明家爱迪生的事例加以说明:"若我们放开眼光,一观古来在学问上、技术上成功立业的人,哪一个不是由自己的努力造出来的?就是资禀特异的天才,虽说是比常人要聪明得多;但他能够发现他所特具的才能,不致埋没,也不致妄耗,仍旧是靠他身后的勤劳过人。不过,他那种的勤劳工夫,也是非常人能够做到的。这个就叫做'热衷',真是用'狮子搏兔'的全副精力,一气呵成的。近代大发明家爱迪生,就是这样一个'热衷'的天才。"③杨贤江对青年的智育不仅十分重视,而且给予全面的指导,体现了他对青年教育的认真负责的精神。

---

①杨贤江:《如何改变生活的单调》,任钟印主编:《杨贤江全集》第二卷,郑州:河南教育出版社,1995年版,第402页。

②杨贤江:《勖自学者》,任钟印主编:《杨贤江全集》第一卷,郑州:河南教育出版社,1995年版,第860页。

③杨贤江:《自学的成功》,任钟印主编:《杨贤江全集》第一卷,郑州:河南教育出版社,1995年版,第236页。

(二)自学者的心理结构层次

杨贤江对自学教育问题的思考着眼于学生个体因素,同时兼及教师及学校因素、社会环境。这应该说是抓住了该问题之核心及关键,并具有学习本体论的哲学思维路向。学生的自学策略及方法主要在于个体心理水平,其次才是方法论及具体方法或操作手段的因素。

1.主动与被动

主动的用语指向发动或参与者自身的愿望需要驱动下的自我行为或积极活动,在英文中为"active";而与此相应的概念则是被动,英文为"passive",意指无愿望需求场景下,行为者的机械、教条及被动的行为方式或沉闷的活动表现。杨贤江正是从两者在自学中心理机制引导下的求学行为差异性比较来解答的。

主动与被动的差异就在有没有发动的力量。两者的差异主要表现在两个方面:"其一在主动的人。"他常常觉得有许多事要做,常常要提出问题来解决,常常想法子来应付环境当中的困难。所以他能独出心裁,独辟蹊径,不因循、不偷惰,也不嚣张。但在被动的人,若是外界没有刺激进来,他就会漠然不动,就是动了,而动的程度与时期,也以刺激的程度与时期来规定。他不能做过于刺激的事,因为他自身原来没有发动的力量,自然不能自作主张。但当受着刺激的分量与性质的时候,他也许有热烘烘的态度、气扬扬的行动,不过这自然是一时的发狂。等到刺激去了,就会消灭了的。"其二在是不是用智慧来做事,是不是预定好一个目的。"在主动的人,他必定觉悟有了某种的问题要解决,有了某种的欲望要满足,就要用着他的智慧来想法解决,想法满足,他必定要定出个步骤来,计划个方案来,然后一步一步地做去,渐渐地向着那个目的上走。倘使中途遇着阻碍,他决不灰心,还要用他的智慧来想法消除这种阻碍;如其不能消除,也必要另想一个前进的方法,以期达到目的。所以再主动的人,决不凭着感情做事,决不盲行暗索。他终能说出为何要做、为何这样做的理由来。若在被动的人,就不然了。在他自身,原不觉得有什么要解决的问题,他只是受着外面的推荡,然后依着推荡的方向做去。这种人的智慧是很低的,不会计划的,事前不审慎,临事不机警,事后不复按,就照错误试行法算他做事的方法。有时侥幸也会成功。但是这种成功不是靠得住的,因为他不明白如何会成功,也不晓得如何去保持成功。"[1]

---

[1] 杨贤江:《主动与被动》,任钟印主编:《杨贤江全集》第一卷,郑州:河南教育出版社,1995年版,第227页。

以上两点,是主动和被动最不相同的地方。我们并可看出这两种人对于环境的关系就是:主动的人,能够支配环境,利用环境;被动的人,只能服从环境,忍受环境。主动的人,对于社会事业抱参与的态度;被动的人,对于社会事业只有旁观的态度。主动的人,有创造进取的倾向;被动的人,只有屈服保守的倾向。按照尼采的说法:主动的人,是有主人的道德的;被动的人,是有奴隶的道德的。我现在总结一句,就是:主动的是成人的,被动的是成器的。器只有被利用的价值,自身并没有价值。若是一个人,就能利用器以达其目的。这可以说是,主动的人和被动的人变成的两种各异的产品。①

通过比较与分析,杨贤江提出,世界上学艺的路程,是没有止境的。一个人要能和新学说、新艺术相接触,不做个"时代落伍"者,就要常常用他敏锐的眼光、活泼的精神去吸收,去融合,自己对于新文化也可以有些贡献,这就要用着自学的功夫了。因为人不能一生专受他力教育,即使做得到,也不过是外面注入的;自己没有消化的力量,还是没有用处。所以在学校求学的时候,固然要自学;就是出校以后,仍当自动的去学习一切新的学问和技术,不然,那个人便会从此停顿,不能再长进了。②

2.自动

自动,原意指不用人力而用机械、电气等装置直接操作的,或指自己主动,不凭借人为的力量,其英文表达为"automatic",与"他动""强迫"相互对立。而杨贤江所理解和诠释的自动更有另一番味道。

杨贤江在读浙江一师二年级时,发表了题为《学生自动之必要及其事业》一文,极力倡导学生自动。"教授之力,仅为诱导之具,而自动之力,实为成功之基。仅有知识而不发展其能力,则所得终难见诸实行。是故不惟知之,且需能之;不惟理会之,且需应用之。"并认为自动是以自己之能力而开展活动,即"自能之事而自为之"。况就世界教育之趋势观察,"注重生徒自动的方面,已成为事实",而

---

① 杨贤江:《主动与被动》,任钟印主编:《杨贤江全集》第一卷,郑州:河南教育出版社,1995年版,第226–227页。

② 杨贤江:《自学的成功》,任钟印主编:《杨贤江全集》第一卷,郑州:河南教育出版社,1995年版,236–237页。

当时教育现实仍存在着灌输、注入式的弊端,"吾人试观中学校之毕业生,其投身于社会,大都触处窒碍,讷诎不入。虽由教者之徒重注入,不重开发,然自昔教育不重自动,实为弊病之大者。"解决的方案就是采用自动主义,激发其内心自觉及主动性,反对压迫、教条的限制与束缚。"今欲救此弊害,除学校制度吾侪不能评论外,吾侪自策,莫如厉行自动主义。事事以自动出之,养成他日任事之能力、处应社会之手腕,实为对症之良药。且凡事制裁之力,出于人者总不若出于自己。盖以自己能力所致,且由辛苦艰难而得者,其兴味为无穷。"①

自动教育的策略分为自修、勤劳及作日记、笔记等手段:"一曰自修。学校所授之教科,先预习,继熟练,固矣。然余谓吾人断不宜限心思才力于教室中所传授者,即不当以一二册法定之书籍、十百纸油印之讲义研求为足,必进而超乎限域。所心喜者,必备多册之参考书,旁搜远证,探原穷委。苟无邈乎程度,自无虞于贪多。则平时既不囿乎纯尺,临试自可广其范围,何至学识狭隘、心思偏蔽乎。古人有言:'学不贵博而贵专。'然不博又焉能专,此自修之必要也。二曰勤劳。德国斐希脱著《国民教育》一书,谓吾人可以自身之力,增进世界之幸福;若一生徒而能刻苦勤劳,则自可独立自给。……三曰作日记、笔记及帐薄。"②

杨贤江有勤于记笔记和日记的好习惯。他的笔记分为格言录、教育丛录、各科摘记、作文笔记、杂志心得等各个类目,条理清晰,井然有序。他及时把各种参考所得及自己意想所及,辄举笔记之。可见,他掌握了很好的自学方法。杨贤江每天早晨会用二十分钟来记日记,把每日所做的事情,及往来信札、新购书籍及收支款项等,详细记入日记里,以便于检阅、反省。虽是小事,对他自觉习惯的养成得益匪浅。日记的功能多样性,既是生活总结、经历记载、人生感怀,也有道德自律、自我教育的意义。在道德教育中,他律是社会、群体的目标要求,行为规章,是外部的约束,带有强制性,服务于秩序的稳定;自律来源于个体的自觉愿望,已经有效地把外部的规范与标准,即他律的内容通过自我选择、内化,主体建构的操作加以转变,成为主体性的内在需求与自我控制及调整的取向或习惯,这也就是指富有理性的对行为方式及实践活动加以反省与调适,最终达到

---

① 杨贤江:《学生自动之必要及其事业》,任钟印主编:《杨贤江全集》第一卷,郑州:河南教育出版社,1995年版,第8页。
② 杨贤江:《学生自动之必要及其事业》,任钟印主编:《杨贤江全集》第一卷,郑州:河南教育出版社,1995年版,第7—10页。

"随心所欲不逾矩"的从善如流,不因环境、条件而迁移其道德行为的"慎独"境界。大凡品性高尚、人格健全的个体,具有道德信念并为之矢志不渝的人都是达到了这种目标水平的。且看杨贤江通过日记来进行操行教育与主体反思的情形,便能足以证明。

"第二学年余之学业成绩占甲等,而操行则居乙上。深思其故而不得。文叔为余音,有犯骄字病。夫凡事当局者迷,旁观者清;教师必不负我,我自有不当处耳!今后当力自检束,猛加审查,庶几迁善改过,不愧君子行也。"①

"余有自私心、妒嫉心及贪利心,动辄发生,觉心中未能自由安逸,实大过之所在也。犹云什么使人敬爱、为人模范、立志上进、自命非凡。呜呼!余今思之,实觉不自量耳。天下未有心地如此而能成为伟人者。即不欲为伟人,而立身处世之道,亦断不宜有此种狭隘不洁之心理存。"②

"余何人?无正确之学识,鲜正当之见解,而乃事事欲求胜于人,欲事事心满意足,亦太不自量矣。"③

3. 自觉

自觉,指自己有所认识而主动去做,属于自己感觉到或有所察觉的心理活动,英文为"conscious"。此外,自觉一词还是哲学范畴当中的一个概念,是指内在自我发现、外在创新的自我解放意识。这是人类在自然进化中通过内外矛盾关系发展而来的基本属性,属于人的基本人格;同时是人一切实践行为的本质规律,表现为对于个体自身自我存在的必然维持、发展。人类自觉本质的维护与发展是自由的真实实现。

杨贤江对自觉的理解偏于社会化动机与责任,而在学生求学问题上则与社会层面的动机联系起来,如他的解读:"何谓自觉?余为下一定义。曰:自觉者,随

---

① 杨贤江:《1915年9月1日日记》,任钟印主编:《杨贤江全集》第四卷,郑州:河南教育出版社,1995年版,第123页。
② 杨贤江:《1915年2月18日日记》,任钟印主编:《杨贤江全集》第四卷,郑州:河南教育出版社,1995年版,第1-2页。
③ 杨贤江:《1915年12月8日日记》,任钟印主编:《杨贤江全集》第四卷,郑州:河南教育出版社,1995年版,第184页。

时、地、能力三者而明悟己所应处之地位也。即就一事而以负责任之心出之是也;亦即慎重、良心所主持之知觉是也。试观中外史乘,其名传千秋、事著后世者,要皆为有自觉力之人。如诸葛武侯,我国前此政治界中之伟人也。生当汉季时势扰攘之秋,独隐居隆中,萧然世外。彼非无能力者也,以不得其时,未能有为耳。及刘备三顾茅庐,始出任天下事。当其在隆中对答之语,洞观大势,了如指掌。故一出而定荆、益,成三国鼎立之局。史之有蜀汉,未始非武侯造成之也。"①

那么,学生之自觉当如何?从社会心理学视角考定有三方面:(1)学生责任之自觉。须知国家基础在于目前儿童少年教育,"将来谋国家之发展、社会之进步,其责均在今日为学生者之身"。为此,师生均应谋求如何发挥自己能力,建深固之基础,以为应用之预备。(2)入学之自觉。高校毕业尚欲上进者,"须择定将来所应为之职业以定入校方针"。(3)修学之自觉。人须之,所以修学者,为自己未成熟之故。作为学生者,其智识、思考有不完全,实无足耻,"而自觉乃为当然之事"。②

养成学生自觉意识,须具有社会性动机的作用,当然不排除个体兴趣、性情及认知图式的因素,但更应该强调意志、情感及价值观的作用:"第一当存一坚忍不拔之心,以定一生之趋向。第二当存一独立自尊之心,以稳一生之脚跟。第三当存一重视职务之心,以全副责任心出之,藉收教育之效果。"③对此,现代教学论常以学生成长中个体化与社会化统一性或其间内外因力量的辩证关系加以理解,此处不再展开。

4.自治

自治本属政治学概念命题,在管理学语境下为含有管理的自主性或人本化意味,因而为近现代以来的教育家所采纳,引申为学生的自我控制及设计、自律及反省,主要在教育管理与道德教育领域应用。杨贤江的理解与构建与此相当,但其内在精神或人格心理特征与自学的其他层次是贯通联系的。鉴于多数学校管理者、教师及家长不明白究竟为什么要学生自治的客观状况,杨贤江在1920年2月5日《学生杂志》第7卷第2号发表《学生自治何以必要》一文中说出几种必要的理由,给大家提供一些参考的资料。

---

①杨贤江:《说自觉》,任钟印主编:《杨贤江全集》第一卷,郑州:河南教育出版社,1995年版,第50-51页。

②杨贤江:《说自觉》,任钟印主编:《杨贤江全集》第一卷,郑州:河南教育出版社,1995年版,第51-52页。

③杨贤江:《说自觉》,任钟印主编:《杨贤江全集》第一卷,郑州:河南教育出版社,1995年版,第50-51页。

拉直青年人生成长的问号

（1）学生自治是练习做人的方法。做人的方法有劳动、互助、快乐种种，而自治却是做人的根本方法。因为不能自治，就是会劳动，也是外动的、强迫的；就是会快乐，也是冲动的、纵欲的；而互助的行为，更难发生，即使有了，又是不能切实有效。如果要知晓自治的必要，只要从反面考察没有自治力的坏处，就会明白。不能自治的人有两种：一种是依赖人家而生活的；一种是扰乱社会安宁的。前面一种人，没有判断、思索、顺应、独立谋生的能力，说话做事，都靠著人家的指挥，听著人家的命令，一旦环境改了，所依赖的失掉了，就难自己振作。这种人就是懦夫，就是人间的寄生虫，对于社会是没有贡献的。后面一种人，也许有高大的本领，并且很能计划，但是他专为著自己私利，侵犯他人的利益。这种人就是强盗，就是人间的扰乱者，对于社会，是阻止进化的。懦夫和强盗，都不是做人的正当方法；但是他们为了没有自治的能力，就不得不做非人的生活。所以要做个人，要想对社会有所贡献，促进社会的进化，就不可不自治。学生是个学习生活的人，那就不可不学习自治。自治的学生，对于学问是要自学的，对于道德是要自修的，对于身体是要自强的，别的种种言行，都是要自律的。不但如此，对于公定法律是要遵守的，对于团体义务是要负担的，对于他人人格是要尊重的，别的种种业务，都是肯牺牲、负责任的。这样能自治的学生，也就可以做自治的人。

（2）学生自治是发挥共和精神。做共和国民和做专制国民最不同的地方，就是共和国民要有自治的能力，而专制国民可以不要。为什么呢？专制国有皇帝做主、百官负责，人民只要服从就够了。若在共和国，没有一个是专权的，一国的设施策划，都要靠全国人民的力量来做成，要是共和国民没有自治的能力，一定不能成就一个共和国，这是显而易见的道理。我们既然明白做共和国民一定要能自治，那么，我们做了新时期的国民，难道可以不设法预备吗？况且我国素来是个专制国，国民自治的能力，本属缺少，要想做到自治两个字，更是要多费些心思，多加点力量。几年来国内的纷扰，武人的骄横，外交的失败，都可证明国民自治力的欠缺。"五四"运动把全国因循萎靡的恶空气，扫荡刺激，因此就有些警醒的气象，各方面国民自决的运动，也慢慢地有所发现。而学生界中更涌现出学生自治的问题发生，不能不说是一种进步的表示。从此，学生对于学校教育，负有共同改进发达的责任，并且练习组织结合的方法，执行规划的才识，将从前空虚的、呆板的、书本的、自私的，只准服从不许创作的死教育，根本改为切实的、活动的、经验的、服务的、能自己立法自己守法的活教育。那么，青年自治的能力，必可因此培养成功;而共和的精神,也就因此发挥广大。由此,可以相信未来的中华国民,可决不和现在的那样无聊啊!

(3)学生自治是实行共同的生活。我国人素重家族的关系,故社会的观念非常薄弱。这个证据很多很多。就像娱乐一项,西洋有各种的音乐会、茶话会以及剧场、公园等等;我国则近来除几个通商大埠间或有点形式上的设备以外,至于内地乡间,依旧是过他们单调的家族生活,各管各的,不相为谋。学校里的学生,有的是从很远的地方来的,但是多为狭小的乡土观念所拘束,大家不能有亲爱自然的交际。而多数学校的学生生活,除出课堂、操场的听讲、操练、表面的集合而外,还是各个的孤独生活;什么研究会呀、同乐会呀,简直还是没有传到他们的听觉器官。这种学生毕业以后,到社会上办事,你能说他有智识、有胆力去改造社会吗?恐怕谁也不能承认。所以,要想转移向来遗传的"闭关风气",一定先要从现在在学校里的学生实行共同的生活做起。

(4)学生自治是担负团体的义务。我国人既然缺少了共同的生活,所以团体义务的意识,一向没有理会。从前读书的只为"显亲扬名",做官的只为"食禄忠君",都是为的是"我"。这种观念引导下的学生,要希望他们有为大家谋幸福、为人群谋进化的思想,哪里会有呢?这种根性传到现在,还是留著不去。所以遇著做事,可以躲避,就躲避了;可以推诿,就推诿了;可以敷衍,就敷衍了。在他们心里,以为即使出力,不足以见功,倒不如跟著大家偷懒,过些快活的日子;要是事情弄糟了,自有大家负责,也不见单单丢掉自己的体面。[①]

最后,杨贤江总结、阐述了学生自治应该注意、不可误会的地方:"有的认为学生自治是脱离学校关系,这是大大的误会了。做一天学生,就和学校有一天关系;就是毕了业,也不是全然没有关系。脱离学校关系这句话,当然不能成立。实在说来,学生自治之教育上讲,是一种进步的教育法。若是学校职员,以为学生自治了,就可以减少点责任,我也要说他是不明白教育原理。有的认为学生自治是脱离一切约束,这更不对。因为我们可以不受强暴者、压制者的约束,却不能

[①] 杨贤江:《学生自治何以必要》,任钟印主编:《杨贤江全集》第一卷,郑州:河南教育出版社,1995年版,第170—173页。

不受团体的约束（Social Control）。前者是外面的约束,脱离了原是好的;后者是内部的约束,要想脱离,又有所不能,何况断乎不可脱离？因为人的生活是团体的生活,要想在这个团体里边生存,自然不能不适合于团体生活的方法。要求适合,就受约束,故脱离一切约束这句话,实在不通。有的认为学生自治以后便可放纵,便可随意,这更是相反的话。因为不行学生自治的学校,对于学生的品性、学业、体魄、才识种种,都是由学校负责,学生倒是很随随便便,可以不自作主张、自加训练;而在行学生自治的学校,承认学生是能自动的、能自主的、能自全的,所以学生的品性、学业、体魄、才识种种,却要学生也负责——学校自然仍负责,——所以做自治的学生,实在不是容易的,一定要自己磨练,自己奋勉,才能名实相符。这样讲来,那能随意！那能放纵！"①

这里所述的学生自治中涉及群体与个体、普遍与一般、干预与自由、统一与独立、秩序与放任、群性与个性、目标与差异等,虽然是基于教育理论与实践中的重要思辨问题,但其中关系的把握及合理向度的体验,仍是自学教育相关因子关联性的多维联系,具有内容与方法的双重价值。

(三)学习法

自学教育主要从属于教学理论及方法范畴,既有方法论范畴,更有具体方法的灵活与差异性,可以有不同的表现及多样化方式运用,但无论如何掌握学习,学会学习与学习策略方法的指导是必须的。

1.学习方法的价值

研究学习方法的根本目的在于节约学习的精力,提高学生的学习效率的质量。良好的学习方法的本质在于能够使学习者花费最少的精力而学习更多的知识。他于1918年3月5日在《学生杂志》发表《精力经济论》一文。认为,"讲财货之生产、交换、分配、消费者,有经济之学,经济之政策。""然吾谓岂惟财货为然,即人间精力之使用,亦当有经济之法运用其间。所以然者,少劳而多效,省时而举事也。""兹篇所述,即讨论如何可不滥用精力;如何可为有效之使用;如何可费

---

① 杨贤江:《学生自治何以必要》,任钟印主编:《杨贤江全集》第一卷,郑州:河南教育出版社,1995年版,第173-174页。

最少精力而举最大效果。质言之,精力节俭之法是也。""精力经济之道,约举有三:一曰时间之经济;二曰体力之经济;三曰对于一事而集注精力是也。备此三要件者,其精力自无枉费之虞,常能充分蓄积,且得活用之于有益方面,实为处今日社会博取胜利之左券也。"①

1923年6月5日他在《学生杂志》发表《学习法概论》。文章认为,"学习是自力的价值化","自力是区别学习和教授的唯一的观念。"②价值化是明白学习真意的重要属性,简单地说,就是要比现在好。学习是自力的价值化这个命题中,含有个人的与社会的两个方面。从主观方面看,有精神的价值化与身体的价值化。从认识的形成方面看,有理想的认识的形成与实践的认识的形成这两种意味。学习的作用,是由内心发动的作用、是选择的作用、是保持的作用、是改造的作用,并且是以人的本性或本能的倾向为根基的。提倡学习法,无非要把学习作用的经过变得容易些、改良些、确实些罢了。学习经济的意义,是在最短的时间内用最少限的精力以得学习上的最大的效果。这也称为学习的技术,可分为外的条件与内的条件两种。由于学习作用的自身已经认定是自力的,故正当的学习态度的养成,应当是发动的创造的。这样说来,学习者的自觉,实为学习法的生命。而这种自觉,却非自家体验不为功。我国的学校教育太不讲究学习法,这是一个缺点。近来小学教育有人提倡设计教学法,而中学教育却仍因袭注入式、讲演式的旧习,这更是一个缺点。为改进中学教育,增进中学生学力起见,提倡学习法不无裨益。

杨贤江的上述主张显然已经汲取了流行于19世纪末20世纪初欧美的实验教育学的思想,旨在尽可能协调投入与产出疲劳与效果及消耗与质量之间的矛盾关系,这是科学主义教育的研究路线,有其客观性与工具性价值,当然更有极强的现实性。学习的经济化是实验教育学的重要基础,也是教育科学化的努力诉求,当代的教学最优化思想,其精神也在于此。节减时间、精力、财力的投入而能稳定或增加教学产出,尤其是提高学生学习的效率与质量,是实施素质教育,减轻学生学业负担的重要举措。

---

① 杨贤江:《精力经济论》,任钟印主编:《杨贤江全集》第一卷,郑州:河南教育出版社,1995年版,第125页。
② 杨贤江:《学习法概论》,任钟印主编:《杨贤江全集》第一卷,郑州:河南教育出版社,1995年版,第866页。

基于上述认识,研究学习方法是非常必要的,这至少有以下诸方面的理由:"学习是件认真的工作,不能一任自然的注意,故必须讲求方法"。"教者必须使学者知道并且养成预备功课、温习功课以及参考书报等各种佳良方法。""如何养成读书习惯,便须讲求方法。""应仿工业上祛除浪费的办法(即讲究效率),又应仿球艺、舞蹈、烹饪等教法,而提倡增进学习效能方法。""现在我们应一切依照科学方法,切实而且公开,即在使学者获得……一种求知工具,然后方能使学生自学,方能使自学有成。"[①]

杨贤江认为学校学生忽视学习法的教学造成了诸多的弊端:"只知照教师所讲者依样记诵,不知如何参考,更不知如何作成大纲;除教科书外,不知有何种参考书应阅;对于新闻纸及定期刊物不知如何选择,又不知应如何注意;离开了学校与教师,竟不能自力求学;学习不懂方法,往往损害健康,滥耗精力;学习不懂方法,往往随意披览,无一定之次序,报章书篇,到手即看,实学稗官,不分轻重,其流弊则浪费宝贵之光阴,难收真正之实效'。"[②]学习方法指导及掌握对于学生学习及发展的意义又从现实困惑中所提供反面的例证中得到更深入地产论。

2.科学的学习方法面面观

杨贤江的教育理论博大精深,以科学主义教育的思想、内容、方法及逻辑结构为主线,但不偏废人文审美教育的意义及价值,可谓体现了世界现代教育大潮的路向。他的学习方法论及自学方法指导也是合乎这一理念及特色的。他所倡导的科学方法主要如下:

(1)观察与实验法

杨贤江认为,学生要通过观察、实验等多种方式进行学习。1922年11月5日,他在《学生杂志》第9卷第11号发表《观察力的练习》。现代我国的学生生

[①] 杨贤江:《学习法的教学》,任钟印主编:《杨贤江全集》第二卷,郑州:河南教育出版社,1995年版,第661-662页。
[②] 杨贤江:《学习法的教学》,任钟印主编:《杨贤江全集》第二卷,郑州:河南教育出版社,1995年版,第662页。
[③] 杨贤江:《观察力的练习》,任钟印主编:《杨贤江全集》第一卷,郑州:河南教育出版社,1995年版,第719页。

活,实在太显单调,除去读书和运动外,几乎不知研究、观察、调查为何事。所谓观察力,意即用种种方法来增进眼看耳听的能力。"子入太庙,每事问"。③这即是青年们所当模仿的好榜样。作者倡议学生们注意练习观察力并介绍了观察的必要性、观察对象的范围、观察的方法及注意事项。

他反复倡议学生们注意练习观察力并介绍了观察的必要性、观察对象的范围、观察的方法及注意事项。研究学问的路径有三条:一是读书,二是观察,三是实验。教师的作用只在指示一个门径、一点方法,而探索内容、应用方法,完全要靠自己。

(2)训练法

1921年9月20日,杨贤江在《教育杂志》第13卷第9号发表《间接训育法之实际》。美国斯密斯教授在其《训练之社会化》一书中提出训练的四种原理:学校和社会的理想应该调和;训练必须是积极和建设性的;训练方法不可为直接的,须为间接的;训练程度应是学生所能接受的。作者采取他的第三种原理来研究在学校教育中的实际应用方法。间接训练是教师用各种间接手段使儿童在不知不觉中受到训练,其目的是考察学生操行优劣的原因和使学生没有作恶的机会以及涵养各种良好的习惯。训育之法大体有二:一使学生活动不断,二是唤起学生学习的兴味。在教师方面,教师的活动要做到:开始上课要活泼敏捷,要注意教师内的一切,要使学生的活动不绝,要留意同学的言行。兴味唤起的方法,要注意以下几方面:学习要依据心理顺序而不是伦理顺序,兴味要集中于具体事物而少集中于抽象事物,兴味唤起要依据组成事实的原理、知识而非仅仅事实本身,兴味唤起要达到使学习者转化为行动者的目的,必须紧密联系学习者自身的实际施以兴味的唤起。

(3)教学心理法

教学工作作用对象是学生,学生的心理活动特点是教学的依据,科学地研究学生心理规律也就成为近代以来许多教育家、心理学家的重要领域。著名的如夸美纽斯将包含了学生心理的教育适应自然的原则作为支配一切的教育定律;卢梭运用观察法总结儿童心理,为自然主义教育提供科学理性的依托;裴斯泰洛齐则提出教育的心理学化、教育方法的简化及经济化内在的质性在于多大程度运用心理学知识及理论,并且作为一场运动一直持续到欧美的近现代教育运动,实验心理学、智力测验及心理测量都是心理教育、教学科学化发展的标志。这股大潮在"五四"以后波及中国,杨贤江是前驱者之一。1919年6月,杨贤江在《教育潮》第1卷第2号发表译作《理科教授之目的》,此篇为美国杜威博士在日本理科教育研究会之演讲词,以供我国担任理科教授者研究。文章指出过去理科教授存在的缺点是用科学的方法传授专门科学之体系,"凡关于自然各学科,……皆用抽象的专门术语,儿童闻之,干燥无味,故终归失败;自然研究的方法,可以引起儿童兴味,发达观察力与感觉器官,但散漫无有系统,不能养成彻底的理科思想,故与前法,同为不能达理科教育之真正目的也。理科教授之真正目的在于"发达科学的精神,养成科学的兴味"。而达到理科教授目的之方法应为:从接近儿童日常生活之事项出发;利用儿童之好奇心,以增进其研究之倾向;教授事项须为动,而非静;理科教授最良之资料,当取社会生活。①在这里已明确揭示理科教学应根据学生生活体验、心理特点实施,并加以运用,将会更为有效,这是极有价值和典型的学科例证,一种理性智慧的表现。

(四)读书法

当代社会,书籍无疑是人们学习和自学的主要媒体,也是重要渠道,重视学习和自学的方法,当然应该重视读书的方法。对此,杨贤江曾写过不少专门论述的文章,仅1926年,以"读书法"为中心论题就在《学生杂志》上发表四篇文章,其中两篇的观点具有代表性,介绍如下。

1926年12月5日,杨贤江在《学生杂志》第13卷第12号上发表《读书嗜好的培养》,认为青年养成正当的读书嗜好比养成读书的习惯更重要。"因为阅读是达到目的的手段。所谓目的,就是全体生活的丰富,要是读书不得其当,或许会破坏了这个目的。"因此,学习者要培养正当的读书嗜好,便应在读书前给自己提几个问题,如"我为什么选此书?因为书名的别致吗?从前曾经见过本书作者的名字没有?"②只有这样,才能读到有益自身发展的书籍。

---

①杨贤江:《理科教授之目的》,任钟印主编:《杨贤江全集》第六卷,郑州:河南教育出版社,,1995年版,第24页。

②杨贤江:《读书嗜好的培养》,任钟印主编:《杨贤江全集》第二卷,郑州:河南教育出版社,1995年版,第666页。

1926年12月20日,杨贤江在《教育杂志》第18卷12号上发表《教科书教授的利弊与补充教材之研究》,认为学校采用教科书为学生的主要教材,其理由有四:"第一种理由是便于没有教授经验者的实用。第二种理由是教科书对于教育资料有精确的安排。第三种理由是教科书中常具有教授法的指导。第四种理由是教科书供给全国共同统一的教育。"同时,也有四个弊端:"第一种缺点是教科书代表个人的意见。教科书的种类甚多,每个作者终难免有些偏见,而使用者又缺少辨别能力,这样对于教育者就会发生一种偏颇的影响。第二种缺点是教科书只是简略的敷陈……但教者与学者却常以为教科书是完全无遗的,读毕一册教科书就完成了这一门学科,这是很大的错误。第三种缺点是教科书常被认为最后的真理。第四种缺点是背述实验(recitationresting)的危险与不经济……换句话说,通常教师是拿上课为实验用的时期,叫学者把他们学习的回复过来。这种做法实在太耗费学生的时间,并减少了上课的兴趣。"同时,教师运用教科书时应注意8个方面:要能使学生很自然地使用教科书;要会利用目录;要会利用索引;要利用教科书为班上讨论的基础;要在教科书上作成题旨以供讨论;要利用某种教科书为应用的册籍;要利用教科书为补充材料;要对于所发问题作第二次的精读。

此外,他认为学校教育在读书方面,应该达到三个显著的目标:"第一是养成学生有一种态度,能为恒久的多方面的有目的的阅读,以增进生活的幸福。第二是养成学生有一种习惯,能为广博的敏捷的有益的阅读。第三是养成学生有一种技巧,能够很快的对于各种有价值的有关系的题目,从书报上找出适用的一切资料。"学校教育要达到这些目标除出教科书外,还要补充读物。虽然补充读物的种类甚多,但是,其中重要的有6种:"他种教科书、百科全书、特殊题目的详细报告、当前的定期刊物、说部、传记的作品,都是供比较及应用的读物。学校师生教学中运用补充读物的目的有5个方面:"第一是为丰富教科书的材料。第二是为发展多方面的兴趣。第三是为调制'书史'的预备。第四是为组织由各方面所搜集的材料。第五是为发达读书方面的批判、比较及诘难的精神。"基于上述认识,考查学生阅读的情况有四种方法:"第一是口头报告。第二是缴笔记簿或纲要。第三是全级的口问或笔答。第四是各个的报告或诘问。"此外,下面七种方法也可以作补充读物的方法:1.教科书与补充读物。2.教师与课程改造。3.对于优秀儿的补充读物。4.教师的补充读物。5.教师个人的书库。6.学校图书馆。7.公共图书馆的利用。①

杨贤江把青年应该读的书分为两类,一类叫"硬性读物";一类叫"软性读物"。前者是指需要读者相当的思索工作、研究能力和耐心的态度;后者是指那些不用读者如何耐心和思索,只是随读随解,并往往能立刻发生快感的书报而言。他认为,青年可以读一些用来消遣娱乐的书报,但不可当作唯一的读物,如果这样,就好像一个人每天只喝粥汤,不可能有壮健结实的身体。所以,只喜欢读一目了然有趣的文字,而不喜欢读长篇记载学理、需要思索的文字,是不明智的,因为这不利于青年学生论理习惯的养成与理论逻辑思维的提高。

杨贤江在他主持编辑《学生杂志》期间,还曾请当时有名的学者撰稿,分别对学生学习经济学、公民学、国文、英语、历史、地理等学科的方法进行指导。他曾向青年介绍读书有三宜:一为"宜求精熟",就是"当阅读一书之际,其注意力需投于此,而竭心之所能,潜心研究,默通其意";二为"宜知复习",使学得的知识"不致随得随失,全归泡影";三为"宜用心思","读一页书意须掩卷静思,求明晓其理,因为,对必修课程及所采用的标准性教科书的学习而言,"精读一页书,胜强记十页书"②。他的这些主张,吸取了我国古代教育遗产(如朱熹的读书法),也是自己长期攻读钻研理论著述所思的结果,更是自身刻苦自学的经验总结。

(五)图书馆的利用

图书馆是现代社会和教育发展的产物,又对现代教育产生了巨大的促进作用。杨贤江主张广大青年和学生要尽可能利用图书馆进行学习,并对他们进行了详细的指导。图书馆包括两个要义:"1.要把有益的图书汇集保存;2.要把这些书随大众的需要自由活用。"图书馆是学生校内和校外继续学习的工具。"学校里或社会上没有图书馆这种机关,则学生的自学习惯便不容易养成,读书的嗜好

---

① 杨贤江:《读书要言》,任钟印主编:《杨贤江全集》第一卷,郑州:河南教育出版社,1995年版,第12—13页。

② 杨贤江:《教科书教授的利弊与采用补充教材之研究》,任钟印主编:《杨贤江全集》第二卷,郑州:河南教育出版社,1995年版,第671—687页。

更不容易保持。"①图书馆的作用在于："在学校中足以养成自进而追求知识的习惯；在社会上造成一种足以保持读书嗜好的环境。"②要学会利用图书馆就必须了解图书馆的相关知识。这主要包括五方面的知识，第一是图书馆的种类：按阅览人数量上分类，有公用图书馆、特有图书馆；按阅览人程度上分类，有儿童图书馆、普通图书馆、参考图书馆；按阅览人性质上分类，有一般图书馆、特殊图书馆；按设立的机关分类，有公立图书馆、私立图书馆。第二是图书馆的设备。图书馆的建筑大概有三部分，即藏书室、阅览室及事务室。③图书馆的设备用具有下列各种：出纳台、陈列架、杂志架、新闻架、目录柜及阅览证架。④第三是图书的阅览。办理阅览书报的手续，以及阅览时应遵守六条规则："1.戒偶语；2.戒咳嗽；3.戒无故游行；4.不许割裂篇页或画片；5.不许污损书报；6.不许擅行携出"。⑤第四是图书的分类。他较详细介绍了当时盛行的杜威分类法。第五是图书的目录。他介绍了如何使用图书的目录。此外，为了方便学生利用图书，学校应实现四个要求："设立相当的图书馆，购置各科参考用书、名家著作、最近的新闻纸和杂志；购置图书的经费，每年应有一个确数；学生会对于购置图书及办理图书馆事宜，应有参与之权；设置关于图书馆的课程，教练利用图书馆、参考表及目录的办法。⑥

1928年6月20日，杨贤江以"叶公朴"署名在《教育杂志》第20卷第6号上发表《论儿童图书馆与儿童文学书》，认为儿童图书馆对儿童的发展有重要作用，儿童图书馆在经营上应当注意六方面的事项：当采用自由主义，务以不订立许多规则、制定繁琐手续为好；当有读物的指导。因儿童的能力尚不足以自由选

---

① 杨贤江：《图书馆利用法》，任钟印主编：《杨贤江全集》第二卷，郑州：河南教育出版社，1995年版，第406页。
② 杨贤江：《图书馆利用法》，任钟印主编：《杨贤江全集》第二卷，郑州：河南教育出版社，1995年版，第407页。
③ 杨贤江：《图书馆利用法》，任钟印主编：《杨贤江全集》第二卷，郑州：河南教育出版社，1995年版，第407-408页。
④ 杨贤江：《图书馆利用法》，任钟印主编：《杨贤江全集》第二卷，郑州：河南教育出版社，1995年版，第409页。
⑤ 杨贤江：《图书馆利用法》，任钟印主编：《杨贤江全集》第二卷，郑州：河南教育出版社，1995年版，第409-410页。
⑥ 杨贤江：《图书馆利用法》，任钟印主编：《杨贤江全集》第二卷，郑州：河南教育出版社，1995年版，第415页。

择,故根据他的希望以指示适当的图书,实为必要;对于儿童,不当仅使阅览图书而已,更当利用藏书举行种种的展览或谈话;图书馆的设施,要当作类似学校的组织而作种种教育的设备;馆员要择有此种素养者,或当设置应于各项特殊目的的所谓指导员;儿童图书馆所当置备的图书,应有慎重的选择。"同时,他主张儿童图书馆的经营,必须是懂教育的才行。只有这样才能对儿童教育产生很大影响。此外,他主张在编制儿童文学书籍时应注意五方面的问题:"第一,从儿童生活范围内选择材料,以养成儿童健全的性情与纯真的趣味;第二,插画装订也当符合上述条件;第三,注意印刷,务求不害视力、不疲精神;第四,定价力求低下;第五,程度常能追从学校教育。"①他认为只有在书籍编制方面具备上述条件,而在图书馆设置方面又能趋于完备,才能为儿童的发展创造良好的环境。

图书馆是学生学习的"第二课堂",能突破有计划安排的课堂教学之局限,极大开阔学生的知识视野。其意义更在于通过对图书馆文献的自我查阅,有意识地涉及及探求,极大促进学生的自学能力及自主创新方法与技术的提高。杨贤江的有关见解及苦口教导可谓用心之深,价值之显。

(六)自学成才的条件

自学不是空口说说就会成功的。杨贤江通过详细考察,自学要成功,必须得有三个条件:

1.对所学习的功课一定要适于自己的兴趣。我们无论学习什么东西,总要有趣味,方才学习有效。

2.学习要专注。现在读这本书,若还没有读完,没有理解,终不要丢了去看别册书。自然,一个人看书,不能一天到晚专门看一册,因为这个和"引起注意须变化、休息脑筋须更动工作"的原理相反。学习的时候,总要用专心致志的工夫做去,不要见异思迁,不要有始无终;不做则已,既做必求有成效。这是学习最经济

---

① 杨贤江:《论儿童图书馆与儿童文学书》,任钟印主编:《杨贤江全集》第二卷,郑州:河南教育出版社,1995年版,第844页。

的方法。

3.学习要有恒心。研究学术实非短时间内所能见效。一定要忍性耐心,含辛茹苦,用坚决的意志、全副的精神做"扎硬寨打死仗"的工夫。所以,积极方面,要有远大的眼光,永久的计划;消极方面,要"毋欲速""不安于小成"。如果才箸手即希望见效,未见效即弃而不顾,这样的学习,何能有精深博大的成就啊!

总之,专心和有恒是两个自学成功的关键。不专是"浮光掠影",无恒是"浅尝辄止",结果便是耗费精力,阻止进步。

杨贤江继承古代孔子、颜之推等教育家终身学习的理念,将这种功夫诠释为自学的志向与坚韧毅力。他认为,有的人怕年纪大了不能自学,这是错的。我们可不讲苏老泉到了二十七岁才发愤为学的常谈,姑举几位西洋的老年学者来壮壮我们的气。梭格南士暮年始习音乐,卡德到八十岁始研究希腊语。法国大诗人冷撒尔五十岁始潜心诗学。"这可见大的年龄是不足以阻止求学的志愿的。"[1]而且,人们从自学所得较之师长传授,其意义更大。"凡学问事业之成立,由自己独立而成者,及因他人指导而得来者,其兴味之深浅,有霄壤之殊。"[2]

4.学习要自信。就是自己相信我所选定的学习的功课,一定可以成功。自然,这个自信,不是妄想,也不是侥幸,是要有恰当的方法,做切实的工夫。倘使中途遇箸阻碍,便要考察阻碍所在,设法解决,或改换进行方法,以求接近目的。这样一来,"畏难而退""功亏一篑"的弊端,自可不生。

自学能不能实现,亦难一概论定。依杨贤江看,学生自学活动的开展还要有一种助力,就是得到机缘的,可以实现;得不到机缘的,不能实现。依他的经验及和友人讨论所得,足以帮助获得自学实现的机缘,大致有下列三种:其一,教师

---

[1] 杨贤江:《再勖自学者》,任钟印主编:《杨贤江全集》第一卷,郑州:河南教育出版社,1995年版,第873页。
[2] 杨贤江:《我之学校生活》,任钟印主编:《杨贤江全集》第一卷,郑州:河南教育出版社,1995年版,第40页。

的诱掖指导。"循循善诱"这句话,真是教学法上很有价值的方法。有的人并非不能学,只是没有人先来启发他,因此终于不学的很多。一个人有许多本能,有些本能不利于人群生活的,要设法消灭;有些本能有利于人群生活的,就要设法发展。譬如草木,具有生长发达的能力,但若不得适当的阳光雨露来滋养助长,也将萎枯。……其二,同辈的观摩刺激。这是利用人的竞争冲动和模仿性。其三,环境的诱起兴趣。上面说过兴趣是自学成功的要素的一种。所以设有一个环境,能够引起一个人的兴趣,则虽不得上述两种的机缘,也能实现自学的事实。譬如汉代的匡衡,本是一个牧猪儿,但因为邻近有个书塾,就诱起他读书的兴趣,终能成就一个有名的人。"所以社会上如有图书馆、博物馆、美术陈列所、公众运动场以及别种利于人群的机关和设备,对于个人自学的实现,至少总有些助力。"①

以上是以自学者内在心理及外在环境因素而言的,倘若从个体心理与学习程度及认识方法角度去看,自学教育有效性的要求还应调整为:须有相当的根柢,譬如修毕小学课程的可以自修中学课程;修毕中学课程的可以自修大学课程。须有不息的努力,不可"一暴十寒",不可期速成。须有强固的意志,不怕困难,不怕失败,不怕劳苦。须有确定的方向,选定书籍,制定课程,照著顺序做去,不贪多,不贪高。②

杨贤江将学习者心理与教育认知能力准备结合起来思考,体现了教育理论建构中的某种成熟及周延性。如他认为,"在做自学功夫以前,还有几个先决问题须先解决。第一,密察自己的个性。换句话说就是当量力、当定目的。譬如我这个人宜于研究学问呢,还是宜于办理事务?宜于研究文学的呢,还是宜于研究科学?这个先决条件如不解决,就冒昧地说要自学,恐怕不免要白费心血了。第二,慎定专攻的步骤。个性审察以后,不要以为就可放胆自学了。这得看清环境的情况、时力的可能,定出一个进行的步骤来,因为一个人的智力有限,而学问的范围无穷,当然不能漫无标准,广阅泛览。这样做法不但不能,而且有害。"信手翻书,读甲观乙,其弊有不可胜言者:一使人感受肤浅之识见。二使人惮劳苦,厌规

---

① 杨贤江:《自学的成功》,任钟印主编:《杨贤江全集》第一卷,郑州:河南教育出版社,1995年版,第-239页。

② 杨贤江:《勖自学者》,任钟印主编:《杨贤江全集》第一卷,郑州:河南教育出版社,1995年版,第860页。

矩。三使人薄弱其心思。"故自学者应选择一种专门的学科,全力研究,循序进行,毋欲速,毋贪多,方有实效。第三,具有普通学的素养。这项粗看起来,似乎和前项矛盾。但其实不然。须知各种专门学问绝对不是孤立的,乃是和别种学问有联系的;或者左右相通,或者上下相承。故修习普通学,可视为修习专门学的预备或补充。现在大学的课程是专门的,中学的课程是普通的,就是这个道理。①

自学的有效性不是自学者一厢情愿的事情,在这里杨贤江反复强调心理品质及相关因素的作用,表面上看或许与上文有重复,实际却是含有新意及实证案例。他认为,要使自学有效须更有几种德性:一为专心。"余于有所作为,目不斜视,一若当时世界别无他物在者。"二为坚忍。爱迪生说:"此七月中,余每日费时自十八时至二十时不等,专从事于试验'司卑西'一语。余就机而呼之曰'司卑西',机则应之曰'卑西'。日往月来无不如是,真欲令人发狂。然余坚持到底,卒得成功也。"就我们中国讲,有凿壁读书的匡衡,有映雪读书的孙康,有囊萤读书的车胤,有随月光读书的江泌,有燃木读书的柳璨。他们所用的方法虽不皆可取,然而他们勤学的精神实在可佩服。就西洋讲,有如英国文豪约翰逊,十九岁时为大学校役,暇来从事自修,常因敝衣破鞋受豪富同学的嘲弄,但他不为所屈。父死以后,在家自修,仅以面包、冷水过活。更有英国文豪哥尔特斯密司也为贫家子,做大学校役,以工资自给。父死,则沿街唱曲以补学费。助华盛顿成美国独立的大业的富兰克林,是大家所知道的。他有十七个兄弟,自己是第十五个。十二岁时,他入印刷所做工,不管日间劳苦如何,夜间终必读书。为要买书,特废肉食而减食费。他说:"以食物来充胃肠,不如以书籍来丰头脑。"所以当别个工人出外进食时,他仍留在工场,仅以面包和水果腹,而利用这些时间来读书。又如做过美国总统的林肯,我们都知是个世界伟人。他生育于无窗、无门的破屋,父亲以伐木猎兽过活。家贫无书,乃向富家借阅。读华盛顿传大受感动。后因天雨屋漏,书被污损。他没有钱足以赔偿,乃请富家许他作工三日以资抵补。他读书时,每录心得于册子以便记忆。又焚木片以代蜡烛。以这样一个贫家子,后来竟一跃而做了大总统。想我们决不会说他是侥幸的。我们不必羡慕他的官衔,却不可忘记他的奋斗的历史和自修的艰苦。三为精密透彻。"学问之事,工夫要精

---

① 杨贤江:《再勖自学者》,任钟印主编:《杨贤江全集》第一卷,郑州:河南教育出版社,1995年版,第874页。

密,触悟要透彻。法兰西士花纳尔自定规则,专心致志学习一事,不至彻底了然,决不移于他事。又以为读书有定限、有伦次,不可徒事涉猎。盖学问之益不在读书之多,在运用之熟。其所学者周全完密,可施于实事实功,则必混滥浮溥者大矣。"四为不徒读书。"人于今世学术之进化,动张大其辞。夫以书籍之多,学校之具,博物院之盛,固超乎古代,而为学术界进化之中心点矣!然平心论之,既是为修士之援助,亦足为修士之障碍。盖今人之为学者,虽较古人便利,而至其智识解悟,苟离乎古人所由之观察、经验、容忍、勤勉诸大道,不能别求其他简易速成之途。"[1]

如果联系到学生的学习方法及组织方式,应该认为学问事业,由他人启发指导得来的不及自己独立自动而学得的来得深刻。因此,作为学生,不应当消极地等待教师的督责,而应当自觉奋勉,主动进取,有意识地培养自动、自学、自治、自律的精神,奋发进取。对于学习,杨贤江认为学问无穷,日新月异,但若能循序致精,必能有所得。杨贤江自身的经历便是一个有力的例证。他对各门学科的学习,除了认真钻研教材和讲义之外,自己还"必备多册之参考书,旁搜远证,探原穷委"[2],以求学深学透。因此,课堂上,他全神贯注地倾听着经亨颐、李叔同、夏丏尊、胡公冕等老师精辟透彻的讲授。课余时,不满足于几本现成的教科书与讲义,经常到藏书楼、校友会阅览室与省立图书馆、基督教青年会等地广搜博览,以扩大视野,加深理解。因此,从先秦诸子百家言论、历代名人书简,到介绍近代欧美最新思潮的各类著作,及至各种英、日文读本、辞典、中外杂志,他都拿来读。在1915年2~4月的日记中,所载的已阅书刊有《英文会话文件辞典》《教育杂志》《伦理学》《明儒学案》《大中华杂志》《英文作文教科书》《中华学生界》《汉译日语阶梯》《学修法》《京师教育报》《科学杂志》《东方杂志》《华英会话合璧》《成功的人格》(日文)《学生杂志》《康德人心能理论》《青年杂志》《公民鉴》《黄炎培考察教育日记》《近思录》《少年丛书·王阳明》《新伦理学》《进步杂志》《史记菁华录》等。上述书刊多为借阅,然亦有自备者。[3]5年中,他阅读了所能找到的教育、心理、哲学、历史、逻辑、文学、卫生、生物学等各种书籍。对于读书,杨贤江总

---

[1] 杨贤江:《再勖自学者》,任钟印主编:《杨贤江全集》第一卷,郑州:河南教育出版社,1955年版,第873页。

[2] 金立人、贺世友:《杨贤江传记》,南京:江苏教育出版社,1990年版,第32页。

[3] 喻本伐:《杨贤江"新教育"理论的形成》,北京:光明日报出版社,2005年版,第32页。

结道:读书不能尽信书,尊师不能依赖师,要通过自己主动的学习,很好地处理了书本、教师与学生自我在学习过程中的彼此相依及互动的关系,是对现代学习理论的高度概括。杨贤江的广博宏阔、精细深思,为日后从教培壅了深厚的根基。

第五章

学习篇(下)

拉直青年人生成长的问号

　　学生求学、升学与就业的双重任务是中学教育始终存在、不可回避的问题；同时，青少年学生也常面临着困惑与挑战。教育家在设计教育方案时也为两者的交错多线性关系而苦恼，反映在学制中的教育结构、类型歧义多端，效果不佳。杨贤江对此的构思或规划是有其独特见地及价值的。当然，要全面而清晰地领会这些精思妙想的图景，尚应与下一部分的职业教育内容联系起来。

一、求学与升学的关系

　　求学一定要升学吗？在很多人看起来这似乎是个白痴问题，求学不升学？岂有此理啊！这也难怪，几千年来的观念和思想限制了人们的思维，除了升学，简直找不出第二种求学的方式。许多不能升学的青年，常年郁郁寡欢，牢骚满腹，甚至以酒买醉，蹉跎终生。杨贤江作为青年的导师，透彻地分析了求学的目的、详细地解答了求学的问题，并论证了求学与做事的关系，以使更多的青年正确认识求学与升学的关系，避免误入歧途，贻害终生。

（一）青年学生的求学目的

1.求学目的的辨析

　　一说到求学的目的，恐怕读者中有不少人要发笑，以为这样一个简单的问题谁不晓得，如果连求学的目的都不知晓，我还来求学干什么！既然如此，请把你的答案说出来，你求学的目的究竟是什么？教育家杨贤江作了如下梳理：

　　一种答案是"做官"。论证依据是"学而优则仕"一类的圣贤之言、先王之训。但求学的目的真的在于做官吗？如果人人都为做官，那岂不是遍地是"官"，那谁来耕种？谁来经商？谁来建筑？又有谁来科学研究及官运亨通疆保土呢？我们需要的生活必需品岂不是得从天上飞下来？我们岂不是要对着"官"，摆着"官"的架子饿死在街头或荒野呢？

一种答案是"发财"。论证依据是职业教育大家的种种经历、言行等。但"发财"真的是求学的目的吗？求学一定能发财吗？发财一定需要求学吗？求学与发财的关系是对等的吗？如果是，那么乡下土财主目不识丁的比比皆是，又作何解释呢？

一种答案是"得名"。论证依据是"名誉是人的第二生命""三代以下之人唯恐不好名"等。但求学的目的真的是"得名"吗？那是不是求学的个个都是名人，而失学的人人都"名誉扫地"呢？恐怕不是吧，不通文的名人多得很哪！

一种答案是"读书"。论证依据是"开卷有益""读书破万卷，下笔如有神"等名言名句。这似乎是各种答案中最高尚的一种，持这种观点的人常常废寝忘食地读书，把自己的将来全都寄托于读书之上，希望将来能成为样样皆通的博士。但是求学的目的真的在于"读书"吗？如果是的话，为什么那么多读书人在灯下夜夜苦读，而我们的中国却遭到帝国主义侵略，沦为了半殖民地呢？我们要在半殖民地的情况下，接着"两耳不闻窗外事，一心只读圣贤书"吗？

杨贤江认为，以上几种答案在稍有思想的青年看来，都要认为不正确的见解。譬如说做官，官为执行政治事业的一种人，当然不是可缺的；有长于政治才能者而做官，更是应该的事。但说求学目的在做官，则将使求学者个个做官，就不可通。又如说发财，靠教育以习得生活技能、改良生活习惯、增进生活趣味，这在个体维持上为必需的条件，原可视为求学的一种目的；但说求学单为谋生，而且还要发财，则志趣无奈太卑，且只做了金钱的奴，更不值得。再说为求名，则不知这个空空的名到底有什么用处，竟值得费许多精力、钱财去换来。求学的目的在读书。……这种见解又如何呢？正确吗？仍然不正确！因为他只"读书"，除书以外，便无所知，也无所能；他的结果竟弄到中国沦于半殖民地的地位。为什么？"因为这样求学的人，只知死读书籍，不知锻炼身体、运用思想，更不知服务平民、改造社会；所以对于专制政治、对于外力压迫，只会俯首听命罢了。"[①]这是根深蒂固的传统观念造成的，按照传统观念，只要小孩一上学，所有的生活习惯都要改变，似

---

① 杨贤江：《青年求学的目的是什么》，任钟印主编：《杨贤江全集》第二卷，郑州：河南教育出版社，1995年版，第260-261页。

乎真正的生活才刚刚开始,嬉笑玩耍被视为调皮捣蛋,不务正业,书房成为一所"囚房",终日被关在里面,如果在里面能一心向学,心无杂念、目不窥园则是大家公认的好学生、成才的好种子。"学生是求学的,学生是读书的;但不能说求学即读书,读书即求学。这仿佛说,人是求生的,人是吃饭的;可是我们不能说,吃饭即求生,或者求生即吃饭。"①

那么,求学目的究竟是什么呢?杨贤江告诉青年们:在学做人,在学做一个更有效能的人。做人自然要会谋生,自然要会读书,自然要有好的名声,而且有一部分人自然要去做官,更还有一部分人要去理财。但这种种只是人生的一方面,或只是某一方面的人做的事业,并不是整个人生是这样,更不是全部的人是这样,所以不能拿以上一方面的人生或一部分人做的事业,作为我们求学的目的。我们求学的目的,乃在学习了做人的基本条件,好叫我们做个有用的人。有用的人是怎样呢?有用的人,第一要有坚强的身体,能够忍得住辛苦,担得起责任;第二要有灵敏的头脑,能够应付随发的事项,解决疑难的问题;第三要有消闲的能力,能够利用空余的时间,丰富社交的趣味;第四要有文化的修养,能够浚发高尚的思想,增进想象的能力;第五要有劳动的习惯,能用自力取得一部分的生活资料;第六要有社会的人格,能有力谋人群幸福,铲除公众祸害的志愿。抱这种种观念以求学的青年,才是向人生路上走的青年,只要他肯努力,将来就可做个有用的人。"同时,他认为中国当时能入校求学的青年只有少数,要改变这种绝大多数人失学的状况,青年学生必须投入"抵抗压迫自获解放的运动。"他呼吁:"我所敬爱的中国青年,请你们再莫为'功名'观念、'利禄'观念、'读书'观念所拘囚了,请你们打破一切因袭的成见,来合力创造一个新世界罢!"②学习,尤其是自学过程本身是一个艰苦的探索过程,它需要学习者具有顽强的意志并付出巨大的努力和牺牲。只有那些充分认识到学习重要性、具有崇高学习目的,并且具有克服学习中一切困难勇气的人,才能使得学习过程顺利进行并取得良好的效果。因此,杨贤江非常重视培养青年对于学习的正确认识和态度。

---

①杨贤江:《求学与做事》,任钟印主编:《杨贤江全集》第二卷,郑州:河南教育出版社,1995年版,第508页。

②杨贤江:《青年求学的目的是什么》,任钟印主编:《杨贤江全集》第二卷,郑州:河南教育出版社,1995年版,第261—262页。

文化知识的学习是一种人类社会的实践活动,目的性是其首要特征,学习的目的直接关系到学习动力的大小。杨贤江希望广大青年能够树立崇高的学习目的。他从人类进步和国家强盛的高度出发,立足于青年健康发展的需要,提出求学目的应该围绕以下三点:首先,求学的目的应该是为人类谋进步、谋幸福。杨贤江说:"我们为什么求学,应该说是为人类生活谋进步"①。人不能确立光为自己私利而学习的目的,而应将着眼点放在全人类,应树立为人类进步而学习的远大目标。其次,求学应是为国家和社会服务。他在《求学与救国》一文中指出:"求学不忘救国,救国不忘求学"②。第三,求学的目的应是学做人,学做有效能、有用的人。求学的目的就是"在学做人,在学做一个更有效能的人。"即"做个有用的人"③。

2.升学与就业的生涯规划

　　如上文所述,中学求学的目的不光是升学,应试教育是一种残缺、畸形的教育设计,着眼于健全人生的发展目标,属教育理想的愿景取向,这是杨贤江所反复强调的论点。如1923年2月5日,杨贤江在《学生杂志》第10卷第2号发表《中学生入学的旨趣》,认为中学是以适应个性为目的的,不是专为升学的学生而设的。中学生要努力丰富自己的常识和趣味,要参与团体生活并培养自律的习惯。④正确的求学目的一方面是学会做人,发展人生,改进人生,做一个有效能的人,理想的青年人"要有强健的体魄和精神,要有工作的知识和技能,要有服务人群的理想和才干,要有丰富生活的好尚和习惯"⑤;另一方面,即更重要的是改造社会,利益社会,贡献人类。"我们求学的目的是在改良并丰富人类(包括自己和人)的生活(包括理想、习惯、态度、好尚等等)。"⑥在学习态度上要求青年学

---

①杨贤江:《求学与救国》,任钟印主编:《杨贤江全集》第二卷,郑州:河南教育出版社,1995年版,第28页。
②杨贤江:《求学与救国》,任钟印主编:《杨贤江全集》第二卷,郑州:河南教育出版社,1995年版,第30页。
③杨贤江:《青年求学的目的是什么》,任钟印主编:《杨贤江全集》第二卷,郑州:河南教育出版社,1995年版,第261页。
④杨贤江:《中学生入学的旨趣》,任钟印主编:《杨贤江全集》第一卷,郑州:河南教育出版社,1995年版,第817页。
⑤杨贤江:《现在中国青年的生活态度》,任钟印主编:《杨贤江全集》第二卷,郑州:河南教育出版社,1995年版,第17页。
⑥杨贤江:《求学与救国》,任钟印主编:《杨贤江全集》第二卷,郑州:河南教育出版社,1995年版,第27页。

生要肯勤学,要有自动的思索研究,反对机械的上课听讲。"教科书常被认为最后的真理。因为教学上脱离不了教科书,于是便引起一种错误,即承认教科书上的话都是对的,都是好的,毋庸置疑的,差不多崇拜教科书为'天经地义';其结果养成了只会盲从而无独立思想的恶习,驯至对于一切印刷物都视为真理所在而不容非难,把自己成功为易受欺骗的学术上的奴隶,岂不可怕!"①

但是,从近代工业社会以来,源于西方的学制体系中中学教育阶段十分臃肿杂乱,旨意绝非升学或就业单一取向所能适应或满足需要,但却又对这两者的取向及设计难以优化、适切,无论是对年限规划,还是学程与组织方法的安排均是如此。对这一严肃而突出的问题,杨贤江有所摹画。1922年6月5日,杨贤江在《学生杂志》第9卷第6号发表《告中学毕业生》,认为中学阶段实在是人生进程上最有关系的一个时期:或者从普通的教育接受专门的教育,或者从学生的生活改就职业的生活。因此,对于即将升学的中学毕业生而言,一要审视所欲入的学校是否合于教育的性质;二要设问自己求学的动机是否合于做人的条件。而对于急于谋生的中学毕业生来说,一应思考所欲就的职业是否合于人的生活;二须检验所欲就的职业是否合于自己的志愿和才力。②根据学生家长对升学教育及路径选项预设中的困惑,作为青年导师、教育家的杨贤江直面荆棘丛生的问题,加以探究,提供咨询指导。

1926年6月5日,杨贤江在《学生杂志》第13卷第6号上发表《升学准备》,主张学生在升学前应确定自己升学的目的。学生升学前应以此为目的,即"升学是为发展个性,深究学术,藉以改进社会生活,普遍人群幸福。目的确定后,就应选择。初中毕业生升学的路有三条:一是高级中学;一是后二年或后三年的师范学校;一是职业学校。高中毕业生升学的路也有三条:一是大学;一是专门学校;一是专修科。那么怎样选择呢?就选择学科而言,应依照两个标准:(1)要看自己的个性。自己有哪种兴趣,自己有多大能力,这可说是选定某种学科最重要的条件。(2)要根据社会的需要。就选择学校而言,有四条标准:第一,哪一个学校所

---

① 杨贤江:《教科书教授的利弊与采用补充教材之研究》,任钟印主编:《杨贤江全集》第二卷,郑州:河南教育出版社,1995年版,第673页。
② 杨贤江:《告中学毕业生》,任钟印主编:《杨贤江全集》第一卷,郑州:河南教育出版社,1995年版,第616页。

设的科或学程是适合我的个性的;第二,哪一个学校所设的科或学程,是适应社会的需要的;第三,哪一个学校的费用是家庭经济力所能负担的;第四,哪一个学校的教育方针是合乎教育的原理的。同时,中学要毕业生升学成功,必须具备三个手续:第一,要决定投考的学校;第二,要预备应试的功课。而要预备功课的要件有三:一要精神充实的时候去预备;二要制定一种日程;三要心思专,环境静,工具备。第三,注意应试的手续。如在考期的前一两天,要到投考学校所在地住宿;如住旅馆,要拣那离校不大远的;学校对于投考生必有通告;临考的前一天,应该使精神安静;到实际临试时更有许多事项要注意的。应试结果有两种:一种是及格而被取;一种是不及格而被摈。对于前一种情况,只要准备入学即可。对于后一种情况,青年应有三种认识:第一,青年们应该知道升学而失败不能就算是失学;第二,在甲校应试失败,或者还有乙校可以升学,所以最初选定学校时宜多选几个。第三,青年更当知道求学的法门有多种,升学不过其中之一。①这里主要围绕青年学生升学选项的规划,是学年制普通教育体制的特点,也是青年教育的对象范围所决定,但杨贤江也同时要剖析中学阶段学生的就业及自学问题,这留待下面细说。

3.学生求学与青年运动

当时有的教育家认为青年学生应专心求学,一点也不需关心国家大事。有的教育家认为除求学以外,青年学生应关心或参与救国活动和爱国活动。杨贤江同意青年学生求学兼救国的观点。1924年4月5日,杨贤江在《学生杂志》第11卷第4号上发表《求学与救国》。他说:"那么青年学生究竟该怎样——求学呢?还是兼救国? 我说:'那究竟该求学也该救国。求学原是为人群谋利。因为必须求了学才有能力和方法去对付环境,解决问题,担当事情。所以求学原贵实际有用的。当社会有了缺陷,国家有了毛病,正须有求学的人出而弥补救济——这是显然无可反对的。但或者要问:同时求学兼救国怕时间来不及,而且能力也嫌不足吗? 不! 这里我很可引用胡汉民先生的话来答复。'他说:'现在有一个比方。比方我们做了兵士,常常要到操场或者野外练习。当兵的目的是什么?是要能够打仗,能够替国家出力。一旦下了动员令,你不能说:我没有操得纯熟,等我操好

---

① 杨贤江:《升学准备》,任钟印主编:《杨贤江全集》第二卷,郑州:河南教育出版社,1995年版,第562-570页。

拉直青年人生成长的问号

了再去打仗。求学也是这样,求学的目的便是为国家、为社会服务。国家、社会需要你的时候,你不能说:我现在学问还没有好,慢慢儿等我学问好了,再替国家社会尽力'。所以国家、社会要我们出来替他尽力的时候,便没有个人的计较。个人即使有所牺牲,也是值得的,这样才可保存大群!'他这一段话,我想是很合理的。……总之,求学不忘救国,救国不忘求学。这两句话终究是值得记诵奉行的。"①学生在校求学与校外社会运动这两者格格不入吗?杨贤江认为它们之间并不是不相容的关系,而是学生成才在现代社会形势下的特点及项目要素,具有知识应用于实际、学校结合社会现实的重要价值。1926年9月5日,杨贤江在《学生杂志》第13卷第9号上发表《告青年学生中的活动分子》,有的人认为青年学生只知做运动而不知好学,他认为这是错误的。在学生中确有不好学的青年,但不能以偏概全地批评做运动的青年学生都不好学。他说:"自然,我也承认学生中确有不好学的青年。但这批青年即在没有什么学生运动以前,怕也是不好学的;而在现在有学生运动的时候,也并不见他们参加运动。反之,热心勇敢在做学生运动的青年,到一有空闲便想埋首读书的,就我所见确乎不少。所以我们绝对不能'以耳代目'地来恶评做各种运动的青年学生为堕落,为务外,为不长进,为不足教诲!"②同时,他主张做运动的青年学生应努力地学习。他说:"我意青年学生中真正的活动分子,应该好学,也应该力学。能如此,他的活动会有意义,会有效果,会有确定主张,会得学生信仰。不如此,他的活动终恐不免为妄动,为被动。""只有肯活动而又好学的学生,才是中华民国所需要的学生。"③

教育不能脱离政治而是受政治制度及结构机制的制衡,它不是脱离现实政治而寻求世外桃源或避风港湾,而是要成为改变不良政治、污秽政治的有力工具,又要成为实现并维系优良、美好政治秩序及结构服务。杨贤江是一代教育理论家,坚持教育与政治的内在关系,并清晰地剖析学校教育的政治功能主要是通过学生的培养及活动表现的。1923年5月5日,杨贤江在《学生杂志》第10卷第

---

① 杨贤江:《求学与救国》,任钟印主编:《杨贤江全集》第二卷,郑州:河南教育出版社,1995年版,第28-29页。
② 杨贤江:《英国的六个新学校》,任钟印主编:《杨贤江全集》第二卷,郑州:河南教育出版社,1995年版,第601页。
③ 杨贤江:《英国的六个新学校》,任钟印主编:《杨贤江全集》第二卷,郑州:河南教育出版社,1995年版601页。

5号发表《学生与政治》,提出学生应该与闻政治,即学生平时对于政治有研究、对于本国政象能留心、在必要之时还能有相当的表示。学生参与政治,并不是叫学生去做官、做议员,而是去研究政治的原理以及民主国家政治的设施,去观察眼前的政治情状,去做宣传运动、示威运动一类的事情。只要大家认清了民主政治的敌人——国内军阀和国际帝国主义,就不难确定我们对于政治应采取的态度了。学生"干政"有"七种政治目标":保持中华民族的独立,实现民主的政治,确立人民集会、结社、言论出版的绝对自由,实行义务教育,实行普通选举,制定劳动保护法以及确立男女平权。并认为以上七端是"实现平民政治的要件"。[①]学生与政治的联系及某种程度结合是民主化社会政治建设的要求,因为学生是有力的、富有朝气和旺盛精力的团体,而且学生的社会化以及学校教育的现实性取向也是离不开政治领域内容的。

(二)青年学生求学问题的答复

孔子曾说过:"知之者不如好之者,好之者不如乐之者。"学习的过程本身虽然是艰苦的,但如果学习者并不以之为苦,反以为乐,那么不但学习过程将变得充满趣味,学习效果也必然良好。杨贤江很重视培养青年乐学的态度并给予了很多具体指导。比如,青年养成正当的读书嗜好比养成读书的习惯更重要。"因为阅读是达到目的的手段。所谓目的,就是全体生活的丰富,要是读书不得其当,或许会破坏了这个目的。"[②]要培养正当的读书嗜好应在读书前给自己提几个问题,如"我为什么选此书?因为书名的别致吗?从前曾经见过本书作者的名字没有?……"[③]只有这样,才能读到有益自身发展的书籍。

1918年5月22日,杨贤江听一位郭姓先生讲演"教育方法",引证美、德两国由于教育方法得当,造就许多人才。如"有初时成绩甚劣,继成专家者;有自动教养,八岁通各国语言,十六岁任大学教员者",皆是证明教育方法有如此效力。

[①] 杨贤江:《学生与政治》,任钟印主编:《杨贤江全集》第一卷,郑州:河南教育出版社,1995年版,第858页。

[②] 杨贤江:《读书嗜好的培养》,任钟印主编:《杨贤江全集》第二卷,郑州:河南教育出版社,1995年版,第666页。

[③] 杨贤江:《读书嗜好的培养》,任钟印主编:《杨贤江全集》第二卷,郑州:河南教育出版社,1995年版,第666页。

拉直青年人生成长的问号

因此,"吾人讲教育,原不必以此为标准,但教育方法终当益精研究,竭其能事也。"①

从杨贤江与读者的通信中可以看到,当时青年学生求学的问题很多,有的是因为家庭经济困难而难以继续求学:

林诚恳致杨贤江②

我是个农家子弟,因为我的家里穷,所以跑到菲岛来。去年我在集美中学校念书,到十月间因我的父亲逝世,从此我求学的学费,就无从供给了。

施宗瑜致《学生杂志》记者③

我的家庭是很贫乏的,除每年收入——指田地的出产——仅敷家中食用外,绝无他项进款。而近两年来因荒旱所致,更加窘迫。现在负债已达二三百元之多。所以我每年读书的用费,颇感困难。当我小学未毕业的时候,我的家庭——除我的父亲以外——就屡次迫我退学。

孟质轩致杨贤江④

我因小学毕业后,受了经济压迫,不能升入中学。

有的是因为家庭专制而难以继续求学:

张絅之致杨贤江⑤

我不要说中学校,就是高小初等,也都没有进过。……我未进学校的原因,是由于我处在顽固的家庭里面。

---

① 任钟印主编:《杨贤江全集》第四卷,郑州:河南教育出版社,1995年版,第252页。
② 杨贤江:《通信——林诚恳致杨贤江》,任钟印主编:《杨贤江全集》第四卷,郑州:河南教育出版社,1995年版,第471页。
③ 杨贤江:《通信——施宗瑜致〈学生杂志〉》,任钟印主编:《杨贤江全集》第四卷,郑州:河南教育出版社,1995年版,第534页。
④ 杨贤江:《通信——孟质轩致杨贤江》,任钟印主编:《杨贤江全集》第四卷,郑州:河南教育出版社,1995年版,第569页。
⑤ 杨贤江:《通信——张絅之致杨贤江》,任钟印主编:《杨贤江全集》第四卷,郑州:河南教育出版社,1995年版,第387页。

T.S.G 致杨贤江①

我是一个半途辍学的人;我是一个受著旧家庭的顽固,放著许多的家财不肯给我求学的人。

王伯协致杨贤江②

今家中颇见起色,思想也较佳;然……家中我母,每天徒知施专制之威权,每日叫骂不已。我每日读书,只准我吃早、午餐,其他如零用银钱、购书费,及一切杂使各项一概不给;先生你想此种日子,叫我怎样过呢?所以我才起了改业的念头。

有的因为投考失败而难以继续求学:

WK 致杨贤江③

贤江先生:

我今年从中学毕业,兴高采烈跑到北京来升学,可怜现在是一个学堂都没有考上。

杨贤江是青年的杰出导师,他除了引导青年立志改造社会之外,还对青年的职业问题、体育卫生问题、恋爱与婚姻问题等方方面面进行指导,还对没有如愿以偿继续升学的青年学生给予积极勉励,指出方向及摆脱困境的道路。杨贤江反对如果青年没考入大学就没有前途的观点,认为那恰恰是人生的一种考验,是"青年觉悟的一个紧要关头,一种鉴定机会"。④"到底有何种理由,我要说投考不取是青年觉悟的关头呢?这有四种理由可说:(1)因为中国现有的大学数(就中国自办且规模较为完备的而言)实在太少,万不能尽把所有志愿升学的中学毕

---

①杨贤江:《通信——T.S.G 致杨贤江》,任钟印主编:《杨贤江全集》第四卷,郑州:河南教育出版社,1995 年版,第 525 页。
②杨贤江:《通信——王伯协致杨贤江》,任钟印主编:《杨贤江全集》第四卷,郑州:河南教育出版社,1995 年版,第 526 页。
③杨贤江:《通信——WK 致杨贤江》,任钟印主编:《杨贤江全集》第四卷,郑州:河南教育出版社,1995 年版,第 450 页。
④杨贤江:《青年觉悟的关头》,任钟印主编:《杨贤江全集》第二卷,郑州:河南教育出版社,1995 年版,第 94 页。

拉直青年人生成长的问号

业生容纳下来。所以不幸被摈的投考生,为数一定很多。(2)单就这仅有的几个大学而言,他们的内容和旨趣,怕都会不能满足有志青年的需求。(3)现在的大学教育,费用昂贵,根本不是贫苦青年所能负担的。(4)现在大学里面的许多专门学程,即使教授得法,学习精熟,怕也不是在这个社会里边所能完全应用的。"① 于是,就应鼓励那些落榜者只要振作精神,就能真正成为有用之才。"应试不取乃是青年觉悟的关头。从此觉悟,便走上正路,做个'有声有色'的青年"。②

以升学为目的的精英教育的传统在中国自古就有,"学而优则仕"是两千年来学子的追求。杨贤江着重论述的中学是以适应个性为目的,不是专为升学的学生而设,这就要求中学生发展多方面的兴趣和爱好,为将来的职业做准备。"故完备的中学应采用分科选课制,或更设职业科。换言之,要为学生谋升学预备,也要为学生谋职业辅助。因此中学生的出路有二:一为升学;一为谋生。"③杨贤江批评"我们中国的学校课程一成不易,到了现在,小学、中学里还认许多不关痛痒的功课为必修科,真是莫名其妙。至于各科教法的呆板,材料的陈腐,更是不消得说。"④接着他指出:"照我个人意见,以为公民、历史、地理、自然科学、混合数学、国语、体育、图画、音乐及手工这十科,是每个中学生,无论升学与否,皆应学习的。此外,预备升学的同学,又应列外国语为必修科,而不升学的,却应把学习外国语的时间来受职业的训练。"⑤诚然,这里是以中学学校教育为立论基础的,固而,渗透或结合职业教育成为思考的取向。通过课程调整及其他方面的配合,是在教育中以升学教育为主渠道的同时,兼融职业培训的理想模式。杨贤江的论述是极其理性的。

杨贤江又根据现实的求学问题及成因分析,认为中国青年真是不幸,连求学

---

①杨贤江:《中等教育与青年问题》,任钟印主编:《杨贤江全集》第二卷,郑州:河南教育出版社,1995年版,第94-95页。

②杨贤江:《中等教育与青年问题》,任钟印主编:《杨贤江全集》第二卷,郑州:河南教育出版社,1995年版,第96页。

③杨贤江:《对初中同学们谈谈》,任钟印主编:《杨贤江全集》第二卷,郑州:河南教育出版社,1995年版,第614页。

④杨贤江:《美国哥伦比亚大学之新课程》,任钟印主编:《杨贤江全集》第一卷,郑州:河南教育出版社,1995年版,第187页。

⑤杨贤江:《对初中同学们谈谈》,任钟印主编:《杨贤江全集》第二卷,郑州:河南教育出版社,1995年版,第622页。

这样的事情也发生这么多的问题,针对这些问题,身为马克思主义教育家、青年爱国运动的领袖,在当时的社会环境中,运用马克思主义的思想方法,为青年们指出了解决之策:要解决求学问题有"治本"和"治标"两种途径。

"治本"必然要伤筋动骨,要求青年们团结一致向旧势力发起进攻,打破旧制度,改造现有的政治、经济制度,获得平等教育权,若在现在的制度之下,是不可能解决求学难的问题的。

至于"治标",名副其实,只治"标",不治"本",是在现有制度之下的一种改良。譬如多设奖学金、助学金、免费名额以帮助一些在经济上困难的学生,完善社会上的借贷制度,也可拯救几个失学学生。但是仅仅这些也是难以做到的,因为在现在的社会环境下,学校自身的运转尚难维系,哪有余力来接济学生。再加上,学校为了获得政府的支持,常常禁止学生参加一切爱国运动,这样的话,先进的觉悟青年常因"好事"被训斥、警告,甚至开除,哪还有机会获得资助。

另一种治标法,就是从事自学,按照自己的程度,斟酌社会的需要,来选读适当的书报;自学只要得法,一定有成效可睹。为无产青年设想,只有这个方法尚算实际可行。而且在现代教育制度下面,这方法还可算是最合一般有志青年的需要的。因为我们要学习可以应付目前复杂的社会生活的学识,反而不能在正式的学校教育中得到。这因现在的学校教育偏重书本知识的传递,对于活的有变化的社会生活并未尝留意,甚至还是非常隔阂。再者,这些书本的知识也多不合现代的需要,并不能培养学生做一个适应现代生活的人。换句话说,这种求学并不适于做事。故无产青年,现在不能受这种教育,绝不可算是可惜。还有一层理由,足以鼓励自学者的勇气,就是要得到适应"复杂世事"的学识,只有从经验"复杂世事"的实际生活里才有可能。所以自学者正要在工厂中、在农场中、在商店中,乃至其他种种实际活动中去磨炼观察力、思考力、判断力、执行力,却不可坐在房子里埋首死读。①

然而,自学是个体选择的学习行为或方式,简便易行、自由独立,但也有其特

---

① 杨贤江:《再论求学与做事》,任钟印主编:《杨贤江全集》第二卷,郑州:河南教育出版社,1995年版,第517—518页。

别的条件或影响因素。杨贤江认为自学者除了要有崇高的学习目的,明确学习与实践的联系及区别,还需要具有一定的知识和心理素质准备:"第一,须有相当的根底;须有不怠的努力,不可'一曝十寒',不可期速成;须有强固的意志,不怕困难,不怕失败,不怕劳苦。第四,须有确定的方向,选定书籍,制定课程,照着顺序去做,不贪多,不贪高。"①他分析了自学者的特殊困难,说明这样的青年就要特别注意:自学要成功,必得有三个条件。就是:"第一,对所学的功课一定是要适于自己的兴趣的。第二,学习要专注。第三,学习要自信。"②还要注意:"足以助自学实现的机缘,有下列三种:教师的诱掖指导,同辈的观摩刺戟,环境的诱起兴趣。"③杨贤江告诫青年:"自觉为成功学问、技术的利器"④。总之,他在不同的文章中多次鼓励和殷切希望自学者,特别是当时穷苦出身的青年,用不着烦恼,也不要自卑,只要抱定宗旨,专心致志,具有克服一切困难的决心和勇气,就一定能取得良好的学习效果。

除了以上总体的解决方略外,杨贤江还几乎为每一个给他写信的青年学生指明了具体的解决方法或给予其精神支持,在通信、答问中可见一斑。如:

致周继福⑤

继福先生:

我只有对你的同情,却不能想出个绝好的法儿。因为我也同你差不多的环境,不过是赤裸裸的无产者罢了。但无产者该有无产者的心,该有无产者的力,我们都不必一味梦想入学校读书,我们且来一试我们的心与力罢!

---

① 杨贤江:《勖自学者》,任钟印主编:《杨贤江全集》第一卷,郑州:河南教育出版社,1995年版,第860页。

② 杨贤江:《自学的成功》,任钟印主编:《杨贤江全集》第一卷,郑州:河南教育出版社,1995年版,第237-238页。

③ 杨贤江:《自学的成功》,任钟印主编:《杨贤江全集》第一卷,郑州:河南教育出版社,1995年版,第238-239页。

④ 杨贤江:《自学的成功》,任钟印主编:《杨贤江全集》第一卷,郑州:河南教育出版社,1995年版,第236页。

⑤ 杨贤江:《通信——致周继福》,任钟印主编:《杨贤江全集》第四卷,郑州:河南教育出版社,1995年版,第494页。

答奉天郭熙卿君①

答：我早就说过，无法升学就不必升学，尽可做自学工夫。无实学固难做事，但在现代社会里，有实学的恐也难以如愿做事。这是因为经济上受外资压迫，不能发达实业；而社会上到处讲势力金钱，内容也真腐败已极之故。为你计，如果有见识能觉醒，就设法寻一件生活做做，一面糊口，一面为国家社会尽力。此外，可没有法想了。

致张绚之②

绚之先生：

我相信：只要自学得法，将来的结果，是可以同有教师教授者一样的。你不看见电学大家爱迪生吗？他没有正式入过学校，他从小就须做工度日。但是他有许多发明。这不是自学的成效吗？原来求学的最要关头全在学者的自己教育。虽然有了教师的教授，仍然要靠自修、自学的工夫。不过在别的事情相等的条件下面，有教师教授者的进步，比自学者的可以较快一点罢了。

致 WK③

WK 先生：

末了，还有一个你所提出的更重要的问题，就是许多不能考入大学的青年，竟因此灰心悲观，彷徨颓唐。这个虽也情有可原，但是万万要不得的。我们要知道，在现在这种社会制度、这种军阀政治下面，哪能得过正当的幸福的生活？我们要知道，能受补习教育，还算机会是好的，试放眼一看，为受经济压迫而竟无从求学的，不是更多得很吗？所以我们受了压迫，便该有所觉悟，便该振作精神来做更大的奋斗。若竟为些小失败而至悲观厌世，这才是无用的青年，这才是不可教的青年！我不希望中国青年是这样！

---

①杨贤江：《答问——答奉天郭熙卿君》，任钟印主编：《杨贤江全集》第四卷，郑州：河南教育出版社，1995年版，第724页。

②杨贤江：《通信——致张绚之》，任钟印主编：《杨贤江全集》第四卷，郑州：河南教育出版社，1995年版，第387页。

③杨贤江：《通信——致 WK》，任钟印主编：《杨贤江全集》第四卷，郑州：河南教育出版社，1995年版，第449–450页。

答如皋朱明亚君[①]

答：求学不一定要升学。我们何苦定要装做教徒呢？诚心求学的随处可求。不升学不见得就会辍学。

答云南一师杨贞、杨珊君[②]

答：中学生对于求学的态度，当然是要为改造社会而求学。我们论事，须顾虑到时代和环境。现在中国人处于两重压迫的地位，没有自由受教育的可能。为学问而求学问，怕只有少数养尊处优的资产阶级及依附于资产阶级的知识阶级才能办到。为生活而求学问，乃是利己主义者的卑贱心理。但我说这句话，并不是看轻生活；生活是人生的根本要求，谁也不能忽略；只因利己主义者的目的，但就谋个人的利益，而把群众的幸福漠视了，甚至侵犯了，则实为人类的罪人。老实说，我们为想享受学问的好处，为想改进生活的地位，实有必先改造社会的需要，故我们的求学态度，非为改造社会而求学不可。

答四川宜宾向其端君[③]

答：现在青年求学的大目的，实只有"为改造社会"五个字。自然，文化的发达，也为了个人的享受。但要知目下这种时代，这只是极少数资本家的专有品，一个无产青年，想以研究高等学术来自娱，是决不可能的。所以，在求学时代，各科学科自当研究；不过，无论研究何种科学，都要抱着"为改造社会"的存心。

致黄昌济[④]

昌济先生：

你说"前途远大的人生"自是极美妙的几个字样，但是怎样才算前途远

[①] 杨贤江：《答问——皋朱明亚君》，任钟印主编：《杨贤江全集》第四卷，郑州：河南教育出版社，1995年版，第687页。

[②] 杨贤江：《答问——答云南一师杨贞、杨珊君》，任钟印主编：《杨贤江全集》第四卷，郑州：河南教育出版社，1995年版，第748-749页。

[③] 杨贤江：《答问——答四川宜宾向其端君》，任钟印主编：《杨贤江全集》第四卷，郑州：河南教育出版社，1995年版，第848页。

[④] 杨贤江：《通信——致黄昌济》，任钟印主编：《杨贤江全集》第四卷，郑州：河南教育出版社，1995年版，第616页。

大的人生呢？一定要出外读书，到大学毕业，博个头衔，做大事业吗？果是这种见解，则未免为偶像中毒，我实在不希望谢君如此！我想，我们如果能够明白中国青年为什么不能个个求学，个个谋生，中国人生计为什么不能充裕，反而日渐贫苦，就可以理会一个有志青年奋斗应取的方法。

致刘巍①

刘巍先生：

"无产者不必定要入学校读书"，我已说过了。在现代社会里受高等教育的，实在只有资产阶级的子弟，高等教育的内容也只适合资产阶级的需要。所以无产者固不能入学，然也不必入学。不入学自然不能作不求学解。我们要求学，我们只有自学。

致黄济民②

济民先生：

现在的学校本来不是穷人子弟可入的。你既没钱入学，就不入学好了，惟你须有志气想打破这种坏制度。

致云端③

云端先生：

我们最所反对的是那种优游自得不问理乱的青年，因为他们根本把人生的天职——为全人类的自由幸福而努力——忘掉了。说人应该进求快乐，其实也不能算错。只是这些求快乐的人乃想享现成的快乐，甚至须剥夺了他人的快乐方成其为自己的快乐，所以我们也要反对。

有些人听了我说："无产青年不必定要入学校读书"这句话，便以为近

---

① 杨贤江：《通信——致刘巍》，任钟印主编：《杨贤江全集》第四卷，郑州：河南教育出版社，1995年版，第545页。
② 杨贤江：《通信——致黄济民》，任钟印主编：《杨贤江全集》第四卷，郑州：河南教育出版社，1995年版，第541页。
③ 杨贤江：《通信——致云端》，任钟印主编：《杨贤江全集》第四卷，郑州：河南教育出版社，1995年版，第542页。

来青年都可不必耗费心力去求学，落得偷闲过日。像这样真是太误会了我的意思。

答湖南平江中学陈君[①]

答：如家庭经济是够升学，应谋升学。初中毕业生在教育界上是无何等地位的，因为没受过师范教育，实不配任教育事业。

致 S.C.H[②]

S.C.H 先生：

你最后说的"平平安安向光明之路上跑"一句话，我以为是办不到的。目前中国的事，无论国家政治，无论社会习俗，无论读书或择业，都要靠我们青年去用力改造才有希望。这种革命的事业，岂是可以平平安安做得到的？我们果希望向光明之路上跑，还得做一番斩荆棘，拨云雾的苦工罢！

致 WK[③]

WK 先生：

你的问题确是目前中国青年求学上的一个大问题。因为大学数目少而想入学的人数多，自然有不少人要不能入学了。但这个问题须分两方面看。一方面，学校数目少不能容纳全部志愿入学的学生，这是教育行政上的问题，不关于学生本身的。而另一方面，学生的程度是不是够上大学。这是学生本身的责任了。关于行政上的事情自应由教育行政机关或别的教育团体来负专责。关于学生程度问题，则不能不由学生自己来负责了。不过学生学业的优劣，一方面固然由于学生自己修养的工夫，但办中学教育者的方法如何，也有重大的关系。

[①] 杨贤江：《答问——答湖南平江中学陈君》，任钟印主编：《杨贤江全集》第四卷，郑州：河南教育出版社，1995年版，第975页。

[②] 杨贤江：《通信——致S.C.H》，任钟印主编：《杨贤江全集》第四卷，郑州：河南教育出版社，1995年版，第484页。

[③] 杨贤江：《通信——致WK》，任钟印主编：《杨贤江全集》第四卷，郑州：河南教育出版社，1995年版，第449-450页。

答新加坡 WBE 君[①]

答：你如有正当的动机,定须入大学求学的,则应该请求你的家人节省费用,或由他们另求谋生方法。须知这是极合理的事情,他们骂你不孝,只见得他们的"不慈"。现代青年决不当再拘于此了。

致张金鉴[②]

金鉴先生：

高级学校原有像你所说的几项弊端,但因此不升学,未免过于消极。我以为要是学生们能够团结,从事校务的改造,以谋本身的利益,方是正常道理。研究国学追随名人,这个目的怕难达到。我想你能升学还是升学,不过不要忘了改善校务的责任。否则且找一种职业亦好,不过能否找到合适的,又能否有机会自修,倒是难说的。对于社会肯从事正确的主义的宣传,甚好。

总之,杨贤江说,关于求学的问题很多,最多的是贫苦青年的求学问题,假使家中的经济状况不好,或者是无产阶级者,是没有升学的可能的,因为相对昂贵的学费是负担不起的。要解决这类问题,非从根本上改造社会制度不可。那么,在社会制度改变之前,我们是不是就应该就此认命、安于现状呢?不!我们绝不能就此潦倒。"我们必须觉悟起来,觉悟到现代社会组织根本的缺点,觉悟到国内军阀和国外列强无理的压迫,觉悟到人生的权利和奋斗的能力,觉悟到无产者无工可做、无书可读的一般的现象的可以痛心。于是为自己计,为大多数被压迫者计,就该奋了起来,做一番轰轰烈烈的大事业。倘能这样,便是个有才有识的青年,要比侥幸升学而仍在迷梦中的大学生好过千万倍。所以青年做人的关头,乃在于觉悟不觉悟,倒不在于升学不升学。"[③]"许多不能升学的青年,常以不得读书为恨。其实,这也不免有些错误。然无论现在的教育内容不适于一般贫苦青年之用,而且学、用费昂贵,更非一般贫苦青年所能胜任;即不讲这些,难道不

[①] 杨贤江:《答问——答新加坡 WBE 君》,任钟印主编:《杨贤江全集》第四卷,郑州:河南教育出版社,1995年版,第659页。

[②] 杨贤江:《通信——致张金銮》,任钟印主编:《杨贤江全集》第四卷,郑州:河南教育出版社,1995年版,第619-620页。

[③] 杨贤江:《青年求学问题》,任钟印主编:《杨贤江全集》第二卷,郑州:河南教育出版社,1995年版,第63-64页。

拉直青年人生成长的问号

在学校读书的人,就不能求学了吗?拘于学院派学习观念的人,只知研究些抽象理论,并不见供实地应用的,自然会有如此主张。但大多数青年不是都能做'学者'的,而在中国现在,更少有机会可容他们成为'学者',其实也不需要这种'学者'。我们是需要'学以致用'的人才,而这种人才,是不必定要在学校里读书出来的。我们要知道,研究天文、地理是求学,研究'世故人情'也是求学;研究几何定理是求学,研究活动方式也是求学。更要知道在读书以外,既然可以做工;那么在做工以外,自然也可以读书。求学的方面甚多,读书的方式也甚多,何必定以升学才算求学,研究数、理、化、文、哲学才算读书呢?"①杨贤江一再警告青年,不要拘于惟有升学才算求学的这条狭路,只要我们在学习,在努力,在奋斗,则整个宇宙世界都是我们求学的地方,若以升学与否来评判青年的幸与不幸,实在是太狭隘、太幼稚了。他一再强调"无产者不必定要入学校读书"。"这并不是说,无产者不该入学校读书。乃是说,在这种资本势力弥漫,学校费用昂贵,而且政治不良的时候,老实说,没有贫苦学生入学校安心读书的可能。但是不是贫苦学生该自安于'命',从此潦倒了呢?不然。我的意思乃要贫苦学生自己觉悟起来,觉悟到现代社会组织根本的缺点,觉悟到国内军阀国外列强无理的压迫,觉悟到人生的权利和奋斗的能力,觉悟到无产者无工可做无书可读的一般的现象的可以痛心,于是青年们为自己计,为大多数被压迫的民众计,就该奋发起来,做一番轰轰烈烈的大事业。这不比升学更有价值更该力行吗?我希望你们过细想想,你要升学究竟为了什么?你不升学难道就不能做人吗?"③"我们求学的目的,不是为自炫,不是为装饰,也不是只拿学问去当作学问,以为可与实际生活脱离关系的,乃是要想了解人类社会的情形,并求得改进人类社会的方法。所以我们的求学,不是关了门与民众隔绝的,不是唱高调与生活无缘的,乃是一方要阅读研究,一方要观察实行的。这就是说,我们的学问,不是单入学校就能得到的。何况现今我国大学的功课,未必能满足我们这方面的要求。所以我们即不升学,又有何妨?"②杨贤江在论述求学、升学与就业的复杂关系时,并不是用两者选其一的排它法,而是在梳理求学生涯中升学价值的同时也指明失学或就业的自学之路及独特意义。其中论述中等学校教育的现实流弊、教育与生活结合的

---

① 杨贤江:《求学与做事》,任钟印主编:《杨贤江全集》第二卷,郑州:河南教育出版社,1995年版,第509页。

② 杨贤江:《通信——致郭熙清》,任钟印主编:《杨贤江全集》第四卷,郑州:河南教育出版社,1995年版,第495-496页。

重要性、学校与青年担负社会改造使命的必由取向等思想主张,均有效地处理了中学教育办学中的种种难题,值得我们认真汲取。

(三)求学与做事

学与用的关系,向来是教育目标、课程及思想方法中所反复探讨的一个命题,传统儒学的经典教育虽然也称"经世致用",但毕竟所发挥的实用性价值十分有限,而宋明理学主导下的教育则更加偏向书本知识的学习与精神意念体认,蹈入空疏、无实或虚无缥缈。以理学为代表的静坐读书教育支配了中国封建时代后半期的学校生活,影响所及直至近现代社会。如何提高教育的实用性,促进学校与社会的密切联系,有效解决毕业离校学生的生计出路及生活需求问题,是许多富有工商业精神的教育家所孜孜以求的。早在杨贤江在浙江一师求学之时,这一问题就已萦绕在其脑际,深思纠结,难以排遣。如1918年6月19日,杨贤江下午想"学与事"一问题,认为牵连及于教育目的及方法等。"将学与事纳入于此,所见较大,不似前之拘于小节,以为才原有究学与治事之殊。然两者固有关系,因其对象不外物理、人情,所以泾渭者,乏研究与体察,不能全其天耳。书籍所载,皆前人之经验,治学而所以得其经验,克资干事之助。故多读书虽若偏于学问,然切实体会,即为事功之本。不以读书一事为的,而以为服务尽职之方,其庶几乎。"②求学与做事,就是这时代与社会论题的集中表现,其立足点在普通学校的改革,也牵涉到职业技术教育的内容。

这里,如果又把做事诠释为实践,那么,就可以推演出杨贤江重视学习与实践的联系,一是反对把文化知识的学习与社会生活实践对立起来,主张两者并行不悖;二是认为实践也是学习的渠道之一,通过实践同样可以获得、巩固及深化知识经验。

举例来说,青年学生在校外办义务学校便是一种极有意义的社会运动。1923年1月5日,杨贤江在《学生办义务学校的一个好例》文中称,"五四运动"所产生的许多事情当中,义务学校是一件对平民最切实有用的事情。照我国民众知识程度之低、失学人数之多来看,我们希望这种义务学校逐月逐年的发达起来。

---

① 任钟印主编:《杨贤江全集》第四卷,郑州:河南教育出版社,1995年版,第266页。

但实现这个希望,单靠政府或一般社会是不行的,只有靠我们自己的力量来办才行。作者介绍了上海南洋大学学生们办南洋义务学校的方法,供已办或将办义务学校者参考。①他曾撰写《学以致用》一文,对于为学的动机、目的及学用结合方式加以探讨,认为研究学问的目的在"学以致用"。"究竟这所谓'学以致用'是不是正确的理由呢?据我看,这当是正确的理由。""因为人生种种活动,无非为谋人生的改进;如去了人生的关系,去求学问,究竟能学成些什么,又要学来何用呢?""学以致用"就要使所学的足以适用;再说得明白一点,要使所学的足以应付当前的环境,而当前的"学以致用"在于学救国知识。"眼前全国人最大的责任是救国,我们求的学,也当要求适于救国的用。即在研究自然科学的人,也该如何可以应用于救国的事业上去。不然,那便是背时的教育了。"同时,青年学生要从实际工作里去学习,从日常奋斗中去寻求适用的知识与科学。此外,学为谁用也是一个至关重要的问题,青年学生应慎重地思考,否则会变成"助纣为虐",这就不好了。②可见,知识文化与科学技术的应用在学习上或是必须的,同样还会在社会实践中取得双向互动的作用,并且这当中也存在着价值观及态度立场的取向问题。

1. 求学与做事的关系

现代教育理论家杨贤江对求学与做事关系的理解是深刻的,而且其中吸取了传统思想的合理因子与西方教育加以结合。1926年2月5日,杨贤江在《学生杂志》第13卷第2号上发表《求学与做事》,进一步阐发了这两者的关系:"把求学限定是读书,把求学与做事绝对地划分,这都是错误的。""学生是求学的,学生是读书的;但不能说求学即读书,读书即求学。这仿佛说,人是求生的,人是吃饭的;可是我们不能说,吃饭即求生,或者求生即吃饭。"当然,学生也不能滋生厌恶读书的心理。"求学的方面甚多,读书的方式也甚多,何必定以升学才算求学,研究数、理、化、文、哲学才算读书呢?我见到有不少青年,误以为求学只是读书,读了书不便做事,做了事就不能读书。所以特地解释几句,以便改正过去错误的

---

① 杨贤江:《学生办义务学校的一个好例》,任钟印主编:《杨贤江全集》第一卷,郑州:河南教育出版社,1995年版,第806—807页。
② 杨贤江:《学以致用》,任钟印主编:《杨贤江全集》第二卷,郑州:河南教育出版社,1995年版,第463—464页。

观念,并确定今后正当的态度。"① 也就是说,求学是为做事铺路、奠基的,但是为使做事更有效率及质量,仍应加强具有专业针对性的学习,两者是统一的。

2.求学能有效地做事

求学如何实现做事的目标,涉及教育、人才培养及社会需求的全部,不是一个简便、约略可述的项目,但一位教育家的思索往往会择取其中部分加以立论或建构,并提出有见地的观点。因此,作为总结、思考者的我们,便应该从其个性及特色处着落,给予呈现或展示,大可不必左右上下全方位扫描,四处兼顾,唯恐失落遗漏。本书包括此处在内的节目内容是以此手法加以规划、表述的。

(1)调整中等教育结构,中学课程增加职业知识及专业技能的渗透与训练。关于中等教育阶段普通教育与职业教育的关系,从世界范围来看,主要有两种模式,即德国的"双轨制"基础上的"双元制"培养机制与美国的普通教育中融合、交叉职业教育课程及实践操作的综合教育体制。以杨贤江的著述文字来看,主要采用的是美国做派。有关论述的内容上节已作解析。反观我们今天的教育,依然存在弊端,基础教育的首要任务是提高国民整体素质,在国家建设中起着"基石"的作用,然而在升学的压力下教育的本质有些扭曲。中等教育更是单纯以升学为目的,"万般皆下品,唯有读书高"依然在影响择业心理,以至于职业教育"门前冷落车马稀",重点中学门前"自古华山一条道",千军万马在挤占独木桥。这样的教育造成了严重的困境:一方面,大量高校本科,及至研究生毕业生"结构性失业";另一方面,则是现代化建设中高级技工的极为短缺。调整中等教育的结构,改革中等教育的教学内容,合理引导人们的择业观念,才能保证中等教育合理有序的发展。杨贤江在中等教育方面的阐发,依然合理,可资借鉴。

(2)反对盲目移植西洋的教育体制内容。中国近代自19世纪60年代由洋务派首脑引进西文、西艺教育,实施洋务新式教育以来,西方教育作为新教育与传统封建教育相对垒,构成一条战线,成为西学东渐的重要部分,以摧枯拉朽之势,蔚为风潮时尚、潮流激荡。旧教育的解体不可避免,也无需缠绵悱恻,难以割

---

① 杨贤江:《求学与做事》,任钟印主编:《杨贤江全集》第二卷,郑州:河南教育出版社,1995年版,第508—509页。

拉直青年人生成长的问号

舍或恋旧回眸、柔情万千。因为,相对而言,新教育的工商业性质以及与机器化大生产的内在联系恰能满足社会由传统走向革新的诉求。然而,教育问题又是何等复杂,单项线性思维显得局限与片面。新教育因其移植而带来水土不服致使教育内容、方式及考评管理都出现了"橘逾淮则为枳"的结果。这些为一批有中国民族特色的教育家所诟病,如陶行知称近现代教育患"富贵病",成为"洋八股",晏阳初则称拉西洋车、东洋车的教育与民众生活、学生出路脱节。同样,杨贤江也提出类似的意见,他针对中国仿效西方的大学教育成为"装饰品"而呼吁学生求学应为中国社会现实服务,这才是真正的效用。

1924年8月5日,杨贤江在《学生杂志》第11卷第8号上发表《学问和装饰品》,他反对国内盲目增多大学或专门学校的数量以增加受高等教育的学生数目,这样的方式培养出的人才不符合中国社会的要求,只是"替这个腐败社会粉饰些门面罢了"。"近年来,国内大学、专门等校数加多,接受高等教育的学生数也增多。这些高等教育机关,都在教授差不多和西洋一样程度的学术。修毕这些学术的学生,也可以得到学士的头衔。从表面看来,中国学术界似乎好和外国学术界相抗衡了。但是实际上却大不然。姑无论这些高等教育机关的经费不充裕、设备不完全,即使肄业其中的学生,个个都勤勉好学;然试问在现在中国的社会里,果能实用他们的所学吗?"而事实情况是:"不但社会上还没有许多相当的设备足以容纳这些学有专长的人才,即在设有机关的地方,也多半为一批不学无术的废物所占据而不得插身。所以现在中国所需要的学术,却不是西洋那种'高贵'的学术,而是要明白中国现状然后对症下药的学术;中国所需要的人才,也不是西洋那种专门的人才,而是能研究中国现状然后对症下药的人才。""如果不顾实际情形,不管实际要求,徒然依样葫芦地开办些学校,虚行故事地研究些学术,那只是替这个腐败社会粉饰些门面罢了。试问我们要这种单作装饰品的学问又有何用?"[1]引进的教育体系及学科内容怎样与中国社会经济基础、产业结构及市场需求相结合,出现美国现代教育家、经济学家舒尔茨的人力资本投资效应,这是深层次探索的问题,也是发挥教育、人才与经济三者之间良性循环的锁钥,仍然亟须探索,这才有利于科教兴国目标的实现。

---

[1] 杨贤江:《学问和装饰品》,任钟印主编:《杨贤江全集》第二卷,郑州:河南教育出版社,1995年版,第97页。

（3）提升学生的实际活动能力，尽职尽力从事社会工作。书本知识、间接经验、纸上的功夫是重要的，但学生在校期间不能因此而忽略、弱化，甚至丧失应用能力的培养与操作意识习惯的强化。这是杨贤江在走出浙一师大门，任职于南京高等师范半年后的深切体悟。

1918年12月5日，杨贤江在《学生杂志》第5卷第12号发表《任职之第一年》。"一年之前，余一学生也，一师范生也。一年之后，余乃为职员，即为高等师范之职员。余述任职之第一年，或亦为诸君所乐许乎！处事难，处事何难？不难于随俗从众，而难于特立独行；不难于行奇违常，而难于妥洽人心。故初任事，对于事务之处理接洽与对于他人之交际，往往不能因应适宜、周旋满意，而烦闷、痛恨诸种种精神之不快，亦因缘而纷起。此固由学力浅薄、阅历不深之故，然亦未始非求学时代缺于注意所致。故吾望求学诸君，宜自己训练意志，自己注重服务，讲究社交艺术，养成谦让克己之德，以除去学生之气、幻想恶弊。事与学，为学足以相事，办事足以进学，学与事固有相互之关系也。就学与事之关系一研究之，则知学与事实不可离者也。为学之道，不能凭空冥想而有得。此孔子所以唱学思并重、阳明所以唱知行合一、西哲倭铿、柏格森等所以唱实行活动之诸学说也。上述二端，为吾一年来就业之最大感想。夫人之一生，尽职二字足以赅之。种种修养，无非为尽职之预备或补助，故吾任职之第一年，谓之实践人道之第一年也可。"①

当然，在离开学校从事社会实际工作中，开始了从事职业劳动的生涯，任职者更须克服怠慢、懒散、忽悠，甚至疲于应付的消极态度方式，而应该发挥"全我"的力量，即尽职尽能。1922年12月5日，杨贤江在《学生杂志》第9卷第12号发表《全我的活动》，全我的活动，即是拿出全副的体力和精神来干事的意思。国人做事往往随便、敷衍、游移，所以做事的成绩，不是零分，便是恶劣。作者倡议青年一时做一事、继续做一事，用意在专心、有恒上，这二者均是成功的秘诀。②

---

① 杨贤江：《任职之第一年》，任钟印主编：《杨贤江全集》第一卷，郑州：河南教育出版社，1995年版，第136–138页。
② 杨贤江：《全我的活动》，任钟印主编：《杨贤江全集》第一卷，郑州：河南教育出版社，1995年版，第791–793页。

3.做事的范围是广阔的

杨贤江既是教育家,也是社会活动家,因此所论问题不限于本身,而能博大深远,在教育问题上会摆脱就教育而观察的限制,更带有社会与政治的特色。这一方面是当时社会形势造就的特定背景,具有激情与生气,但从教育专业视阈考察又会有泛化倾向。

1925年2月5日,杨贤江在《学生杂志》第12卷第2号上发表《一技之长》,认为一技之长的用处,不止于谋个人的温饱;若止于某个人的温饱,至少在现代是有所不够的,因为现代学生不但要会读书,而且要会做事。所谓做事,当然不限于宿舍的整洁、校景的布置、学生会的讨论与执行等等,乃要推广范围,由学校伸到社会,而且进到民众中间去。在实际社会中,青年学生运用知识到"民众中间去"做得不够。"我以为,过去的错误,就在于从事运动的青年只会说空话、吃白饭,并不能自立谋生,更不能给人民一种实际生活上的帮助,因此只会引起乡人的疑忌,而不能引起乡人的信仰。"之所以会出现这种情形,主要由三个问题造成:从事运动的青年大都只有热心和血气,而没有实力;有一技之长的人都想到在城市大都会中求逸乐而不肯往民间去努力;国内农工学校所造就的学生,几乎多数是和普通学校所造就的没有差异,他们至多也只会讲讲而不能实行。于是青年学生应从四方面努力,以期有正确的发展方向:"你们为维护自己生活,要学得'一技之长',为向民众宣传,也要学得'一技之长';你们有'一技之长'的不必都向都会奔来,要知都会的生活程度高,决不容你们快活过日,倒不如往乡间去为易谋发展,且易得服务机会;在农工学校求学的学生,终要学得'一技之长',不可单在书本上死读;最后一句扼要的话:想谋生固须学得'一技之长',而其要担保生活的安全,则仅仅学得'一技之长',而不知唤起民众对于现社会经济制度改革的要求,也有所不可能。"[①]

从教育学原理或教育基本理论审视,求学与做事这对范畴其实反映了教育通过培养学生个体成才而作用于社会的效能与质量,是一种教育的生产性或教育经济化的线性关系,一般意义上称为教育对一定时期社会的反作用。杨贤江也

[①] 杨贤江:《一技之长》,任钟印主编:《杨贤江全集》第二卷,郑州:河南教育出版社,1995年版,第248—249页。

充分认识到了教育对社会的反作用,而且对这种作用的性质、程度的认识是非常恰如其分的。他认为,承认社会对教育的决定作用,决不意味着教育对社会是无所作为的,对革命的阶级和政党来说,"教育在革命进程上自有它的地位,就是可以作为革命的武器之一……要在革命的总纲领、总任务之下,尽它的一方面的作用"。①他坚决反对那种借口社会的政治经济制度对教育起决定作用而忽视教育对政治的反作用,从而放弃以教育为武器和工具来改造社会的错误思想,"忘记了教育毕竟还是'改造国家、社会'的'工具'——只不是'唯一的工具';自然更不知道这方面也不失为社会进化之一部门与一阶段之机能而愿意努力;所以在不相信了教育的神圣与清高,不相信了教育万能之后,自己便可昂首远去,而只让'庸人'来从事这'佣工之一种'的教育事业,并不觉得有愧色。"②

杨贤江关于教育反作用的表述范式是基于哲学辩证法的,其实质是强调了教育活动或实践的地位与价值,同时便是教育学构建与研究的存在合理性。很显然,杨贤江的认识不只将教育的器用工具局限于政治或制度革命,而是延续到了社会的建设与进步,这就使思考命题的关系带有了普遍性意义。

二、"两耳不闻窗外事,一心只读圣贤书"是不适应时代社会需要的

"两耳不闻窗外事,一心只读圣贤书",很多自命清高的教育者以此作为评判学生优劣的重要标准,很多学生把此看作学习的最高境界,很多社会人士认为此应该是学生的常态。但"两耳不闻窗外事,一心只读圣贤书"真的可以吗?伟大的马克思主义教育家杨贤江从历史唯物主义的观点出发,通过对时事重要性及青年历史责任与使命的详细论证,为我们解答了这一问题。

(一)时事的重要

1923年1月5日,杨贤江在《学生杂志》第10卷第1号发表《青年应注意时

---

① 杨贤江:《新教育大纲》,任钟印主编:《杨贤江全集》第三卷,郑州:河南教育出版社,1995年版,第331页。
② 杨贤江:《读舒新城君的〈致青年教育家〉》,任钟印主编:《杨贤江全集》第三卷,郑州:河南教育出版社,1995年版,第159页。

拉直青年人生成长的问号

事》,倡议青年们留心时事和中国现状,这样才能成为有用的不落伍的青年。[①]这是发自内心的呼唤与感召,现代社会向青年学生提出了关注时事政治并具有相关素养的现实要求。

所谓时事就是当下的事情,在地域上是没有限制的,可以是本地,亦可以是外地,可以是本国,亦可以是外国。在时间上也不限于当日当时,但应该是相隔不久的。人人都应该注意时事,因为时事的范围很广,有关于日常生活的,如火车列车时刻表的变动,如若我们不注意,在出行时间上的安排不当,就会耽误很多事情,造成很多不便;有关于政治的,如国家之间的对垒、各国与我国的关系等,如若我们置若罔闻,自己做了亡国奴或者汉奸、走狗,还不知道是怎么回事呢;有关于科学发明的,如"嫦娥奔月"等,如若我们茫然不知,就会跟不上社会的节奏,落在时代的后面;有关于娱乐的,如某时某地开音乐会;有关于非常事故的,如云南大理的地震。像这种新闻,有的和全民族相关,有的和某个人相关。总之,是与我们日常生活有相当的关系的。我们能注意时事,则消息灵通,行动便利,趣味增加,结果是生活的路程安全而愉快;否则,我们如不注意时事,则一切相反,不但与外界消息隔绝,见闻狭隘,而且会受种种的苦痛。

而学校青年学生留心时事则更有其课程学习的功能,"在我们学生注意时事,实为我们生活安全的一种方法,应和饮食、睡眠看得一样重要。让学生注意时事,不但为了灵通消息,也为了增进学识、补助学校课本教授的不足。因为课本的内容,终是过去的事实,而不是当前的新闻。[②]

1924年5月5日,杨贤江在《学生杂志》第11卷第5号上发表《青年学生救国的途径》,反对当时中国教育界主张的青年救国的途径是通过"读书"和"人格修养","近来教育界上以及爱护我们学生的人,也颇能不讳言青年学生应该救国,但他们所告诉学生的仍是一句'读书'和'人格修养'的空话,就连该读什么书,该怎样修养人格,也并没有说出为实际所需要而且可行的目标与方法,这

[①] 杨贤江:《青年应注意时事》,任钟印主编:《杨贤江全集》第一卷,郑州:河南教育出版社,1995年版,第810页。

[②] 杨贤江:《我们要注意时事》,任钟印主编:《杨贤江全集》第二卷,郑州:河南教育出版社,1995年版,第318–319页。

样,我们虽欲不说他们是'老生常谈',也觉有所不可能了。"进而分析其中理由说:"大家都该明白地承认,我们中国的现状,真是所谓'危急存亡之秋'。在这个时候,我们必须加劲用力,找出实际适用的方法,以救国家于危亡,才是正当办法。岂还能容我们做国民的安心读书、优游度日,妄想个人的圆满发达、个人的自由幸福吗?"于是提出"青年学生的救国途径,决不在于漫无目的的勤修学业和培养人格,乃在于研究适于现实要求的救国方法,并在实际上活动起来。"为此,在学校里边学习功课,也须注重那些和救国事业有关系、有补助的才好。同时,青年学生不仅应该注重修养,也应该注重修养的目标和方法。"我们现在讲修养,目标是在社会的善,方法是向社会实际活动,是靠团结的力量,靠做事的磨炼,来促进修养的工夫,衡量修养的成绩的。"此外,他认为,在校园运动上青年学生还应做到两个方面:"第一是研究时事,明了中国政治、经济的真相。""第二便是接近民众。救国的事业决不是我们学生所能独干的,乃必须使全国被压迫的民众都联合起来才行。所以我们又须向民众中间去活动。"①在这里,时事与社会是联系的,而由此激发推进的爱国行为、救国事业则是延伸或外延的效用,本身便是学业和修养的内容。学业与修养在学生成长时代是所必需的,应当是主要任务,但社会活动及政治实践也是不容忽略的,且在当时的形势下应体现在教育设计及实施的诸多方面。这既是特定历史场域的规范诉求,也带有普遍性价值。

(二)关注时事的途径②

既然时事如此重要,那么应怎样去注意时事呢?杨贤江为我们指出了注意时事的四种途径:

1.阅读日报及杂志

日报是每天发刊的,杂志则有周刊、半月刊、月刊等好几种。阅读这种刊物的好处甚多,如借以明了本国政局、世界大势、学术进步情形、异方风俗制度;还可以由小品文字及插画、趣谈等等,而得以怡情悦性。总之,报章的作用在传达

---

① 杨贤江:《青年学生救国的途径》,任钟印主编:《杨贤江全集》第二卷,郑州:河南教育出版社,1995年版,第54—56页。
② 杨贤江:《我们要注意时事》,任钟印主编:《杨贤江全集》第二卷,郑州:河南教育出版社,1995年版,第319页。

消息、发表舆论以外,兼可使读者长智、娱情,是以效能实大。故青年学生务必养成阅报习惯。凡地方性质(如本城的日报)及全国性质(如上海的日报)的报纸,都要阅过,但凡在周围发生的重大事项都能明白。唯报纸的记载及言论究竟可靠与否也要用我们的判断力去定夺。阅报方法,首应注重专电,依次为本埠新闻及地方新闻,有暇再看附张及文艺作品。看一件新闻时,须将"什么事情""何时发生""何地发生""经过如何""结果如何"各项在脑中思索一过,以期记忆牢固,且不致养成脑力疏懈的恶习。如果报纸为自己所有,可把紧要的言论或记载剪下,粘入空白大册,以便后来查考。看杂志时,也当把重要文字剪下,分类汇存;或在该期杂志目录上加圈为记,或于小册子上注明某篇文字的杂志期数与页数,以备将来研究或演讲时参考之用。一个人的购买力不足时,可集合数人共同订购,或由班级组织订阅。

2.研究近代史,尤其是鸦片战争以后的中国史

近代史是我国的一段屈辱史,对这段历史的研究可以激起我们的斗志,可以让我们了解历史的真相,理解现在许多时事的渊源,懂得造成当下这种局面的深层次原因,如很多不平等条约的由来、内容、帝国主义的意图、侵略走向等等,以更好地把握当下世界大势的方向。杨贤江说,最好大家分工合作,各自研究一个专门的题目,然后再一起学习讨论,使得大家对整体中的每一部分都有相当的了解。

3.利用一切机会把时事"推出去"

利用一切可利用的场合把时事推出去,无论是在演说会、辩论会,还是与人交谈时,都要尽量以时事为材料,使时事成为交流的中心,使自己和他人在头脑风暴中对时事有更深层次的了解,在多数人不注意时事的社会环境中更应如此。杨贤江说,个人关注时事的习惯很不好养成,青年学生有责任有义务利用时机为大家制造时事的空气,使得大家在不知不觉中充分沐浴在时事的氛围里。

4.时事教学

从教育者的设计方面而言,应该注意时事教学,选择机会,把偶发事件做成活的教材,充分发挥教育在时事方面的作用。但目前教学总是拘泥于课本,对于时事置若罔闻,认为"事不关己,高高挂起",根本不注意时事。对此,杨贤江引用

了两个实例①：

案例之一：本年3月间孙中山的逝世。孙的生平，孙的去世，对于中华民族的关系，无论是否是国民党员，都不能不承认大有影响。在教育上，应如何特别利用这个机会，以说明他对于创造民国的功绩，研究他的死对于民族前途的影响，以及他的革命方略、他的政治主张等等是否值得青年们信从努力，乃至于学生入政党问题、青年如何救国问题……都可趁这个机会给学生以正确的指导与讨论。如此才配称为"教育"，才配称为"教育者"，因为只有这样做，才算走上"教育即生活"的大路。但是实际是怎样呢？实际上乃是恰恰相反。虽然也有许多学校为此开追悼会或变通教材以讲解孙先生的生平等等，能使学生明白而感奋；但有许多学校却不但不开追悼会或变通教材，反要故意想法免去学生的参加，或竟茫然无所感觉，连动都不动。他们所以阻止学生参加的用意，无非是不赞成革命，不赞成入政党；但要是学校教职员是明白情形的，应当晓得事实上已有很多学生是赞成革命而且加入政党了，他们即使想阻止学生参加，已经是绝对无效的了。要是教职员是懂得教育原理的，至少也须向学生说明不可革命不可入政党的正当理由；再聪明些的教育家，本该早已对这些问题有所辩论研究，岂还用得着到了临时再来躲闪巧避？有许多学校风潮是由于教职员平时对于学生切身问题没有接触理会讨论的缘故。彼此"分道扬镳"，永远也不会走到一条路上去。所以到了偶然发生龃龉，是只有"敌对"，不会"谅解"的。话说远了，该说回本题。因为学校太不讲究时事教学，所以有的中学生竟连孙中山是何许人都不知道，别的时事自然更无所知了。

案例之二：五卅惨案的发生。这次惨案和中华民族的解放运动至有关系，故如这次事变发生的原因如何，意义如何，我们对付的战略如何，谁是我们的敌，谁是我们的友，教育者理应明白解释给学生听，使学生运动能够有实力；但事实上在有些都会上的学校，完全停课，无论学生如何活动，教职员一概置之不问（自然也有许多学校通知学生的家属请他们把各人的子女带回去，以便推卸责任的，但这样更对不起中华民族）。在乡间的，虽然也有募捐演讲等行为，但在教

---

①杨贤江：《时事的教学》，任钟印主编：《杨贤江全集》第二卷，郑州：河南教育出版社，1995年版，第335–336页。

拉直青年人生成长的问号

学上,教育者并不能利用这种机会去讲活的教材,还是照样接续着讲死的教科书内容。所以学生除一时感情的兴奋以外,对于这次事变的真相并不明白,连"不平等条约是些什么""帝国主义怎样讲"也不理解。至于对付应取的策略,扩大这次民族斗争的力量,向民众宣传组织的方法,自然更是莫名其妙了。我认为这种最可利用的机会就这样轻轻地忽略过去,实是学校教育破产的表示;这种超乎时间与空间的教育,不但不能救国,且实足以亡国!我们应谨记血的教训,谨防类似以上不注意时事的事情频频发生,避免重蹈覆辙。对于时事教学的具体实施,这几种建议可供大家参考。在教学目的方面,首先要让学生了解我国国情和世界现状,使其了解我国国穷民弱、地位低落、挨打受气的深层次原因;其次,要让学生了解和我们状况类似的世界受压迫民族的反抗情况,以及我国民族运动取得的成绩等,以鼓舞民心,增长士气;最后,要让学生明白要想取得胜利,单靠某一个人或某一个集体的力量是不够的,必须团结起来,同仇敌忾,才能走向独立,获得自由。在教学方法上,要培养学生养成阅读报纸及杂志的习惯,使其在第一时间掌握时事;要进行近代史研究,找出我国一步步走向衰败的原因,揭露帝国主义侵略的伪善面具,了解军阀混战的黑暗,分析我国经济、文化、政治所受到的影响,并强调近代史的研究决不可限于背诵记忆,限于知其然,必须做进一步的思考分析,知所以然;要针对各个事件做专门的研究。可分成各个小组,每一组负责一个专题,进行深入研究,把研究出的成果共同分享,以使每一个人对每一个事件都有清晰透彻的了解;要随时关注时事,把时事作为交流话题的重中之重,以抛砖引玉。

杨贤江指出,以上对于时事的教学方法,可分为固定的与临时的,如在学校正课中加入帝国主义侵略中国及不平等条约的研究,购备许多关于这一类的参考书,使学生均能了解帝国主义的罪恶,中国政治上、经济上受其束缚剥削的真相;这类固定的教材,可以列定表程,依限进行。又一类则属于临时发生的事项,如对于这次五卅惨案,就可特别提出问题分班研究,那些题目有如"五卅事件的外交背景""租界与租借地的研究""上海的会审公堂""领事裁判权"等等,都是与惨案有关系的。教育如能利用这种机会,必可使学生发愤研究,足以超过平时正课教授的成绩。[①]

[①] 杨贤江:《时事的教学》,任钟印主编:《杨贤江全集》第二卷,郑州:河南教育出版社,1995年版,第338页。

此外,杨贤江强调,我们不能只于注意时事,我们所要做的不仅仅是对时事的注意,这只是个开端,我们更要做的是,在深入了解时事之后想方设法地去行动,去做一些于国有利的事情,这样才是我们注意时事的真正目的所在。譬如"五卅"事变,此次事变发生以后,"我们便不仅要明白这次事变的重大意义,并要想法使一般国民都能明白,而且要想法使国民全动起来,力谋反抗这种外国帝国主义者所加于我中华民族的压迫。这就是所谓'不在空言而在力行'的意思。我国内有许许多多的人,只会在旁边或在背后说风凉话,要请他们挺起肚子向强暴者公然反抗是不敢的。这种没勇气,不长进的腐败习气,我们有血性的青年学生也要把它扫荡干净才好!"[①]

(三)青年学生的责任与使命

1.一代青年导师的榜样表率

杨贤江一生积极从事革命事业,青年时期就有过"脚踏一天星斗,手摇万里江山"的誓言。这种革命的气魄及进步的思想,在诚意学堂便开始萌芽,正如杨贤江自述的"思想进步从该校开始"。[②]1911年10月10日,就在杨贤江即将毕业的前夕,孙中山先生领导的辛亥革命爆发了,武昌起义胜利。不久,浙江的革命军攻占了杭州城。这一消息很快传到了余姚,也传到了沉寂的泗门镇,诚意学堂的师生们顿时活跃起来。教师们纷纷向学生传递消息:"宣统皇帝要垮台了,中国几千年的封建制度要结束了。"师生们都十分激动。这时,杨贤江一方面热烈欢迎革命的成功;同时,朦胧地感到革命党人总比清朝官吏开明,新的时代总比清朝进步。他亲眼目睹几位很有影响的老师,"咔嚓"一声,当众剪去了脑后的长辫子,表示欢迎革命党,与封建王朝决裂。这下,学堂内发生了一场不大不小的骚动。在当时许多人的眼里,辫子的留与剪是一件大事,万一革命党失败了,没有了这条辫子,会招来杀身之祸。有的同学没有主意,说要与家长商量后再作决定。这件事也给杨贤江出了难题:剪掉,这是他内心所希望的,但这么大的事情没和父亲商量就自作主张,如果父亲不同意怎么办?不剪,又违背自己的心意。经犹豫、思考后,他终于想出一个理由,既然自己就学的是新式学堂,就得服从学堂的新规定,剪辫子是学堂的统一行动,所以自己也在必剪之列了。于是,他

[①]杨贤江:《我们要注意时事》,任钟印主编:《杨贤江全集》第二卷,郑州:河南教育出版社,1995年版,第320页。

[②]金立人主编:《杨贤江传记》,南京:江苏教育出版社,1990年版,第14页。

拉直青年人生成长的问号

当众剪掉了这条在自己脑后拖了十几年、带有封建象征的"猪尾巴"。后来他说:"辛亥革命成功,是余所铭心而不忘者"①,大概指的就是这件事。辛亥革命后的一个月(即1911年11月),杨贤江又萌发了参军投身革命的念头,他与同班同学沈宗瀚志同道合,一起赴杭州从军。因身材矮小,体格不合未准。

杨贤江是一个热血青年,非常关心国家大事,站在反帝爱国斗争的第一线。1915年5月,当袁世凯接受了日本政府提出的丧权辱国的"二十一条"的消息传到学校,群情激愤,整个校园沸腾了。为了抗议日本帝国主义的侵华罪行,师生们组织了"劝用国货讲演会"。一向寡言的杨贤江控制不住心中的激愤,走上讲台,发表了《国货爱用之必要》的讲演。他以饱满的爱国热情,阐明了抵制日货、提倡国货的重大意义,博得师生的热烈欢迎。这一年的年底,报纸上发表了袁世凯公然宣布复辟帝制的消息,杨贤江气愤地对同学朱文叔说:"几千年的皇帝好不容易才拔掉,现在他又要卷土重来。人民就甘心这么眼睁睁看着国家的倒退吗?"怀着满腔的激愤和炽烈的爱国感情,他带领同学们高声唱起了《共和纪念歌》,激越悲壮的歌声在校园久久回荡。

北洋政府与日本政府于1918年5月签订一系列军事协定,总称为《中日共同防敌规定》,但政府秘而不宣其条件,全国人士疑惧交并,纷纷要求公布。留日学生多数返国,奔走各要地,鼓吹反对。北京学界亦大起义愤,国立各学校学生,爰有全体向总统要求宣布之义举。闻学生千余人在烈日下鹄立府门外请愿达五小时之久。杨贤江对此义举大加赞颂:"循循有礼,远任嚣张,斯不足为学生之好现象乎!国有奇辱,为国民者铸不痛心,奋发鼓励,足振民气,故此举可嘉也,而不可轻抑。设人人而噤不发声,表深其乎!表旷达乎!呜呼!国危矣,寇深矣,雍容矩步,恐非其时矣!不乘此时以扬威作气,岂将待至受异族威迫势禁而后发难耶?故吾谓学生此举甚正当也。"②在进入一师求学及以后繁重的社会工作中,一代青年导师的杨贤江更凭着对社会和民众,尤其是莘莘学子满腔的热忱,秉负崇高的使命感与责任感意识,忘我地奋斗,贡献了一生的心血,真可谓唐代诗人李商隐在《无题》诗中所描述的情形:"春蚕到死丝方尽,蜡炬成灰泪始干。"上

---

① 金立人、贺世友:《杨贤江传记》,南京:江苏教育出版社,1990年版,第15页。
② 任钟印主编:《杨贤江全集》第四卷,郑州:河南教育出版社,1995年版,第254页。

面第一章绪论篇中所描摹刻画的场景内容足以烘托、编织一幅感人的画卷。杨贤江英年早逝、天地同悲,诠释了他一生"鞠躬尽瘁,死而后已"的事业奋斗精神。

2.青年教育并不是一项清高的工作

杨贤江反对教育清高、神圣说,这一点与早期马克思主义者陈独秀、毛泽东、恽代英及萧楚女有着共同性,而与蔡元培、晏阳初、陶行知等教育截然不同。他认为,向来以清高自鸣的中国教育者,往往抱有不问政治的见解。其实这是大错特错的。亚里士多德说:"人是政治的动物。"而在现代人的生活范围,更难脱离政治的势力。因为现代人的生活,是共同的生活,是多方面的生活:一方做家庭的父母或子女,一方做学校的师长或学生,一方又做地方的住民、职业界的雇员。除此以外,尤其为个人所不能免的,就是做国家的国民。教育的目的,至少须能养成学生会做一个适于现代生活的人。故在教育本体上讲,已经不容不问政治。①无论是从教育原理上讲,还是从政治现状上讲,"莫管政治"都是不合逻辑、不合道理的。

杨贤江强调,要救国家必须要"打破谬误的不问政治的旧观念,而有以国民资格干预政治的觉悟;要留意国内及国际政治界、经济界所发生的重大事象,能判别这种事象的利害关系;要对民众宣传国际形势及本国政象,引起民众从事改革的动机;要在必要的时候,对于误国罪人及腐败政府,参与团体从事改革的运动,或采取个人激烈对付的行为。"②他认为,一个不愧为这个时代的青年,必须要关注政治,承担起拯救国家和民族的大任。然而,我国青年的现状却不容乐观,"靡靡之音"响彻每一个角落。"伊和他"堆满嘴边,甚是现成,顺嘴秃噜;"唉和哟"粘在笔尖,挥之不去,摇笔即来;诗集如雪片一样漫天飞舞,文社如雨后春笋一般节节涌现;满街都是什么"情感的表露""人生的安慰",至于脚下这块养育他的热土被践踏成什么样浑然不知或全然不顾,他们迷失在"新进作家""处女作者"的梦想之中,沉陷在与恋人的相互安慰之中,沉醉于成名立业的幻想之

---

①杨贤江:《学生与政治》,任钟印主编:《杨贤江全集》第一卷,郑州:河南教育出版社,1995年版,第856页。

②杨贤江:《做今日底青年该怎样》,任钟印主编:《杨贤江全集》第一卷,郑州:河南教育出版社,1995年版,第907页。

③杨贤江:《实力的和平》,任钟印主编:《杨贤江全集》第二卷,郑州:河南教育出版社,1995年版,第294页。

中。面对这种局面,杨贤江苦口婆心地劝说青年们:"富于进取的精神、灵敏的感觉的青年啊!我诚恳地请求你们,要用你们的耳目、你们的心思,去留心时事啊!中国的现状是怎样的?'国际共管'的呼声为什么会发生的?你们知道吗?苏维埃俄国是种什么组织?近东问题有什么改观,你们也知道吗?再看国内,妇女运动、劳动运动到了什么地位?学校风潮究竟为了什么缘故不绝地发生,你们可都能知道吗?富于进取的精神、灵敏的感觉的青年啊!如果你要做个有用的不落伍的青年,你就该睁开了你的眼睛,对四周围正在发动的重大事项认识个明白!"[1]也许有的人会觉得这是夸大其词、故意渲染,因为他们认为经过一九一一年的民主主义革命,我们中国已经变成了一个"民主国",何须这么警惕,这么紧张?!杨贤江警醒青年,千万不要被表面的现象所蒙蔽,应清醒地看到"这次革命的结果,不过将满清政府移让于北洋军阀罢了。督军制在袁世凯死后又成了封建割据的新形势,直到现在还在酿成内乱:政枢由他们垄断,内阁由他们侵占,议员由他们收买,人民由他们屠杀,财政由他们紊乱,法律由他们破坏,言论、出版、集会的自由由他们掠夺。你们看!这还成何局面!所以我们中国只是个'军主国',哪里是个民主国!"[2]"见了这种腐败的政治而无所感触的,是木偶,是呆子;见了这种腐败的政治而思躲避的,是废物,是懦夫。青年学生当然是想做个人的,做个有作为的人的。那么该怎样呢?老实说,只有去干政啊!学生的干政,我已说过,不是去做官、做议员,乃是去研究、去观察、去表示。所谓研究,是研究政治的原理以及民主国家政治的设施。这须赖于公民学教师的指导。所谓观察,是观察眼前的政治情状,这须多阅读报纸及政治评论的刊物。所谓表示,是做宣传运动、示威运动一类的事情。但须少向政府和国会请愿,而多向民众开导。"[3]

1923年2月20日,杨贤江在《教育杂志》第15卷第2号发表《教育者与政治》,又从理论上对这一问题加以总结性的探讨。他说,从教育的本体上讲,教育不容不问政治。现代教育制度处处和现实政治发生关系,只有革命的教育,才是

---

[1] 杨贤江:《青年应注意时事》,任钟印主编:《杨贤江全集》第一卷,郑州:河南教育出版社,1995年版,第810页。

[2] 杨贤江:《学生与政治》,任钟印主编:《杨贤江全集》第一卷,郑州:河南教育出版社,1995年版,第857页。

[3] 杨贤江:《学生与政治》,任钟印主编:《杨贤江全集》第一卷,郑州:河南教育出版社,1995年版,第857—858页。

中国需要的教育,只有革命的教育家,才是中国需要的教育者。教育者不但应当指导学生去革命,还应当指导群众去革命。①

杨贤江是一位饱含悲天悯人、立志挽救世风民疾的哲人、思想家,洋溢着现实主义的质朴厚重,又充满了积极进取、天道强健弘毅的品质。1923年发表的《好学生当怎样奋斗》一文就是一个例证,也是他以炽热的情怀鼓荡青年学生心胸的写照。所谓好学生,决不是单以服从、用功、静默等柔顺的德性为条件,乃须有除恶弊、敢作为、不怕反抗等刚健的德性。坏学生所以得势,实因好学生不肯奋斗。好学生真要奋斗到底,应该用团体的力量去奋斗且应该以友爱的态度去劝告坏学生。②在第10卷第7号发表的《青年的大敌》一文中指出,顽固头脑、时髦朋友、颓唐习气、厌世思想是青年的大敌,作者劝导青年做符合新时代要求的进步青年。③正是由于他的精辟见解和热情耐心的精神,青年们对他十分敬仰,把他引为良师和知心朋友,向他倾吐出内心的思想感情。

1918年8月,杨贤江在《教育潮》第1卷第3期发表译作《勤作教育》,勤作教育,通译劳作教育,是德国教育家凯兴斯泰纳提出的教育主张。本文反对受纳、受动之教育法,提倡勤作教育,并对勤作教育的种种相异之潮流进行了分析,"相同之思潮中卒生差别者,则由思潮发生之原因甚多,又有与之并行之他种思潮故也"。勤作教育产生的原因有如下几点:"一、对于知识受纳为主之反动,心理说之变化。二、以修养与劳动为不相容之倾向之反动。三、实业界之要求,艺术运动,实用主义。四、由于生活之教育要求。"并一一进行了详细论证。文末对"矫枉过正,流于极端者……以次论述一二,误以免解"。④

3.激荡青年的热情,走向时代潮流的前沿

1919年5月4日的"五四"运动是一场在对抗"巴黎和会"中国权利受到侵

---

①杨贤江:《教育与政治》,任钟印主编:《杨贤江全集》第一卷,郑州:河南教育出版社,1995年版,第822—823页。

②杜学元主编:《杨贤江年谱长编》,北京:光明日报出版社,2005年版,第249页。

③杜学元主编:《杨贤江年谱长编》,北京:光明日报出版社,2005年版,第253页。

④杨贤江:《勤作教育》,任钟印主编:《杨贤江全集》第六卷,郑州:河南教育出版社,1995年版,第44—49页。

拉直青年人生成长的问号

犯而兴起的青年爱国运动,"抵御外侮,内惩国贼,捍卫主权"成为运动的主题。其中表现出了青年学生爱国、团结、坚强的品性和意志,谱写了近现代青年学生敢为天下先的壮志激情与以民族兴亡为己任的责任担当。杨贤江在《学生杂志》第9卷第5号发表《复活"五四的精神"》一文中指出,"五四"运动有一种不可磨灭的精神,这就是发扬青年的特性、公共意志的精神。换句话说,"五四"的精神是在表示国民责任的觉醒。复活"五四"的精神是要本着这个精神,更图扩大、充实。因为现代是要求人觉醒的时代,是步入社会革命的时代。现在的社会组织是不合理的、非人道的。大家要觉醒,大家都要有人的责任的觉醒;大家要团结,大家都要走上社会革命的道路。1923年5月5日,杨贤江在《学生杂志》第10卷第5号发表《五月可纪念的》。五月份的四个纪念日(五月一日劳动纪念、五月四日学生运动纪念、五月五日马克思诞生纪念、五月九日国耻纪念)不仅代表被压迫者的呼声,而且都是群众意识的势力的验证。纪念这些日子不但应当注意过去,还应当注意现在和将来以及过去的得失,以此作为现在、将来的预备。①

1923年12月5日,杨贤江在《学生杂志》第10卷第12号发表《到青年中间去》。他有感于近来学生界的风气实在太萎靡、太无力——享乐和颓唐,认为青年自身不改造便无希望去改造社会,故号召有觉悟、有能力的青年学生先做一种青年阶级的运动,即先做一个"到青年学生中间去"的工作,为青年阶级奋斗,为青年阶级改造风气,待青年阶级的基本势力强固了,方能承担起到民间去唤起民众同来改造社会的责任。②在《学生杂志》第11期第6号上发表《暑假中的乡村运动》。文中主张青年学生应利用暑假时间到农村去,认为这是实现"接近民众"的好方法。"在上期本志《青年学生救国的途径》这一篇社评上,我曾说到'接近民众'的一个办法。如果大家承认这个办法是目前所需要而且可实行的,则转瞬暑假到来,就该乘机做去,以尽我们的天职。"同时,他强调了农村运动的重要性。他说:"我们知道,我国农民占全人口的大部分,学生也多来自农家,而且在一定期间常要回到农家。所以我们对于农村运动,实在应该重视——视为和

---

① 杨贤江:《五月可纪念的》,任钟印主编:《杨贤江全集》第一卷,郑州:河南教育出版社,1995年版,第861页。

② 杨贤江:《到青年中间去》,任钟印主编:《杨贤江全集》第一卷,郑州:河南教育出版社,1995年版,第914-916页。

我们有切身的利害关系而且是改造社会国家的大力量。"进而提出实现乡村运动的五种有效方法:"第一,我们作乡村运动的目的,是在救济乡村的民众,使他们的知识增进,生活改善,能成为改造中国的种种运动的赞助者、参加者。"①"第二,热心于做乡村运动的青年,应该结合一个团体,要根据本乡的实际情形,来共同商定实际运动的方法。""第三,根据上述的办法,故我们有最忌的几件事情要留心:一是太心急地令他们破除迷信,一是很心急地对他们宣传革命。""第四,我们的乡村运动的实际,仍不外于平民教育及平民娱乐,但各地情形不同,详细办法须以当地实际状况为根据。""第五,我们的乡村运动,是希望渐次打定基础,以后扩大范围的。所以做今年的乡村运动,还须联络当地所谓'绅士'及小学教师与其他一般热心人士,请他们帮忙……"他认为青年学生到乡村去的目的是:"我们为要救济乡村农民(包括小工、小商在内)的贫苦鄙陋,希望他们能觉悟起来。担任国民革命的工作,以获得他们在生活上的种种权利,故我们要投身到乡村去。"②他呼吁青年学生不要错过这个暑期去参加乡村运动的机会。

4.积极投身社会运动

杨贤江主张不论是对于青年的思想品德教育,或者是解决青年失学、失业以及恋爱、婚姻、家庭等问题,都不能就事论事,零零碎碎地解决,必须从改造社会入手,求"政治经济问题的总解决"。而要改造社会,就必须参加革命,革命不是个人力所能及,必须组织起来。1921年11月5日,他在《学生杂志》第8卷第11号发表《哲理与人生》,将对青年学生的人生指导提升到哲学的视阈加以透析,殊为精辟。该文认为哲理"是生命自身的创造物,乃使生命自身有秩序、富意义、增趣味、定目的,是使生命自身更丰富而更深刻的工具"。它"把世界观念化,再从诸种观念当中选定理想,以指导人生。这样,理想的世界越深远,人生的意义也越深刻,而人生也便越可爱慕"。③杨贤江主张学生个体组织成群体,投身社会革命,掀起学生运动。作为一般群众的先锋队,他发表了《中国的学生运动与青年运动》,认为中国目前尚没有青年运动,因为青年中除去青年学生外,还应有

---

① 杨贤江:《教育史 ABC》,任钟印主编:《杨贤江全集》第二卷,郑州:河南教育出版社,1995年版,第68页。

② 杨贤江:《教育史 ABC》,任钟印主编:《杨贤江全集》第二卷,郑州:河南教育出版社,1995年版,第69页。

③ 杨贤江:《哲理与人生》,任钟印主编:《杨贤江全集》第六卷,郑州:河南教育出版社,1995年版,第198页。

拉直青年人生成长的问号

青年工人、青年学徒、青年农民和青年士兵,但中国的学生运动有其特殊的地位和价值,自身缺少教育和组织的青年工人、青年学徒、青年农民和青年士兵正待有觉悟的青年学生去教育、组织;学生运动应当扩充范围,积极进行政治运动和青年劳动群众的运动并节制自己的运动,同时与青年运动渐渐化为一致,做中国青年运动的先锋。①

1926年3月5日,杨贤江在《上海学生》第13、14期合订本上发表《无产青年怎样去干社会运动》,主张无产青年去做改造社会的运动。因为"无产青年所受于不良社会的压迫最是深切,只有他们才真正感觉到有改造社会的必要。""至于有产青年,他既处于现社会有利的地位,一方面固然不会发生改造社会的念头,他方面即使有了这种念头,到底没有像无产阶级青年的坚强勇猛。"无产青年应从两方面着手进行改造社会的运动:"(甲)有些运动是不必用钱的。譬如在学校中向同学们宣传做社会运动的必要和方法,向学校提出改良课程与教材的要求。""(乙)有些运动是要用钱的,譬如办平民学校、印刊物、备娱乐用具等。"无产青年还应利用身边的机会,组织团体去做社会改造运动。"请你不要把社会运动看得太远了,这是从本身周围就可动手做的。也不要一味做一个人的功夫,一个人是没有什么大力量的,应该去组织或参加或联络那些改造社会运动的团体。"②

1924年5月1日,杨贤江在《民铎》第5卷第3号上发表《中国青年之敌》,认为青年的本来面目应该是"活动而强健的""多趣的""奋斗的""认真的""专心读书的""可以享受具足而幸福的生活的"。但在实际生活中,青年却变成了"死板的了""枯寂的了""萎靡的了""浮滑的了""读书发生问题了""青年的生活前途变成渺茫而险恶了"。何以会致使青年的血性与热情衰退呢?究其原因有如下几个方面:第一是吃人的礼教——束缚青年,使青年主敬、主静,变成大人模样(衣冠举止等)。第二是玄学鬼——说心谈性,徒逞臆想;轻身贱物,不顾实际。第三是名士毒——吟风弄月,饮酒赋诗。第四是时髦朋友——汽车、洋房、俱乐部以

---

①杨贤江:《中国的学生运动与青年运动》,任钟印主编:《杨贤江全集》第一卷,郑州:河南教育出版社,1995年版,第889页。

②杨贤江:《无产青年怎样去干社会运动》,任钟印主编:《杨贤江全集》第二卷,郑州:河南教育出版社,1995年版,第515-516页。

及"看守门户"式的外交家等等,不知误用了、吸去了多少青年的精力与雄心啊!第五是顽固的家长——他们不许子女求学,却强替子女婚嫁;第六是腐败的教职员——他们不明时代潮流,不懂教育原理,故有的用高压手段,禁止学生自由活动。于是,所造成的学生,简直不能整个做人。第七是外国人的教育——用耶教的经典,强制学生崇拜上帝。第八是国内反动的压迫阶级——拥护旧思想,侵占教育费,使新文化难以被推广,新教育无从进展。第九是国际资本的帝国主义——列强看中了我国一块肥土,各自占有势力范围。第十是压死人命的经济制度——现代的资本主义的经济组织,使一切生产变成商品,使一切生产机关握在少数人手里。那么,青年要如何冲破那些束缚自己发展的障碍物呢?应从以下几方面着手:"第一要反礼教——什么纲常名分,什么虚文缛节,这些都是吮吸青年精血的毒虫,让我们一起推翻、打破它";"第二要辟邪——厌世、清谈、祀神、祷鬼等等乌烟瘴气一团糟的邪说和邪行,都应烧起野火来,烧它一个精光";"第三要做学校改造运动";"第四要做民众教育运动";"第五要做政治改革运动";"第六要做民族独立运动——倘使中国不受列强侵略,则贫弱的程度当不致如今之甚";"第七要做社会改造运动——我们更要知道帝国主义乃是资本主义发达到最高度的一种形式,故要打倒帝国主义,必须打倒为现代社会组织基础的资本主义"。此外,青年自身内在因素的培养也很重要,"中国青年御敌的方法已如上所述,然如果基础不固,恐怕难乎为继,故同时必须培养内力。"培养青年学生应有的内力包括:"确定人生观——这是立身处世的依据、对人对物的态度;明白特别责任——我们该承认中国只有知识阶级的青年为最有希望、最有生气,换言之,最配救国;提倡简朴生活;实践团体训练——团体训练的要点为严守纪律,为一致步调,为牺牲个人私见,为服从多数决议,为实行自律生活;保持青年精神——青年的精神是什么?是生长,是发育,是常新。只有这样,中华民族才有希望。"①在这里,杨贤江根据青年身心阶段特点,并通过青年知识能力、社会形势任务的结合,分析了前进的障碍、成因及奋斗的方向,期间紧密地将个人的成长与国家的前途、民族的兴衰结合了起来,是一篇充满豪情内涵丰富的檄文,而在青年指导方面,又不失其科学、理性及逻辑的犀利、深刻。

---

① 杨贤江:《中国青年之敌》,任钟印主编:《杨贤江全集》第二卷,郑州:河南教育出版社,1995年版,第40—47页。

5.青年学生主要从事哪些社会运动

（1）参与学校改革

对于"五四"时期青年学生忧心学校改革、关注教学及管理等方面与自身休戚相关的问题，杨贤江充分赞赏，并给予了积极引导。1922年1月5日，杨贤江在《学生杂志》第9卷第1号发表《学生的救校运动》，他认为：诚心想求进步的学生，对于学校所做的种种事情，一定视为与自身有莫大的关系，因而要竭力谋求改善和完备。现在在校是学生，将来出校就是公民。学生对于学校要求改良，正和公民对于社会要求改良是一样的重要，一样的必需。目前学生对于学校改进上所应该努力的，一是排斥恶的势力，二是促进学校教育的效率。真正要求进步的学生，终不会忽略这两个建议。①

1923年10月10日，杨贤江在《民国日报·觉悟》发表《做今日底青年该怎样》，提出要做今日的青年该尽两种责任：一种是救自己，一种是救国家。救自己的方法是：要从不正确的习俗和思想的圈套内挣扎出来。救国家的方法是：打破谬误的不问政治的旧观念，而要有以国民资格干预政治的觉悟；留意国内及国际政治界、经济界所发生的重大事件并判别其利害关系；向民众宣传国际形势和本国政象以引起民众从事改革的动机；于必要时，对误国罪人和腐败政府，参与团体从事改革运动，或采取个人的激烈的对付行为。做今日的青年，要奋斗、刚强、服务群众，要承认自己是团体中的分子并为大家的幸福而努力合作。②

（2）工人运动

工人是社会革命的先锋及主力，学生与工人运动结合，既是锻炼，更是提供知识力量。1923年1月5日，杨贤江在《学生杂志》第10卷第1号发表《唐山大学生与开滦矿工》，此文提出青年学生平时应和工人联络，给他们受教育的机会，替他们诉说痛苦；工人罢工时更应设法援助他们，使他们免于冻饿，这是人道应有的行为，这更是中国青年应有的行为。因而，1922年11月13日唐山大学学生

---

① 杨贤江：《学生的救校运动》，任钟印主编：《杨贤江全集》第一卷，郑州：河南教育出版社，1995年版，第480—481页。

② 杨贤江：《做今日底青年该怎样》，任钟印主编：《杨贤江全集》第一卷，郑州：河南教育出版社，1995年版，第907—908页。

援助开滦矿工罢工情愿的壮举,是学生运动中新发生的最切实的、极有意义的一件事。①

(3)深入民间,开展农村运动

农村运动是社会焦点的汇集,各派人物及势力都予以重视,并呈现自身的力量及底色。杨贤江以饱满热情及广阔视野介入其中。1919年5月5日,杨贤江在《学生杂志》第9卷第5号发表《青年!向那里走?》。他提出,在我们的进程上,有两条路可以让我们走:一条是现成的,一条是待辟的。现在已经有不少人已从迷梦里觉醒过来了,他们考虑人的意义,研究人的生活,对于现在的社会制度,已经看出弊病,要计划根本的改造了。可是这条待辟的路有许多的困难,所以他们已经为改造而牺牲了不少。俄国大学生中流行"到民间去"这句话,他们鉴于政治的腐败、贵族的混账,要到离文明中心很远的村落,去和平民为伍,要唤醒平民同来干改造社会的事情。虽然他们遭受官吏的摧残、贵族的猜忌、牧师的怨恨以及头脑简单、不识不知的农夫的惊怪,但他们并不因此灰心。等到他们的工作完成了,俄国已经得救了。现在研究俄国革命史的,谁能不赞美他们那种热烈的精神和牺牲的行为呢?于是,杨贤江竭力号召中国最有希望的青年迅速准备着到民间去和平民为伍,唤醒他们同来做改造社会的事情。②

(4)文化运动

文化运动既是农村运动的有机组成部分,同时也有助于平民教育的开展及推行。可见,其地位有沟通衔接关系。1920年4月5日,杨贤江在《学生杂志》第7卷第4号发表《学生与文化运动》。"文化运动的特色……是从底面做起。从底面做起的,可以彻底,可以普遍,可以永久。文化运动对于别的社会运动,又是一种基本的运动。可以做各种改革运动的利器。""文化运动的对象,就是平民思想底开发和促进。""文化运动推行的方法,应该分作专门的、通俗的两面来讲。专门的是专就高深的学理设法推广。这个步骤,又分三种:(一)输入。""(二)研究。""(三)宣传。""通俗的是就平民的知识、道德、能力,设法开通、促进。这个方法当

---

①杨贤江:《唐山大学生与开滦矿工》,任钟印主编:《杨贤江全集》第一卷,郑州:河南教育出版社,1995年版,第808-809页。

②杨贤江:《青年!向那里走?》,任钟印主编:《杨贤江全集》第一卷,郑州:河南教育出版社,1995年版,第592-593页。

中,重要的也有三种:(一)办义务学校。""(二)行通俗讲演。""(三)印浅近书报"①"新时代的学生,要有社会服务的一种生活,""现在所谓文化运动,就是社会服务的一种。""而文化运动除掉学生担负一部分的责任以外,还有别种机关共同担负别部分的责任。""可见学生和文化运动,不是全部的关系。而在教育发达的国家,有大部分的社会服务(包括文化运动),实在可以不由学生负责。因为政府和地方,都已经是筹划、设备,无须再叫学生兼顾。可是现在我们中国,还不适用这个例。""所以我国的学生,在这个时期,实在是负提倡实行文化运动大部分的责任。比较别国的学生,终要算我国学生所担任的职务为最大了。所以我说:'现在我国的学生,须要加倍的努力,来建筑这个做社会运动先锋的文化运动底基础'"②"文化运动,本来是个各种社会改革运动的基本运动;不过我还以为学生做文化运动,更当作文化运动的一种根本运动。这个根本运动就是:一方面加重自己的研究功夫;又一方面普及文字的势力范围。""果能这样做去,我相信文化运动定有很好的成绩。文化运动果然收效,一切社会问题、政治问题,也都容易解决了。"③

(5)平民教育运动

平民教育运动是现代中国由不同流派组成,体现社会民主观念的教育潮流。杨贤江在对平民教育的内容、性质及运动走向上与激进的流派合拍,显示出他与资产阶级教育家的主张及活动之间的迥异。1924年3月25日,杨贤江在《学生杂志》第11卷第4号上发表《告青年学生之从事于平民教育运动者》,针对当时中国文盲人口多的现状,提出国民应识字,只有识字才能运用国民主权。因此,人十分赞同青年学生参加教人识字的平民教育活动,"谁都知道,民主国家的基础,在于大多数国民具有国民常识,能运用国民主权,但我们中华民国的大多数国民是怎样呢?据中华教育改进社的调查,我国现在识字的人和全人口比例起来,只得百分之二十。这便是说,全中国有百分之八十的人不识字;也就是说,全

---

①杨贤江:《学生与文化运动》,任钟印主编:《杨贤江全集》第一卷,郑州:河南教育出版社,1995年版,第194-195页。
②杨贤江:《学生与文化运动》,任钟印主编:《杨贤江全集》第一卷,郑州:河南教育出版社,1995年版,第195-196页。
③杨贤江:《学生与文化运动》,任钟印主编:《杨贤江全集》第一卷,郑州:河南教育出版社,1995年版,第196-197页。

国四万万人中有三万万二千万的人不识字。试想有这许多的文盲,怎能叫他们实行运用国民的主权呢?现在设立许多平民学校及平民读书处,全国的青年男女学生们,都相率参加这个运动,自是极应该的。青年学生在参加平民教育运动时应注意的三个方面的问题:第一,我们要承认'平民'是'人',平民教育即等于认得教育",但是,"不要误会了,以为平民教育乃是上流阶级对于下流阶级所施的一种恩典。如果不幸存了这种见解,把平民教育当作一种慈善事业看待,大家漫不经心的做去,那便成为一种新式的愚民政策,那是十二万分的要不得的。"第二,我们要承认,现在所行的平民教育运动只是平民教育的初步,且是一部分。因为仅仅识了字不见得就能做个有用的国民,不见得就会得到幸福。近人提倡教育救国的,以为只要大家能识字、能念书,中国便可以得救,中国人就可以得解放。其实,这是迷信教育万能的偏见。那么,我们该用一种什么态度去看平民教育运动呢?"我以为,我们只好用这样一种态度:一方面我们是利用这个机会去接近他们,以便考察他们生活的实际情形,填好了做国民运动的基础;他方面是希望他们识了字,能看关于宣传国民运动的传单、小册子等出版物,庶几大家能走上一条改造过的路"。"第三,我们要承认,识字和受教育并不相等。"受过教育的人固然会识字,但不仅识字而已,他还该养成好的习惯、好的思想、好的才干,能对于国家、社会有所贡献"。①

杨贤江在此设计的青年学生的社会活动内容涵盖了政治、经济、文化、教育等诸多领域,其范围又包括学校教育,工人、农民运动、文化卫生及平民教育等诸多项目,可谓丰富而广泛,体现了青年学生使命责任的崇高、积极的作用。究其思想本质而言,反映了两点:一是时代问题的浓厚色彩,这与当时打倒军阀、废除不平等条约、收回租界及教育主权的历史形势相关,是风云激荡社会斗争在青年教育中的反映;二是上述内容虽带有其社会的积极价值及对青年人生成长的发展意义,同时对当代青年的身心健康与个体进步仍带有现实启迪,并提供闪光的宝贵资源。

---

① 杨贤江:《告青年学生之从事于平民教育运动者》,任钟印主编:《杨贤江全集》第一卷,郑州:河南教育出版社,1995年版,第34-36页。

第六章

职业篇

拉直青年人生成长的问号

职业教育是相对于普通教育而言的,在学制体系中挤占"一席之地"的时间迟至 18 世纪上半叶,比起 17 世纪 50 年代西方近代教育理论奠基人——捷克大教育家夸美纽斯在他的名著《大教学论》及《母育学校》中所构建的学制蓝图至少要晚 100 年。而且自职业教育在学制中领有法律地位以来,也有 100 多年的时间只是在"旁系"中调整位移,与"主干"学制内容尚有不对等的重要性。以至于许多中外教育家、哲学家,乃至科学家在建构及论述教育问题时,往往以普通教育中的学前、小学、中学、大学各级教育为焦点,而在只有涉及师资提供、军队战斗力加强、学校毕业生出路时,才去思考、阐发师范教育,军事教育与职业教育的问题或路向。这种情况在杨贤江身上虽然也有反映,但是却也不尽然,在中国近现代职业教育理论及实践发轫早期,杨贤江的相关论述就已颇博大而精深,无疑是迄今为止我们所忽略的一位职业教育家。

一、提倡实用主义教育

首先需要说明的是,这里的"实用主义"一词并不是美国现代教育流派杜威的代名词。杜威的实用主义哲学及教育流派曾在"五四"新文化运动以后的思想界、教育界广泛传播,其流传之悠久,影响之深刻,蔚为社会主潮之一。传播杜威理论的主体主要是一批"庚款留学"毕业回国成长为教育家的西方势力,如胡适、陶行知、蒋梦麟、陈鹤琴、郭秉文等教育名流。但是,中国传统今文经学派"经世致用"的思想在清末欧美新思潮洗礼下发展为"尚实"理念,作为清末 1906 年《学务纲要》之一条而发挥导向作用,蔡元培 1912 年 1 月就任民国第一任教育总长时,提出包括实利主义教育在内的"五育并重,和谐发展"教育宗旨。由于其中过分强调并突出了世界观、美感、公民道德教育,遭到以黄炎培、陆费逵、庄俞等一批具有工商业、科学工具论思想的教育家质疑,他们批评蔡元培的观点是"多种主义,等于无主义",而且直接提议民国教育方针应采实用主义。这股中国实用主义教育浪潮主要立足普通教育改革,倡言实学、实用、功利及操作工具性,流行达五、六年之久,在 1917 年中华职业教育社成立以后,演化为职业教育,杨贤江的实用主义思想也有上述特征。

以下就杨贤江的主要相关言论文字分年加以记录,以窥其教育的实用、功利性及社会实践取向之一斑。

1913年,杨贤江在《浙江省立第一师范校友会志》第1号发表《论教育当注重实用》,首次揭示了教育实用主义的主张:"我国兴学校,迄今几二十年,历时非不久也,区域非不广也,职权非不专业,但学校教育不适应社会生活的需要,建议采用实用主义以药之,目的是使我国学校皆能培养出实际有用的学生,以与列强相竞于未来之舞台。一来古今大教育家如英国的洛克和斯宾塞、日本的汤原元一、我国的王安石都主张实利主义,注重实学。二来从学校教育原理和现代教育宗旨出发,采用实用主义也是十分必要的。学校教育属于精神教育之一,其教育之道,当然在矫正不良习惯,使社会臻于美善之境。今之言教育之宗旨者,不外公民教育、军国民教育、实利教育。然在根本上言之,实用主义实为救济之方。"①

1915年10月31日,杨贤江阅《都市教育》,知明末有颜习斋者,"为学以躬行实践为归,以主敬为宗,力辟宋明诸儒高谈性理、静坐、默诵之误苍生而晦圣道,诚可为大教育家矣。"②

1921年5月1日,杨贤江在《民国日报·觉悟》"劳动纪念号"发表《教育与劳动》,指出:古代中外教育大概是偏重贵族式的,把劳动当做卑贱的苦役看待。16世纪起,西洋就有了实科主义。18世纪以来,提倡"勤劳主义",因为生活知识和技能的获得须以手足和感官来学习实际的事物。可我国,还是因循人文主义传统,虽有少数学校注重实际学习,但终不彻底。一个人的生活,应该平等注重头脑的活动与手足的活动,理论知识和实际技能彼此联络。偏于人文主义的修养,只会玄谈无以维持的生活;偏于实科主义的劳动,只会瞎做,无以促进文化。故必须在人文主义的修养中加上劳动,在实科主义的劳动中加上修养,这样才能有健全

---

① 杨贤江:《论教育当注重实用》,任钟印主编:《杨贤江全集》第一卷,郑州:河南教育出版社,1995年版,第1页。
② 杨贤江:《日记·一九一五年十月三十一日》,任钟印主编:《杨贤江全集》第四卷,郑州:河南教育出版社,1995年版,第160页。

的人格和文明的社会。因此,做人的第一件事情就是要弄明白"不劳无食"。学校教育应该注重修养和劳动并进,目前偏重理论、空谈修养的学校教育无法适应社会对人才的规格要求,还应大力提倡"劳动神圣"。①

杨贤江上述认识的形成既有在中国传统教育并未占据主流地位的实学实用思想,又吸纳了欧美近代新教育思潮,尤其是劳作、工具操作、科学以及职业教育的因素,更体现通过对当时社会与教育关系的思考成果,而其间涉及的普通教育专业化、应用性的设计,社会实际需求对教育的反映以及人生道德的培养的关系等内容十分鲜活强烈,已明显具有职业教育的素材及建构意向。

二、关于职业教育的主要认识

我们在这里讨论杨贤江关于职业教育的基本理解,主要基于两点:一是普遍性认识;二是有关的言论主张与青年职业选择的联系。

(一)经济学视野的职业教育

作为一名马克思主义教育理论家,杨贤江高度重视教育这种"上层建筑"与社会经济(广义的经济)之间的关系。在《新教育大纲》一书中,他不仅在论述教育的起源、教育的本质时紧密联系教育与经济,还在《教育的概观》一章中专门用一节讨论了教育与经济的关系。他的教育经济理论在当时是让人耳目一新的,是"未经中国人道过的新说",而且,就是以今天的"标准"来看,他的理论仍有借鉴意义。

杨贤江认为,任何社会的教育与社会经济现实都是密切相关的,从来就不存在与现实经济生活无关的教育。"教育是与社会的生活过程、物质的生产关系有密切联系的;而且是以这种现实的社会经济生活为基础,只要是现实的经济关系变了,它是必然地跟着变的。若说教育是与现实的经济生活无关心地单凭某个人

---

① 杨贤江:《教育与劳动》,任钟印主编:《杨贤江全集》第一卷,郑州:河南教育出版社,1995年版,第295–296页。

头脑中的思索所得决定,从来就没有这样一回事。"①

教育不仅有社会革命、制度改造的功能,也有思想意识、观念文化的维护与传承的作用。但从生产力的构成要素,特别是知识经济的特性来看,亦有极强的经济力量。杨贤江的教育经济理论对这方面尤为重视。

1.教育的经济功能是客观存在和永恒的

教育对社会经济的反作用,即教育的经济功能。杨贤江认为,教育的产生,"就植根于当时当地人民实际生活的需要;它是帮助人营社会生活的一种手段"。②原始社会,人们的"实际生活需要"主要是以衣食住行为主的经济生活需要,"社会生活"的基础和主要方面也是经济生活。因此,教育从一开始就是为社会经济服务的。"在氏族制度时代之教育,是为种族之维持发展,由一代向次代传下物质的及精神的社会的遗产,完全是生物学的目的"。

即使在阶级社会里,教育发生了"变质",被"加上当作支配工具的目的",教育与生产劳动"分了家",教育对经济的反作用仍然存在,只不过在相当长的时期内,古代社会经济停滞和封闭的特性使统治阶级把教育的这个"第一义"忽视了。到了资本主义社会,受利润与市场的驱使,人们开始明确认识到教育的经济功能,所以,在资本主义社会的经济运行过程中,教育开始受到前所未有的重视。

杨贤江相信,社会主义社会"将是古氏族的自由平等及友爱在一个较高形态的复活"。根据马克思主义教育理论和苏联社会主义教育探索的实践推断,社会主义社会学校教育的主要任务,除了培养学生的社会主义意识以外,一个重要的方面就是"把教育与劳动实行结合,且依存劳动以行教育"③,培养"能实践社会

---

① 杨贤江:《新教育大纲》,任钟印主编:《杨贤江全集》第三卷,郑州:河南教育出版社,1995年版,第266页。
② 杨贤江:《新教育大纲》,任钟印主编:《杨贤江全集》第三卷,郑州:河南教育出版社,1995年版,第266页。
③ 杨贤江:《新教育大纲》,任钟印主编:《杨贤江全集》第三卷,郑州:河南教育出版社,1995年版,第410页。

主义社会中种种机能的劳动者"①。教育的"第一义"在这里又得到彰显。

2.教育反作用于社会经济的途径

教育对社会经济的影响,主要是通过培养社会劳动力实现的。杨贤江说:"教育的定义,应是社会所需要的劳动之一领域,是给与社会的劳动力以一种特殊的资格的。"②而教育主阵地的学校,"无论是高级,是中等,是小学,都是社会的劳动之领域,为赋予劳动力以特种的资格的地方,就是使单纯的劳动力转变到特殊的劳动力的地方"。③其中,各门科学知识的传授,是教育造就各种社会所需要的劳动力的关键。

"一切科学——无论是自然科学或是社会科学——没有一种是不由实用而产生,不跟着实用以进步的"。④"教育这件事业,本是以传达各种科学的内容为职责,它之不能离开实用,自是当然的事"。这就是说,教育中所传授的各种科学知识,来源于人们的实际生活(首先和主要是经济与物质的生产生活),又通过它的有效组织、管理,特别是教学实践向下一代传授而培养出掌握各门科学技术知识、具有综合文化素养的新的劳动力,从而影响人们的经济生活。其原因就在于,科学,特别是自然科学,是"用以表示生产过程的进路,提高它的效果,规制它的行程,建立它的秩序"。⑤这样,教育就通过科学知识、新的劳动力两个中介因素与社会经济产生了直接联系并对其产生深刻的影响。

个体组成群体,群体构建社会;社会大系统离不开个体与群体的子系统。教育通过将知识、技术、思想及其他素质传递给学生,科技文化转化成新的劳动者素养及劳动能力,由此实现了知识技术的物化及创新,从而也大大提高了劳动生产率及物质效益。

---

①杨贤江:《新教育大纲》,任钟印主编:《杨贤江全集》第三卷,郑州:河南教育出版社,1995年版,第410页。

②杨贤江:《新教育大纲》,任钟印主编:《杨贤江全集》第三卷,郑州:河南教育出版社,1995年版,第266页。

③杨贤江:《新教育大纲》,任钟印主编:《杨贤江全集》第三卷,郑州:河南教育出版社,1995年版,第265页。

④杨贤江:《新教育大纲》,任钟印主编:《杨贤江全集》第三卷,郑州:河南教育出版社,1995年版,第267页。

⑤杨贤江:《新教育大纲》,任钟印主编:《杨贤江全集》第三卷,郑州:河南教育出版社,1995年版,第421页。

3.教育能否促进社会经济发展需要一定社会条件

当前,有些教育实践工作者或非教育学科的专家学者有一种貌似公允的论调,认为教育学理论疲软,理论滞后于实践或无法有效地服务于实践的需要。对此,且不说理论的功能本身就不限于功利和实用,而且一般学科,尤其是人文社会学科的理论(包括原理、原则、组织、方法等)的实践推广或操作应用都是在一定条件下发生的。如果没有一定的条件或环境,甚至连物理、化学反应,机械运转都将失去控制,偏离方向,从而走向混乱和无序,何况是以研究极为复杂构造机制的人作为对象的教育理论呢?

杨贤江认为,教育对经济的反作用不是无条件的,而是受政治和经济本身的发展水平等多种因素制约的。资本主义大工业经济与古代社会自给自足的自然经济性质不同,教育与经济联系的密切程度有差异,教育对经济的影响力也大不一样。由于资产阶级明确意识到了教育对经济的这种巨大影响,因而特别注意通过发展教育来促进经济,以达到他们"资本增值"的目的。所以,有史以来,在资本主义条件下,教育对经济的反作用表现得最明显。资产阶级大力普及强迫的国民义务教育,发展职业教育,奖励高等学校中的自然科学和新技术研究,取得了极大的经济效益——"把人类幸福之物质可能性,准备到前所未有的丰富"。[①]然而,在资本主义社会制度不变的条件下,无论社会财富怎么丰富,其所有权是掌握在资产阶级手中的,"幸福"只被资产阶级一个阶级享受,人类幸福还只能是一种"可能性"而非现实。资产阶级之所以"热心"教育事业,"一是当作政府的支配手段的,一是当作维持并促进经济的榨取手段的"。[②]"资本增值"是他们的根本目的。因此,在资本主义条件下,想单纯地通过发展教育来改变劳动群众经济状况的想法是不可能实现的。特别是在旧中国,很多人看不到教育的经济功能的条件制约性,幻想在不触动帝国主义、封建势力和官僚资产阶级利益的前提下,通过大力发展教育,使人人有知识,有谋生的技能,以达到中国经济强大、民族独立、人民幸福的目的。杨贤江认为这"简直是笑话!"[③]

[①] 杨贤江:《新教育大纲》,任钟印主编:《杨贤江全集》第三卷,郑州:河南教育出版社,1995年版,第292页。

[②] 杨贤江:《新教育大纲》,任钟印主编:《杨贤江全集》第三卷,郑州:河南教育出版社,1995年版,第290页。

[③] 杨贤江:《新教育大纲》,任钟印主编:《杨贤江全集》第三卷,郑州:河南教育出版社,1995年版,第392页。

以上经济学视野下职业教育的构思是教育基本理论的重要命题，也是职业教育的理论依据之一。杨贤江的认识丰富而深层，为其职业教育论奠定基石。

(二)职业教育是社会发展的产物

职业教育的出现是社会分工的结果，但在古代仍以古典教育或书本教育为主，职业教育只是点缀或修饰，读书或做工存在分离，甚至是对立的现象。近代工业化大生产方式形成并发展以后，出于工作效率、劳动利润高额榨取的需要，提升劳动者技术及科技知识成为必须，产业链的分化日益精细化，势必要求劳动者专业技术培训与教育的适切同步。1914年6月26日，杨贤江对梁漱溟先生《菲斯得<人生天职论>评述》所言"社会之恩我者甚深，我之所以靖献于社会者，当各就其所特长与所特好者，集全力以赴之，期发展其能力无所遗，其余事委他人可也。故社会之阶级与分业乃为不可缺之要素，皆所以达人生理想之鹄之作用，虽殊途而同归"的言论主张，表示十分推崇，认为其论"博明深切，又极精辟"；"梁先生之文，实足以传其神而泽其味也"。①

1924年10月5日，杨贤江署名"曲它"在《学生杂志》第11卷第10号上发表《学生与群众》一文，对当时社会盛行的"士为四民之首"，而"农、工、商"三个阶级不被重视的现象十分愤慨。他说："从'士'被推崇到直上云霄的境况中，我们至少可以说出以下的几种流弊来：(1)只有士是读书的，读书人才得站在这个特别的阶级上；那么农、工、商，就似乎不必读书了。(2)士没有一定的职业，其最大目的在做官，所谓学而优则仕。而其它三种人，遂被视为极低微、极下贱。(3)士的本身并不是职业，依人而食，不能自立，故士实在是分利之徒。(4)士的本身只在读书，'勤作'与'劳动'自然为他们所鄙视。""照理同是人类，本无所谓阶级，即使职业不同，而其尽力于群众则一，自宜一律看待。我国人只知重士，实在是一种不合理的现象。"于是，青年学生在处理群众的关系时首先要破除这种观点。"青年学生究应如何自待？对于群众应发生何种关系呢？从上文来看，士于农、工、商分立，是谬误的，有弊病的。我们第一要革除这种思想！"同时，他还要求青年学生"打破旧来士的观念！誓为无产阶级效力！在我们心中，只承认人类只有一种人类——都是平民。凡是平民，都该读书——不独士。凡是平民，都该做

---

①杨贤江：《日记·一九一四年六月二十六日》，任钟印主编：《杨贤江全集》第四卷，郑州：河南教育出版社，1995年版，第85-86页。

工——不独劳工。凡是平民,都该享有——不独有产阶级。"①

在杨贤江看来,职业教育改变了传统社会士、农、工、商分层的壁垒,使教育的民主化得以推进,青年学生应顺应潮流,促使读书与做工联合,有裨于民众教育的实践。这种认识具有历史唯物主义的思想高度。

(三)中学生的求学与就业

这一问题的讨论作为杨贤江青年教育学特点已不断地被强调或诠释,这里因其涉及职业教育的诸多因素,又作解析。1925年5月5日,杨贤江在《学生杂志》第12卷第5号上发表《中学生的天职》一文,其中先设问,有的人认为中学生的天职是预备升学,有的人认为中学生的天职是预备服务。然后,自我回答称这是不恰当的。因为,中学生的天职"并不是专门研究国文,也不是专门研究外国文,更不是专门研究任何种学术或技能,乃是一般的谋发达身体,谋正确思想、有做工习惯、能用本国语文以通情达意,能知世界大势、中国现状,且具有改造的决心和懂得改革的途径。"他进而分析说:"因为中等教育的性质虽有普通与职业的分别,但一个最大的共同的目标,应该是造成中国现社会适用的人才。中国现社会固然需要学术上,职业上专门的人才,但也需要改造社会的人才。"于是,提出中学生向"三H"方面努力。他说:"什么是三H呢?第一是head(头脑);第二是hands(两手);第三是heart(心愿)。头脑要灵敏,能思想;两手要巧妙,能工作;心愿要热烈,肯'见义勇为'地干。我愿中国的中学生都向这个新趋势努力吧!"②于是,他批判了"学生生活只是读书"的观点。"这种见解相传已久,不管现在学校已知注重体育,也并不反对什么社会服务,但是冥冥中把'读书'特别看重。譬如考查学生成绩,除漫无标准的所谓'操行'以外,就只有学业一种。"③

杨贤江又在《青年求学的目的是什么》中进一步揭示青年学生的求学目的:

---

① 杨贤江:《学生与群众》,任钟印主编:《杨贤江全集》第二卷,郑州:河南教育出版社,1995年版,第127-129页。

② 杨贤江:《中学生的天职》,任钟印主编:《杨贤江全集》第二卷,郑州:河南教育出版社,1995年版,第275-276页。

③ 杨贤江:《学生生活改造论》,任钟印主编:《杨贤江全集》第二卷,郑州:河南教育出版社,1995年版,第585页。

拉直青年人生成长的问号

"我们求学的目的,乃在学习了做人的基本条件,好叫我们做个有用的人。有用的人是怎样呢?有用的人,第一要有坚强的身体,能够忍得住辛苦,担得起责任;第二要有灵敏的头脑,能够应付随发的事项,解决疑难的问题;第三要有消闲的能力,能够利用空余的时间,丰富社交的趣味;第四要有文化的修养,能够浚发高尚的思想,增进想象的能力;第五要有劳动的习惯,能用自力取得一部分的生活资料;第六要有社会的人格,能有力谋人群幸福,铲除公众祸害的志愿。抱这种观念以求学的青年,只要他肯努力,将来就可做个有用的人。"①

杨贤江的观点使人不禁联想到今日我们对应试教育的批判,应试教育体制下培养的不正是杨贤江所讽刺的"学术上的奴隶"吗?而他所提倡培养的不正是我们今日的教育工作者所追求的全面发展的人吗?"全人生指导"思想反对以升学为中学教育唯一目标,而我们今天所提倡的素质教育也反对以应试为基础教育唯一目标而不顾学生的全面发展。可以说"全人生指导"思想是素质教育思想的先驱,对我们今天的教学改革具有指导意义。

但无论如何,言说者须面对现实挑战,而不宜漫无边际地畅谈理想设计及理论美妙的玄思。中学生的相当比例会走向社会,让社会消化他们,需要就业、服务、生存,这才能谈及奋斗、发展、改造等激情冲动的层面。这种比例人数在不同时代因社会民主化程度、产业化发展水平及物质财富聚积力不同而有差异,但却是必然存在的。鉴此,1926年7月5日,杨贤江在《学生杂志》第13卷第7号上发表《中学毕业后的谋生问题》,认为中学毕业未能升学的学生面对着两个问题:"第一,他们是否有谋生的能力;第二,他们是否有得业的机会。"并且,即使学生克服了这两个难题,但他们也难以乐业、敬业。"现在假定谋到一个位置了,一个初毕业的学生也许抱有壮志,欲一试身手,并想实现'职业教育家'所谓'乐业'以及'敬业'的教训;但在实际上,这个愿望竟会遇到极大的挫折。其影响所及,不是叫他丢了饭碗走,便会叫他心灰意冷,或者竟会叫他变志屈节。""这种现象——得业难,乐业、敬业更难——不特流行于职业界,而且也被聪明的学生领会到了。"于是,有些学生就不到这种现成的职业街区钻谋,而想到改造运动

---

① 杨贤江:《青年求学的目的是什么》,任钟印主编:《杨贤江全集》第二卷,郑州:河南教育出版社,1995年版,第262页。

的团体中去活动。而这很显然是错误的。"第一,做改造运动的团体未见得能容纳许多的人;第二,这种团体对于活动的分子未必都能供给生活费;第三,要做工人、农人、商人等等运动,不能离开工、农、商等群众,本应走入进去,何必定要离开;第四,工、农、商等职业终须有人来干,而且在职的人未尝不可做改造事业,何况有的既已学成了职业的知能,何以定要抛弃呢?"因此,他主张:"普通中学毕业生因为没有谋生的知能,本来不配谋生;不过为生计所迫,只好向职业界找出路。倘能找到适合志愿的工作去做,自是最好;否则也只好碰机会去做。"只是"青年们要觉悟:'吃饭'不算唯一的人生,'吃饭'只是维持生命的手段,真正的人生既别有所在,当然不能以寻到了啖饭地就满足了。"[①]

这里他所反对的是青年学生高谈阔论、玄思漫议,或无所事事,主张青年学生应有专业知识技术或职业技能服务社会,解决生计,并具有职业道德修养。这与以往的普通教育全面素质基础及升学预备,可以并行不悖,构成中学教育不可或缺的两面。

(四)青年学生职业教育的困惑

青年学生就业面临的问题是严峻的,这主要表现在职业界与青年的关系,或青年的职业生计问题十分严峻与突出。与同时代教育家陶行知相似,杨贤江也将生活与教育做结合性过渡。

1925年7月5日,杨贤江在《学生杂志》第12卷第7号上发表《现在中国青年的生活难》,认为中国青年职业问题是造成生活难的原因。中国青年职业问题表现在三个方面:择业的难,得业的难,执业的难。青年择业的难表现在两方面:第一是用不着择业,因为向来有这个例,现在要打破它,却变成难了。向来的女子完全用不着择业,而今则要出来求学,并要出来做事,于是在家长们看来,以为"无力可援"便有问题了。第二是择业的根据很难有把握,中国社会向来贱视职业,尤其是贱视劳动。得业难在两方面:一种是人浮于事。如"二年前上海某公司招考校对员十名,男女各五名。投考资格须中等学校毕业,薪水为每月二十

[①] 杨贤江:《中学毕业后的谋生问题》,任钟印主编:《杨贤江全集》第二卷,郑州:河南教育出版社,1995年版,第571–573页。

元,膳宿自备"。结果报名应试者"男的一百余人,女的五六十人,内中有已在国立大学毕业的"。这样一个仅仅足以维持一个人低度生活的职位,竞争尚如此之烈,可见谋生之难。二是社会事业太不发达。有许多职业在理论上无论说得如何周详,在指导时无论讲得如何切实,但在中国社会上却没有这许多职业可以安插,至于新知识、新方法更缺少实地应用的机会。执业难在七方面:因为得业的难,非靠一种额外的势力不能进身,所以当在就业之始,就对所执之业除出把持以外,不复再有何种感情;职业界里有帮有行,同行要嫉妒,异帮要排挤,故非"脚跟健,手面圆",结成"朋党",就真不容易安身;职业界里阶级甚显;有许多旧式厂家、店号,对待学徒绝非人道;职业界的待遇多不足以维持生活;一般顽固成性的职业界,有志的青年要想有所改进,真比上天还难;现代的职业已成商品化。杨贤江认为,在上述情势之下,"有觉悟的青年便会觉悟到现代经济组织的缺陷,而有不乐意于认真的殷勤的服务的趋向。"①在这种困境下要开出详备而完整的药方是艰辛难办的,也无力苛求责备。但尽管有这许多的艰难,却事在人为,人定胜天,这种豪迈气概,知难而上的精神是杨贤江青年教育思想的主要基调,也是化解职业教育难题的信心。

三、青年学生的择业

职业几乎贯穿成年人的一生,与每个人的生活息息相关,关系着每一个人的生活质量,但很多人却对自己的职业不满意,本着要赚钱养家的无奈而工作,因而感到无奈、烦躁、苦闷。杨贤江转述一位西方社会学家的调查结果作为例证:埃乔顿曾做过一个职业满意度的测验,"对于所预选一百五十七人的熟练劳动者,关于他们选定现在职业的质问,得如下结果:其中一人在从事现职以前,已从事过九种职业;二人从事过八种职业;六人从事过七种职业;八人从事过五种或六种职业;十三人从事过四种职业;三十四人从事过两种以至三种职业;三十三人虽为从最初即从事现职,但他们的选职理由并没有何等确定;十四人对于现职虽不觉得如何厌恶,但他们各以为要是当初能选就他种职业,或者已在那方面

---

① 杨贤江:《现在中国青年的生活难》,任钟印主编:《杨贤江全集》第二卷,郑州:河南教育出版社,1995年版,第303—309页。

有相当的成功了。这样,据埃乔顿报告,对于现在自己的职业选择认为妥当合适者,仅不过十七人而已。由此,可见职业选择的困难。而上举的一百五十七人,还是从三千九百十一名的职员中被认为优良者而选出的,所以无论如何,他们终是成功者。他们虽经验过了二种乃至九种的职业以后才获着了现在的职业而告成功,但不可不说是幸福。可是世上做过九种以上乃至十几种职业而尚彷徨歧途,找不到合适职业的可怜人儿,当也不少。"①如果谁能直接找到自己喜欢合适的职业,并且在职业中获得成功、获得喜悦,那么他确实是个幸福者。然而,实际上这样的幸福并不光顾每一个人,甚至只光顾少数人,大多数人的职业生活并不如意。伟大的教育家杨贤江指出,职业失败的原因有多种,但最主要的是原发性的错误,是由于一开始职业选择上的不当造成的。"要指导每个人使得适当的职业,实为难能的事情。既要考验他的记忆范围、注意型式、反应时间;更要审知他的本能的竞争能力、对于宗教或社会主义的信仰、教育子女的热力;但尤其重要的,在设法发见他是否配任这种工作。"②青年的择业就有求学与社会关系的适应性,也有对社会市场需求主动选择中的态度及观念取向性,这是需要探究的。

(一)职业的种类

人间的职业千万种,谁也无法一一详列,正是这种分工才使得我们的生活有条不紊地进行。但我们可以把它们分成不同的种类,教育家杨贤江据工作所需要的心力程度把职业分了五类③:

第一类的职业,是许多种有实用能获得报酬的工作,只要在亲切的而且继续的指导之下,虽家畜或呆笨的人也能操作的。这类工作就是:拖物、割草、伐木、掘洞、碎石、织席以及别种心力薄弱的人通常习惯所做的简单工作。

第二类的职业,是有许多较为复杂的工作,但不需要特别的指导。能在顺利

---

①杨贤江:《职业指导的意义》,任钟印主编:《杨贤江全集》第二卷,郑州:河南教育出版社,1995年版,第825页。

②杨贤江:《职业态度的决定》,任钟印主编:《杨贤江全集》第六卷,郑州:河南教育出版社,1995年版,第386–387页。

③杨贤江:《职业态度的决定》,任钟印主编:《杨贤江全集》第六卷,郑州:河南教育出版社,1995年版,第384–386页。

的境遇，不用竞争，不受监察，也便可以借此谋生。他们的程度在低能以上，平均智力以下。如简单的家事、粗浅的抄写、机械的洗涤、受人监督的工艺及农作、货物的递送、家畜的饲养、机械的工厂事务、琐细的店务以及包裹、整洁、差遣、扫街等工作，都是这些人所能做的。这些职务容易办理，并不需要专门的学识与技术，只要身体强健，心力不是低能，皆得胜任。

第三类的职业另为一类，须是一种人才，如数学嗜好、绘画才能、乐曲编制、军事策略、唱歌、做诗、下棋等特性，这都是遗传下来的。如母道（maternity）只能限于女性。分辨音调的高低，视乎天生机构的灵巧，不容易受后天练习的影响。

第四类的职业又是一类了。这类职业既不需要卓绝的才智、特殊的嗜好，也不需要专精的技术，譬如小商人、文牍、收账员、看门人、经理人、律师、汽车夫、兵士、会计员、厨子、看护妇等就是。这些职业，所需要的知识道德上及社交上的德性，如正直、礼貌、真实、忍耐、敏捷、整洁等。

第五类的职业，包括了其余所有的职业，皆与道德习惯及社会交际有关系。这类职业，具有普通智力的男女都能胜任，而且即为这些人的永久职务。而这所谓普通智力（或中材）自然不必有什么规定的程度。凡处事聪明，能受教育，且与人会应付就好，才力总在低能愚鲁之上，天才异能之下。这些职业，智力不是规定成功的惟一条件，还有性情上的特点，如雪那达（Schneider）及桑狄克所列举的，即喜动或喜静的癖性、竞争、模仿、暗示、同情、好奇以及全副的本能倾向，道德上及社交上的特点如坚忍、坦白、恭敬、忠诚、热心等互相调剂，彼此补救方能得当。譬如办事欠敏捷的，当以坚忍来补足；没有大希望及竞争性的，当以忠诚及热忱来补充；智慧较低下的，可于社交上展其所长；天赋不如天才的，能加以努力，锲而不舍，也就能与天才媲美了。

职业的分类是社会各种产业部门配置分工的产物，其中有比例、结构及素质能力的一般及差异性要求，与青年学生的教育及职业合理选择或流动关系密切，或为后者的凭借。其中所涉及的内容交错着心理学的依据及教育学的目标性导向训练，是很富有专业化深度的体现。

(二)青年学生选择职业的策略

一个人幸福与否很大程度上决定于职业的成败,选择正确的职业,不仅是经济上的意义,更关乎生活上的完满程度,既然职业如此重要,那么如何选择合适的职业呢？马克思主义教育家杨贤江为说,为使青年学生能选择合适的职业,需做到以下几个方面：

1.学校附设职业指导机关

1928年3月20日,杨贤江以"叶公朴"署名在《教育杂志》第20卷第3号上发表《职业指导的意义》,认为职业活动在人类活动中有重要的意义,"从大多数人着想,不能不说职业活动的时期为占他们一生最大部分的时间。我们要知道,职业对于人生重要的意味,即可从这一件事上明白。"而职业选择是其中最重要的一件事情。"大多数人所过的职业生活实在反对状态之下,感着乏味的苦闷,这种职业失败的原因,要列举来说,原有很多。但最初出发点的错误,即职业选择上的错误,当是重要原因之一。"应该通过职业指导以避免职业失误。为此,有必要弄清职业训练、职业介绍和升学指导之间的区别与联系。关于职业指导与职业训练的关系应该是："普通所谓职业训练,乃是对入工校、农校或大工厂附设的职工学校者,授以各该方面的知识技能。而所谓职业指导,实是比这个还先行一步的阶级,即对于欲决定入工校或农校适于作职工、学徒者,给以一种指示。故普通所谓职业指导的名称,实则毋宁叫做职业选择指导之为当。"关于职业指导与职业介绍的关系应该是："职业介绍正如其名所表示,为专对志愿就业者介绍职业。但职业指导则不然,职业指导虽向个人指示适当的职业,却不代谋职业,即替求人者与求事者结成关系。"关于职业指导与升学指导的关系应该是："升学指导很可能包括在职业指导范围之内,升学指导与职业指导不同之点,便在就职先后的分别而已。实际对毕业少年,指导他们或升学,或者即行谋生,这种种便都是正当的职业指导。"此外,他主张设立职业指导机关以发挥职业指导的效果。"所谓指导机关,是包含研究教育及实施的一切的。欲举指导的大效,指导机关应为社会设施,由国家或公共团体办理。""其次,学校也当附设指导机关。学校教育不止于教成学生修毕课业而已,当更进而指导选择职业,使能用其所学,也就使能学以致用。""职业活动是人类许多活动中的最重要者。当人在学校求学的时候,虽与职业全无关系,但一出学校便须投身于职业生活,一直到生命之终才算停止。"杨贤江说："职业活动开始的时期,虽因人而异,但可以说是从学校生活完了时开始。因此,我们选定职业的时候,早则少年时期,迟也在不远离青年期的时机。换句话说,青年期是最初的职业选择时期。惟这所谓最初一语,实际乃是我们所甚不希望的形容词。我们的真意,乃在希望这个'最初'同时就是'最终'。因为要是这个理想能以实现的话,人便在青年期选定了自己终身的职业(life work)了。然实际上,选择职业这件事情,决没有像说说那么容易。因此,在职业选择的当儿,也常往往潜伏着职业失败的悲剧的萌芽。世人皆知道,青年是所谓经验浅、学识寡的,故把职业选择的责任让给他们自管是极不应该的。"①

学校的职业指导活动是职业教育体系及功能发挥中不可或缺的部分,其价值与意义为当代教育所共识,而且不仅对职业学校,已走向其他专业学校,乃至大学教育之中,足见教育的现代性走向的大潮是不可抑制的,而杨贤江在近90年前对此的论述极具预测性及普遍意义,不愧为一代教育家的超前及真知灼见。

2.运用职业测验方法

选择合适的职业,还需运用一些职业测验方法。教育家杨贤江说,虽然职业的心理叙述法还没有完成,也不完善,但有一些于职业上有重大意义的测验却也出炉不少,现主要介绍以下四种方法②:

(1)模型法(Vocational Miniature)。把全部工作或工作的重要部分以小规模的方式复制出来,或把工人工作的情况重演出来。如麦柯马司(Mccomas)试验电话接线生,就是做一种缩小的配电盘,让接线生真的呼唤答应,用测时器测他们的速度及精确度。

(2)实习法(Sample)。候补者从事现场的工作,看他试验的成绩以定他的能力。如要从商业学校学生中选择几个做书记及助手,就在求学期内,常叫他们实习将来任职时所要做的工作。

---

①杨贤江:《职业指导的意义》,任钟印主编:《杨贤江全集》第二卷,郑州:河南教育出版社,1995年版,第824-831页。
②杨贤江:《职业心理的研究——介绍荷林华斯〈职业心理学〉》,任钟印主编:《杨贤江全集》第二卷,郑州:河南教育出版社,1995年版,第224-225页。

（3）比拟法（Analogy）。这是叫候补者从事一种和真的职业态度及势力相似、唯材料相异的工作。如某公司或企业提议要试验航海人才，可让候补者把上面写着不相同字母的一副纸牌进行适当的分类。又如试验电话生，可叫他们涂去报纸上某几个字，看速度如何以定是否相配，因为这种动作上所包含的才能，也就是和配电盘上所需要的一样。

（4）尝试法（Haphazard and Empirical）。心理学家洛格（Lough）曾发明一种替换测验，须按一定方法，用某几个字去替代别几个字，后来应用于商业学校的学生。这种测验须继续试行，然后以测量所得的能力与这个学生从事于他种工作的能力相比较。据试验结果，这种测验的纪录与打字的能力最有关系，与速记及商业通信也颇有关系。

以上四种方法——求得完全的职业测验的尝试法，各有缺点与优点。比较起来，似以洛格、纯粹实验性质的方法为最有希望。但这四种职业上的专门方法已构成了切实的研究工具，已产生了选择特种工作者及发现特种才具的实际价值；将来等个人与职业的心理叙述法发达完成之后，这种方法不但可供临时的帮助，还能由所得结果造成更圆满更有系统的技术。

职业测验法是科学主义教育思潮下对学校教育改革及测评技术改进的典型表现，可使职业教育的设计、选择、定向、操作、反馈及考评更为客观，是极其有意义，并饱含生命力的，值得大力推进。

四、如何夯实职业的根基

（一）树立正确的人生观

人生观即观察和对待人生问题所持的观点。杨贤江认为："青年要有个着实的立脚点，有个确定的人生观。"对于一个青年，"第一着要做的，就是对于人生问题，总该有个确定的观念。因为人的生活要有意义、有价值，必得先定个人生观，不然，一天天的过活，还不知道忙个什么，岂不可笑。"[①]古代青年以"修身、齐

[①] 杨贤江：《论个人改造》，任钟印主编：《杨贤江全集》第一卷，郑州：河南教育出版社，1995年版，第199页。

拉直青年人生成长的问号

家、治国、平天下"来修炼自己,今世之有志青年应志存高远,树立正确的人生观,知荣辱,懂廉耻,慎思、明辨完善自身。青年如扬帆待发之航船,没有正确的人生观,没有远大的人生理想,何以在漫漫航程中用正确的心态和意志战胜困难,无畏无惧劈波斩浪,驶向成功之彼岸。树立正确的人生观就要克服一些不良的习惯,比如享乐主义、对待学习的不正确的态度等。当时一部分青年的学习态度不正确,表现在求学为了做官、为了名利,这些观点是极其片面的,"譬如说做官,官为执行政治事业的一种人,当然是不可缺的,有长于政治才能者而做官,更是应该的事;但说求学目的在做官,则将使求学者个个做官,就不可通。"①

1922 年 4 月 5 日,杨贤江在《学生杂志》第 9 卷第 4 号发表《威尔逊的青年时代》,向青年们介绍了美国前总统威尔逊(Woodrow Wilson)(1913—1921 年在任)青年时代的生活。威尔逊在今日虽像个近乎过时的英雄,但他的思想和人格,实是个先于时代的人物,他对世界的贡献实在很有价值,他在世界改造史上必可以占个重要的位置。他青年时代的生活如热心研究、留意思考、练习演说、肯尽力于学生团体的事业以及努力奋斗和服务公众的精神,都值得青年们学习和效法。②

1924 年 3 月 5 日,杨贤江在《学生杂志》第 11 卷第 3 号上发表《我对于人生观的见解》,提出人生的观念是"人生是生长的"这一著名论断。"从生物学上看来,我们人类独有甚长的幼稚期。和各种动物相比,可说"人之初"是最无能力的。当诞生以后,既不会走又不会讲,一切的动作、语言以及知识、技能、理想、事业等等,都是逐渐发达、经过长期训练才算达到成熟的境域,而仍有待于发展和改造。故人之一生,全在生长的历程中。"这一种人生观就是生长的人生观。"在此基础上人生分为进步的人生和当前的人生,青年人要建立正确的人生观,应根据自身需要、社会发展趋势和社会现状来确定。"新知识、新能力、新理想、新事业,都要不断的领会,不断的获得,不断的创造。""人有人的生活,与禽兽乃至'鬼神'的不同。青年有青年的生活,与幼年乃至老年的不同。……要之,族类不

---

① 杨贤江:《青年求学的目的是什么》,任钟印主编:《杨贤江全集》第二卷,郑州:河南教育出版社,1995 年版,第 260 页。
② 杨贤江:《威尔逊的青年时代》,任钟印主编:《杨贤江全集》第一卷,郑州:河南教育出版社,1995 年版,第 576 页。

同、环境不同、时代不同,生活的样式也跟着不同。这便是当前的人生。现代中国青年应该有怎样的一种人生观?这便要从青年的需要、现代的趋势和中国的现状这三方面来研究考虑,才能有个正确的规定。"①他根据革命事业发展的需要,总结了长期从事青年工作的经验,认为对于青年,应抓住"人生目的"的教育,树立革命的人生观。"人生的目的,在对于全体人类有贡献,来促进人生的幸福。"他分析批判了青年学生对人生目的的种种错误观点,如只知"自我求快乐""做官论""发财论"等。又对那种在苦恼的环境缠绕下,悲观、厌世,甚至希望以"死"来换得"高洁"的错误想法也提出了批评。1924年5月5日,杨贤江在《学生杂志》第7卷第5号发表《论个人改造》,就革命人生观与个体改造、社会改造间的相互作用及其内在关系作了深刻地剖析。"我认为种种制度的改造,应当和个人的改造同时并进。制度改造了,固然可以发生促起个人改造的影响;但是个人改造了,更可以使制度改造格外彻底、格外有意义。""学生自治、社会服务、文化运动……这几种制度上改造的中心的一种改造,就是个人改造。""个人改造当中,第一要做的必得先定个人生观"②。"彻底的个人改造,是在'社会我'的觉醒。故我以为,今后的个人生活法,应当向著充分的发挥社会我的责任一条路上走。""第一,身体方面,以坚强康健为目的。""第二,精神方面,以充实、愉快、活泼为目的。""第三,道德方面,发挥共和精神。""第四,才识方面,注重观察批评。"个人改造时,依自己的经验,有几点应当注意的:改造的意义、改造的必要、改造的条件、改造的步骤。③而不论从社会改造或个人改造来说,关键在于树立革命的人生观,使青年人立志改造社会。所以,他号召苦难中的青年要振作起来,学习"五四"精神,奋然而起,这才是唯一正确有成效的出路。这与杨贤江在此前《学生杂志》第9卷第8号发表《快乐的源泉》一文的意旨是贯通的,他提出"青年学生若想依赖境遇、依赖金钱、依赖游逸、依赖物质以得快乐人,归根到底是要失望的,因为快乐只是正当的思想和正当的行为所产的结果。真正的快乐就在内心,并不须外求。"④

---

①杨贤江:《我对于人生观的见解》,任钟印主编:《杨贤江全集》第二卷,郑州:河南教育出版社,1995年版,第15-16页。

②杨贤江:《论个人改造》,任钟印主编:《杨贤江全集》第一卷,郑州:河南教育出版社,1995年版,第198-199页。

③杨贤江:《论个人改造》,任钟印主编:《杨贤江全集》第一卷,郑州:河南教育出版社,1995年版,第203-204页。

④杨贤江:《快乐的源泉》,任钟印主编:《杨贤江全集》第一卷,郑州:河南教育出版社,1995年版,第672-674页。

人生观的确立不仅对青年学生有确定根基方向的作用，而且会成为求学与社会活动，职业生涯的具体操作与发挥动力支持的资源库价值，这反映在职业教育中，其主要载体为职业道德、态度及价值取向等方面。对此，杨贤江因为不是职业教育家，所论不多，相关材料前文已陆续有所表述，此处不赘。

(二)学业与职业的关系

1924年10月5日，杨贤江以"健夫"署名在《学生杂志》第11卷第10号发表《事业与实学》一文，反对当时社会流行的"事业不需真学"的观点。他说："实在我们中国眼前的社会现象，真是令我们叹息而痛恨。无论是谁，只要有'靠山'、有手段、能敷衍、能拉拢，就不怕没有饭吃，就不怕没有福享。讲到学术素养，好像反有些背时、讨厌的样子。"①学校毕业生看了这种现象，便懊悔自己从前用功，徒然枉费心血。但我们要问："事业真不需要实学吗？实学真无所用吗？我们都可用否定的回答：无论做什么事，都须应用学术；真有实学的，便不怕寻不得事、找不到工。"青年学生应注重"实学"，更应注重适应中国的"实学"。"不过我们要注意：现在中国所需要的学术，不一定是西洋那种高贵的学术，而是要明白中国现状然后对症下药的学术。现在青年所该做的事业，不一定是眼前那种流行的事业，而是要研究中国现状能以补伪救弊的事业。这种非常的事业，便要有非常的实学来成就。"②这里就充分显示了青年学生以后人生事业、职业成败与在校学业成就之间形成了充要条件的对应性，从而肯定了学业对于职业的支撑作用以及技术力量对社会产业的效能，从而也构成了职业教育内涵的实质旨在于发挥科学技术的生产力功能。

在学校所喜欢的学科是否可为日后就业的兴趣及价值的导向？什么事实可以证明兴趣的长久，证明兴趣与才能的关系？这个问题对于父母、教师及职业指导者，都有直接的关系。对此，杨贤江是援引桑代克研究的结果作如下表述的：

桑代克曾就100个学生，考查他们经过小学、中学及大学各期，对于数学、历

---

① 杨贤江：《事业与实学》，任钟印主编：《杨贤江全集》第二卷，郑州：河南教育出版社，1995年版，第130页。

② 杨贤江：《事业与实学》，任钟印主编：《杨贤江全集》第二卷，郑州：河南教育出版社，1995年版，第131页。

史、科学、文学、音乐、图画及手工各科的兴趣及才能的程度。他这样查得自 10 岁至 14 岁的儿童,及到 21 岁时,他的兴趣的比较程度约为百分之六十或百分之七十。小学时期与大学时期才力的相似为百分之六十五。在小学后三年的兴趣与在大学时期的才力的相关度为百分之六十。这就是说:早年的兴趣,可以预示成年的才力。又查学生对于各科兴趣的多寡,与他在才力的高下的相关度,算是最切近的一种,约得百分之九十。所以他的结论是:一个人的兴趣是足以表示他的才力的。他的研究报告的结尾又说:"兴趣不但是恒久,且是大可以为现在及将来能力才干的预兆。这个原因,或是由于他能做得好,所以有兴趣,或是由于有兴趣,所以肯热心努力。或是由于兴趣与才能为个人天性所同赋,又或是由于这三种要素的联合的动作,总之与兴趣与才能是联结极密的。因为两者的关系这样深切,故据这个可以代表那个,因那个也可以预示这个。这些事实对于个性诊断,职业指导以及帮助学生选择学校、学科及职业的人,显然是很重要的。"①

里斯博士(D.E.Rice)曾根据柏拉脱学院(Pratt Institute)的毕业生,研究他们在校时的学业成绩与出校执业所得薪水的关系。他把学生分为六等,每等约 40 人,三等为机械工程科,三等为电机工程科,分别属于 1907、1908、1909 年的毕业生。他们薪水的报告,以 1913 年的调查为准,在毕业后的 4 年与 6 年间。这些人按照各人在 8 种不同的学科上,所得的分数依次排列,他们的分数是十、九、八及七,然后再按照各人在调查时所得的薪水,依次排列。这样比较的结果,知道分数与薪水的关系是成正比例的,就是分数多的薪水也多,虽然也有许多的例外,然而到底不曾发现相反的趋势,就是劣等学生能得多的薪水。从这可见学校成绩与职业前途实有正比例或正相关的关系。

杨贤江的上述思想主张与他早年自身的经历及体验是联系的,这大概就是个人情结与人物心理及行为选择之间的关系表征吧。无论在少年时代的家乡还是在青年时代的浙一师都有这样的链接。试举例来看,1911 年 5 月,杨贤江在诚意学堂念完第五学期课程,据该学期学校发给的修业文凭记载:"照得本学堂现届第三年生第五学期考试完毕,学生杨贤江本学期总平均分数八十一分八厘,列入

---

① 杨贤江:《职业心理的研究》,任钟印主编:《杨贤江全集》第二卷,郑州:河南教育出版社,1995 年版,第 232–243 页。

最优等。"①1915年10月21日,杨贤江阅天津南开中学校敬业乐群会所刊行《敬业之报》,爱"敬业乐群"名,认为"其会名甚合学生,有言:'今之学业,即他日之事业、功业,今之群居,即他日之群策群为者。'此言亦不误。要之,克敬克乐为可贵耳。"②这种人生早年情结的惯性力量可用"先入为主"或心理发展的关键期来诠释,而这也增强了本节讨论杨贤江关于职业教育理论的某种实证性因素。

---

①编委会:《附录·杨贤江生平年表》,任钟印主编:《杨贤江全集》第六卷,郑州:河南教育出版社,1995年版,第826页。
②杨贤江:《日记·一九一五年十月二十一日》,任钟印主编:《杨贤江全集》第四卷,郑州:河南教育出版社,1995年版,第153页。

第七章

生活篇

拉直青年人生成长的问号

杨贤江对青年学生进行生活指导并非只停留在口头上、书面上,而是落实到了具体行动中。他通过通讯、问卷、表格征询等方式,对青年的个人生活与团体生活进行调查。他对具有共性的问题——如学习、工作、恋爱、婚姻、身心健康、兴趣爱好等项目或因素进行设计,并加以分析、归纳与综合。他有计划、有针对性地组织"学习法研究""学生生活""学生与学潮""求学与救国""干政与入党""男女同学""婚姻与恋爱""择业问题"等专题讨论解答青年的疑问,引导青年健康成长。

一、生活

(一)生活的含义

什么是生活?这两个字说得多了,看得多了,便以为生活如树木、花草一样有目共睹、勿用加以解释的。很多人认为自己天天都在生活,生活的含义是不言而喻的,实则不然。有的人天天闷在家里,每日生活和修道院相差无几,每日所见、每日所闻皆是家里那点东西,几乎没有变化,似乎不知有社会交际,更罕闻各种娱乐活动,难道这也叫做生活?有的人天天如机器人一般,甚至不如机器人,他们干着自己不想干的事,为金钱、名利、权势而奔波,被富贵、声名所奴役,这难道也叫做生活?答案是否定的,伟大的马克思主义教育家杨贤江说:"生活是一种过程,是一种要求和实现生生不已的过程。无论精神方面,肉体方面,凡是生存的人,终要有所要求,终要求所要求的实现出来。甲的要求实现了,更有乙的要求发生;乙的要求实现了,又有丙的要求发生。这样一面要求,一面实现,一面实现,一面要求,'行行重行行'的没有罢休的时候。只看人类的历史,从上古简单粗率的生活,渐渐地发达,渐渐地荣华,直到了现在这样复杂文明的生活。人的一生也是这样从简到繁,从粗到精,恐怕很少人是肯'知足'的。不在道德学问上求上进,便在金钱势力上求上进,或在耳目口腹上求上进。所要求实现的实际有不同,而有要求实现的心理则无异。由这种种要求实现的迁流变化,便成就所谓生活。"①

杨贤江通过对自然现象的深入观察分析,把正当人的生活分为"劳动"与"愉快"两种,之所以这样划分是因为杨贤江认为人终是生活在自然界中,是自然界不可分割的一分子,自然万物所遵循的自然法则当然也适用于人类,适用于人的生活。他说,每一个宇宙天体无时无刻不在运动,如太阳、月亮、地球,地球一天自转一次,一年绕太阳公转一次,太阳也没有闲着,它也在不停地自转,正是它们的运动才造就了我们神奇的世界,促成了自然万物的勃勃生机。又如,天空悠悠的云、野外呼呼的风,哪一样不是因为动才凸显出来。再如,植物的萌芽、破土、生长,更是因为动才活起来。至于动物,更是显而易见,你见过整天躺在那儿一动不动的动物吗?一天不动可能是累了歇歇,一个月不动可能是冬眠,一年不动恐怕死亡的几率极大吧?每一种独立生存的动物都得靠自己的"动"来解决自己的吃、穿、住、行,他们得寻食物、筑巢穴……"可见宇宙间种种现象,能表征存在的作用的,没有不靠劳动的。故劳动确是万能,劳动确是神圣。人是一种生物,一种进化的动物,自然也要以劳动为根本。不论是发达身体或是发展精神,都要劳动才能实现。要是劳动了,终可得到生活,这也是自然界最公平的处置。"①但现在的社会状态却恰恰相反,劳动的饥肠辘辘、食不果腹,不劳动的反而衣食无忧、豪华奢侈,享受着惬意的生活。在这种扭曲的社会环境下,劳动的和不劳动的都得不到正常的生活,前者基本生存条件都难以保证,何谈什么生活!后者看上去过得很滋润,却也不能称之为生活,因为他们和"寄生虫"相差无几,他们的身体是虚弱的,他们的精神是空虚的,他们在不断的退化、萎缩。要想改变这种状态,回到生活正常轨道的唯一办法就是改变社会的组织结构,改变这种不合理的社会规则。"至于愉快,是指心身上的安慰、满足以及从容余裕的态度而言。你看自然界中,山的静峙、水的缓流、野的空旷、林的幽密,都可显出它们和平、庄严、伟大的蕴藏。还有温和的天气、优美的风景、宛转嘹亮的鸟儿的歌,暑天晚上,庭前、篱边种种的虫声和天上点点的星光以及微风静夜,都可感觉着无限深

---

① 杨贤江:《谈谈日常生活》,任钟印主编:《杨贤江全集》第一卷,郑州:河南教育出版社,1995年版,第364-365页。

② 杨贤江:《论个人改造》,任钟印主编:《杨贤江全集》第一卷,郑州:河南教育出版社,1995年版,第201页。

拉直青年人生成长的问号

远的慰藉和一往无际的深情。因此,我想到人的生活的真趣,是在不言而生动的天行中,跟著他们同乐,享受著自然具足的幸福。有抛弃着这种天乐而疲精劳神的——如受压迫的佃农、厂工和打算赚钱得势的人;有沉溺于伤身害命的假乐而永生不悟的,都没有尝到人生的真趣的滋味。在他们当中,不能希望有创造的成绩、奋斗的事业和发明的事物,这都是经营不自然、不合理的生活的结果。这种生活,就不能算为正当的人的生活。"①

杨贤江认为,"劳动"和"愉快"是相辅相成、相互促进的。劳动是生活不可或缺的基本要素,只有劳动才能求得生存,而愉快是生活的真正趣味,只有从生活中获得趣味、得到快乐的人才算得上过着真正的生活。他强调,一个社会,人人都应尽劳动的基本职责,在此基础之上,人人都应有情趣,多多参与可以增添人生乐趣、增加人的精力、和谐人际关系的各种社交活动。我国读书人一向以劳动为耻。现在的学生,一味注重学历,对生活问题总是无暇顾及,误以为学历等于生活,学历等于有饭吃,学历是生存的充分必要条件。实则不然,有了学历不等于有了谋生的能力,仅有学历,没有能力,眼高手低,对于要做的理想事业只是空谈而已。人虽然不能仅为衣食住行而生活,但没有衣食住行的生活连生存都成问题,何谈真的生活、真的人生?!青年生活的本质就是"动"。"动是生物的特色,也是人生的本相,尤其是青年的命脉。试看宇宙间森罗万象,凡有生气的,孰不活动?人类生命的持续,文化的进步,事业的发达,有哪一种不靠活动得来?至于青年,富于向上的志愿、蓬勃的生力,日日夜夜在成长发育的过程中,可以说活动是青年的命根了。总之,要求生活,须有继续不断的活动,这是显而易见的道理。"②因此,杨贤江呼吁青年"用你们的眼去看自然界光怪陆离的色罢!用你们的耳去听自然界流利晓畅的音罢!用你们的手去开掘攀援罢!用你们的足去奔波蹴踢罢!用你们的鼻去吸清气,用你们的身去沐阳光罢!你们要呼啸,你们要狂跳;你们要做'老圃',你们要做小工;你们要和星月共宿夜,你们要跟花草虫豸结知交。"③他说,"一切有生物的生机经过隆冬的蕴藏,到了春天,又要重新发

---

① 杨贤江:《论个人改造》,任钟印主编:《杨贤江全集》第一卷,郑州:河南教育出版社,1995年版,第202页。

② 杨贤江:《青年生活的本质》,任钟印主编:《杨贤江全集》第一卷,郑州:河南教育出版社,1995年版,第652-653页。

③ 杨贤江:《青年与春天》,任钟印主编:《杨贤江全集》第一卷,郑州:河南教育出版社,1995年版,第839-840页。

动了。他们受着暖气的催逼、阳光的照耀,再不能安睡,再不能静卧了。睁开眼睛罢,舒展肢体罢,循箸向上的轨道,勇猛前进罢。这是他们的命运,这是他们的本能。只有动!活动!前进的活动!才能促进生机,保住生命。"①青年朋友们"披着绿衣的山林,绣着彩色的田野,那里有嘹亮的歌,那里有翩跹的舞。和风里,阳光下,流水上,碧海边,那里都是怡情、娱目、健身、壮气的好处所。你们怕自己的田园小,可以向四周开拓啊!你们怕自己的生活单调,可以去和'自然母亲'亲热啊!"②

(二)生活的内容和形式

要获得积极的生活,就得清楚正常日常生活的内容和形式,而后才能有的放矢。

1.生活的内容

杨贤江强调,生活的内容应该包括身体和精神两个方面,应该是全面的。"青年时代应有多方面的活动。对于学业要研究,对于身体要锻炼,对于感情要丰富,对于兴趣要浓厚。不单重书本,更要重才干;不仅生活于室内,又要生活于户外。总而言之:理智生活与情意生活并行,学术生活要与实际生活并行,工作生活要与游戏生活并行,个人生活与群众生活并行。我国古来所传述的那些'斯文'、'肃静'、'安分'、'寡欲'等等立身处世的规矩,在现在看来,未免近于枯燥、孤僻,也且流于冷酷、虚伪。"③有的人整天静坐读书、闭门思考,过于重视精神思想而忽视身体的生理需求;有的人整天运动不止,无暇思考任何问题,过于重视身体的健康而忽视精神层面的需求;有的人说起话来头头是道,却无法坚持实行,这是意志力的缺乏;有的人只会埋头苦干,对人和对机器一样都是冷冰冰的态度,这是情的缺失;有的人像盲人骑瞎马一样,不停地走,却根本不知道自己身在何处,要干何事,这是知的缺乏。这种种都不能称之为全人的生活。而要做个全人必须具备几个条件:1.强健的体魄,实现思想;2.充实的精神,神采奕奕;3.清楚的头脑,远识(为求智多智的根);4.热烈的兴趣,敢为(活动的根);5.和乐

---

①杨贤江:《青年与春天》,任钟印主编:《杨贤江全集》第一卷,郑州:河南教育出版社,1995年版,第839页。
②杨贤江:《青年与春天》,任钟印主编:《杨贤江全集》第一卷,郑州:河南教育出版社,1995年版,第839页。
③杨贤江:《青年生活的本质》,任钟印主编:《杨贤江全集》第一卷,郑州:河南教育出版社,1995年版,第655页。

的感情,同群善处;6.坚强的意志,持久;7.超个人的主张,普遍的幸福①。他说:"在日常生活上应有运动身体的工夫,应有读书研究的工夫,应有社交娱乐的工夫。西洋人的生活要比我们的有趣,而西洋人做事的效率,也要比我们的高。这个缘故,我想,和他们的生活善得调剂、多方发达或者是有关系。人的职业,自然各有所专;但大家都是人,做人所必需的基础条件也终须具备。不然,人间生活,便彼此分歧,没有共通交换的好处,这实在是病态。所以我劝我们青年,应当及早养成全人生活的习惯,免致后来过个畸形的人生。"②

2.生活的形式

杨贤江认为,我们生活的形式应该是规律的,规律的生活需有以下的特征:

第一,凡事要先有所计划、有所安排。青年学生生活的态度不可天马行空,想到哪儿做到哪儿,想到什么做什么,"什么事都没有计划,没有步骤,可以同流合污,可以随俗浮沉;以为世界已是老早如此腐败了,用不箸我们去改革;以为人寿几何,何苦勉强用功。于是上课可以随便,吃饭可以随便,开会出席自然更可以随便了。这种人的生活,便是事事不负责任,事事不肯认真,'得过且过','偷生苟活'"③。

第二,不可任性妄为。让兴致牵着鼻子走,率性任情的人,只会是三天打鱼,两天晒网,兴来了抱着书通宵达旦,如饥似渴,兴尽了束之高阁,甚至视如垃圾,嗤之以鼻。看谁不顺眼想打人就打人,想给谁穿小鞋就给谁穿小鞋,想做事就做事,不想做事就躺床上呼呼大睡,想游玩就游玩,想出走就出走,根本不知世间除了他还有别人,何谈什么做人应遵守的基本规则和规矩。

第三,不可呆呆板板。杨贤江说:"或者会有人把呆板的生活看作规律的生活的,实则大错。所谓呆板的生活乃是自己没有目标,一任大家支配的生活。好

---

①杨贤江:《学生新生活》,任钟印主编:《杨贤江全集》第一卷,郑州:河南教育出版社,1995年版,第234页。

②杨贤江:《学生新生活》,任钟印主编:《杨贤江全集》第一卷,郑州:河南教育出版社,1995年版,第234页。

③杨贤江:《主动与被动》,任钟印主编:《杨贤江全集》第一卷,郑州:河南教育出版社,1995年版,第227页。

比丘八的上操,和尚的念经,或如机械的走动,都是受箸外来的命令或压迫而无所自觉的。也犹中国人往日的生活,从娘胎里出来,抚养大了,或读书,或学做生意;尚未及冠,便被父兄撮成了一对,不久也便做了第二代孩子的长辈,一直到老以至'寿终正寝'。所谓人生者就如此这般的一桩事,什么事都有'例'可援,真可说是呆板极了。呆板的生活乃是不自动的、无意识的,于社会的进步,于生活的改善,都没有缘分的。"①或许会有人说规律的生活是机械式的,我们是人,何必要用机械的规则呢?杨贤江批判了这一观点:规律的生活不是机械的生活,因为人是活的,人可以随机应变,以不变应万变,所谓"运用之妙,存乎其心"正在与此。"我们只看大宇广宙中间,譬如天体运行,昼夜递嬗,气节变换,草木荣落等等现象,都是有规律的。再看我们做事或是开会,如果希望能够成功,免除困难,没有不靠计划和预备,一步步的进行的。再如吃饭、喝茶,你可不依一定的规律么?吃饭一定要用牙齿嚼烂了而后缓缓咽下,断没有'囫囵吞枣'可以不生毛病的。喝茶也是一样,你不能一口气喝尽一壶啊!当然的,你如制定了一种日常生活的日程,不是你就丝毫不得活动。譬如你规定上午六点钟起身,下午十点钟睡眠的,你能不逾时刻,固然最好。但间或差了十分钟二十分钟,原也无妨。不过,你终不当睡眠无定时,这是顶要紧的。又如你规定下午四点钟以后是要到户外运动的,但是天雨了,那你就不妨做做室内运动,或是另外寻些舒畅身体的事情来做,不是一定要冒雨出去的。"②"我们读过名人传记的,可以知道他们日常的生活是很有规律的。举最著名的几个例:(一)康德。无分冬夏,每日五点钟起。自五点至八点,预备大学之讲义。八点至十点,往大学授课。十点至一点,归家治事。一点后午膳,坐客常满,谈笑为乐,不喜论湛深之理,辄止三四点。饭毕则或读书,或默想。至七点出外散步。其时之定准,人至有以康德之出,为钟之率者。归后读书,多取新籍,十点乃就寝。康德定七小时,为睡眠最足之时。(二)托尔斯泰。看他青年时代的日记,常常先定规则,然后求其实行。……(三)富兰克林。他是一生勤于自学的。他立出'行状规则',每天有犯过的,便用十字记在簿上。所以他对于每日的行动,必须全部加以反省。"③

---

① 杨贤江:《规律的生活》,任钟印主编:《杨贤江全集》第二卷,郑州:河南教育出版社,1995年版,第278页。

② 杨贤江:《谈谈日常生活》,任钟印主编:《杨贤江全集》第一卷,郑州:河南教育出版社,1995年版,第367页。

③ 杨贤江:《谈谈日常生活》,任钟印主编:《杨贤江全集》第一卷,郑州:河南教育出版社,1995年版,第366页。

拉直青年人生成长的问号

因此,杨贤江强调"人人应该自己制定日程,日常生活就得一个依据,不致漫无把握,不致耗费精力。据我经验,规律的生活有下列四种利益:(一)身体使用有恒,无骤作骤辍之弊,自然可以常保健康。(二)精力使用有恒,无乱想胡思之弊,自然可以得和平。(三)做事都有规划,都有意识,不是随便瞎动,所以有成功可期,有实效可睹。(四)各种活动事业,都有定时,有定序,不致忽然忙迫,忽然闲散,常得保持均衡的态度而为圆满的进行。但规律的生活,不是说呆板的生活。我们应知道,自己当有支配生活的能力,不要自己被生活所管辖。我所说的规律生活,是对不规律生活而言。因为不规律的生活,是冲动的,是杂乱的,是无自制力的。结果是害身体的、伤精神的、无成效的。像这样的生活,当然是不足取的。所以我们要自觉的定出规律来,仍旧要自觉的去利用它。这是'运用之妙,存于其心',不能一概而论了。"①杨贤江说,只有日常生活有规律的人才有可能谈得上修养,日常生活杂乱无章的人是断无修养的可能的,"有规律的人,不肯把自己的肉体和精神糟蹋,一定要把他们放在个正当的地位,不妄用也不废弃。最要紧的,还在把精力的使用,不使过度,而常留有余地。因为没有规律,不但在心身方面,有不合卫生的弊病,而生趣方面,更有不善享乐的遗憾。艺术的欣赏,对于人生兴趣的增进,是很有关系的。"②但我国素来对艺术是不太重视的,艺术上的设备总是缺乏,个人生活不免毫无生趣,陷入枯寂、冷淡的氛围中,"但人类有求娱乐的天性,终是要求满足的。于是下等的娱乐品,便要乘机而兴。而这种娱乐品,多半是有害于心身,不足以为修养之助,所以就有'玩物丧志'一类的话。后来变本加厉,读书人便以娱乐为禁物。然如孔门设教,并不如此。《论语》上明明有'游乎沂,风乎舞雩,咏而归……'的一段韵事,可以想见当时师生间感情的融洽、趣味的深厚。可惜这种'遗风余韵',竟无存者。试问现在读书界中,有多少人带有艺术的色彩?平常生活,是不是可称为富有乐趣?学校没有风景可言,宿舍里全无舒适温润的印象,只是枯燥而呆板,实在太不讲'美'了。可笑教育宗旨里还有什么'更以美感教育完成其道德'的话。我不知几时曾经对于这句话发生些反应过。美的要素是比例的、统一的、调节的。'杂乱无章'的生活,配说是'美'么?配说能'享乐'么?既不能'享乐'了,更何有于人生?"③

---

① 杨贤江:《硬性读物与软性读物》,任钟印主编:《杨贤江全集》第一卷,郑州:河南教育出版社,1995年版,第234-235页。

② 杨贤江:《谈谈日常生活》,任钟印主编:《杨贤江全集》第一卷,郑州:河南教育出版社,1995年版,第368页。

③ 杨贤江:《谈谈日常生活》,任钟印主编:《杨贤江全集》第一卷,郑州:河南教育出版社,1995年版,第368页。

二、青年学生的生活

古语曰:"日暑一移,千岁无再来之。今形神既离,万古无再生之。我学艺事业,岂可悠悠哉。"青年时代是人生最宝贵的时光,是学习最重要的时段,宛如春播一样,错过了秋天就会颗粒无收。这个时候,很多有条件的青年都是在学校度过的,那么,青年学生生活应该是什么样的呢?

1922年4月5日,杨贤江在《学生杂志》第9卷第4号发表《逆流的人生》,他鼓励青年学生要做有理想的人,即不随遇而安、不得过且过、不满意于现状而思反抗现状、力求进境而敢与恶社会和恶环境宣战。以下是他所描绘的青年学生学校生活的图谱:

(一)学校生活具有秩序性

杨贤江说:"日月循环而无差,春秋更迭而无违,此天地之大规律也,亦吾侪所当效法者也。夫学生在校,起居动作,本有一定时刻,但一日之间,应行之事甚繁,在学校多不能悉为支配妥帖,于是不得不自定严密之规则,以为自治之法律。余于每学期之始,必调制一日程,规定日行之事与时,履行笃实,不敢违反。诚以秩序的生活,于卫生上、修养上及精神、时间之经济上最有关系。窃以为,能养成遵守秩序之习惯,则可为他日营社会共同生活之基础,凡所作为,皆能得其条贯脉络而无羼夺混乱之患矣。"[①]杨贤江的学校生活是极具有秩序性的,从他的日记中可以看到,他几乎每天都安排得一丝不苟、井井有条,如,1915年二月十八日,晨起盥洗毕,赴操场练习。次记日记,阅《会话文件辞典》。早餐后受课至下午四时毕。四时后阅新闻纸,……后散步、休息、又弹风琴,……夜饭后独至操场,……七时起阅英文、《伦理学》,读国文数篇,自修即毕[②]。四月五日,晨六时半起,盥洗毕,操体操,记日记,阅《华英会话合璧》。……四月六日,晨六时半起床,盥洗即毕,赴操场运动,回室记日记,继阅《明儒学案》……四月七日,晨六时半起,盥洗毕,运动,记日记,读《华英会话合璧》……四月九日,晨六时半起,盥洗,

---

[①]杨贤江:《我之学校生活》,任钟印主编:《杨贤江全集》第一卷,郑州:河南教育出版社,1995年版,第38页。

[②]杨贤江:《一九一五年二月十八日日记》,任钟印主编:《杨贤江全集》第四卷,郑州:河南教育出版社,1995年版,第1页。

运动,记日记,读《华英会话合璧》二首……,可见,杨贤江的学校生活是秩序性很强的。

"全人生指导"也就是学生生活的全面指导。日常生活指导与学习生活指导都是"全人生指导"的基本内容,具有十分重要的地位。日常生活指导亦即业余生活指导,对青年学生日常生活的关注并做具体指导是杨贤江青年教育思想的一大特色,他非常重视生活态度的指导和良好生活习惯的养成,架构了一种理想的生活形式以做示范,提出了"规律的生活",他本人即是最积极的实践者。他认为要造就青年学生高尚的人格,首先要反对单调、无聊、枯燥的生活,而要过"规律的生活"。这种"规律的生活"应该是青年学生努力追求的生活方式。"规律的生活"并非是机械、呆板、一成不变的生活方式,它包含以下四个特征:一是健康的生活,即日常生活要尊重卫生的法则,以保持并增进身心的健康;二是节制的生活,亦即适宜的生活,要求起居有常,饮食有节,动作有度等;三是效率生活,要求减少无益的动作、节省精力,做个有效能的人;四是趣味的生活,注重心身愉快,精神快乐。

(二)学校生活具有服从性

英国历史学家乌阿通阿说:"服从于独立,名相反,实相成。"英国作家加来尔称:"不能服从规则,不得自由。"杨贤江强调,"窃思学校之有规则、有法令,所以为谋学生求学之便利。故为学生者,不特当面从之,又当欢心乐受焉。盖学校教育学生,无非欲造福于学生,即无非爱护吾学生,惟其望之深、爱之切,故有时命令不觉其为严厉。然我辈当知,服从为建立品格之始,为尽人之义务与定命所不可缺之美德,必宜欢愉领受,以自表其感恩铭惠之私忱。令行即行,令止即止。虽历困苦,固所愿也。余又深知,服从之事,无论在家庭、在学校、在社会,断无能幸免者。既知不能幸免,故亟欲,养成此习惯,为便于将来处世立身计也。故凡学校所定之校训、所布之规程以及师长之训诫,不特无勉强屈服之心,且视此为维持我志愿、玉成我志愿之要素,而诚心悦服之,勉力实践之,惟恐有歉也。"[①]学校是一个集体,必须有一定的规则加以约束,如若学生不服从学校的规章制度,个个我行我素,那还不乱作一团,正常生活都难以为继,何谈学业?

---

① 杨贤江:《我之学校生活》,任钟印主编:《杨贤江全集》第一卷,郑州:河南教育出版社,1995年版,第44-45页。

（三）学校生活是简约的

大思想家孔子曰："以约失之者鲜矣。"北宋理学家明道先生（程颢）曰："所守不约，泛滥无功。"这大概是说繁缛佾汰的规章要求是应予避免的。杨贤江认为，"夫简易质素，无论何人，均当勉为。而我辈为学生者，赖父兄师长之力以受教育，是又当格外注重。近来奢侈之风中于社会，且浸假而传染于学子，而美其名曰注意卫生，实则半为赘疣之品，多非必要之物。余处校中，所衣者布，所履者亦布。饮食一端，除定餐外，不购一文之闲食（本校有贩卖所，糕果咸备，惟余无交易）。盖以为衣食清洁而已，过求华丽珍奇何为者。况节俭于涵养德性、摄卫生命，大有关系者乎！假日外出，虽有舟车之便，然非不得已，余只劳我两足之力，箭步往回，为可以尽天赋之能，而适我素性之好也。"①学生花的是家长的血汗钱，来之不易，切不可讲求奢华安逸，一定要以简约为准。

（四）学生生活是团体的

1926年10月5日，杨贤江在《学生杂志》第13卷第10号上发表《学生生活改造论》后半部分，在其中先介绍了观察中国学生生活可通过综合的观察法（即着眼于学生团体生活）和个别的观察法（即着眼于学生的个人生活）加以了解并获取。他进而指出中国学生运动具有"团体生活习惯尚未养成""团体组织不广大""团体活动不持续"以及"团体工作不统一"等缺点，还有一般人对于学生生活的误解——认为"学生生活是受教育的生活""学生生活是学人生活""学生生活只是读书""学生生活是预备生活""学校场所超出社会"。随后，提出改造学生生活的原则包括："第一，要有整个的圆满的人生活动；第二，学校课业要与心身要求及社会环境相适应；第三，教学两方要有共通的目标与统一的进度；第四，要打破课内与课外的区别；第五，要消除校内与校外的界限"以及在此原则下的具体方案。最后设计了改进计划的建议。②其具体论述内容如下：

很多人以为，学生在学校里生活，有很多的学生在一起，当然是团体生活。但真正的团体生活不是以一个屋檐下是否承载了很多人为判断标准，如果一座

---

①杨贤江：《我之学校生活》，任钟印主编：《杨贤江全集》第一卷，郑州：河南教育出版社，1995年版，第45页。

②杨贤江：《学生生活改造论》，任钟印主编：《杨贤江全集》第二卷，郑州：河南教育出版社，1995年版，第580–587页。

拉直青年人生成长的问号

房子里容纳了几个、几十个甚至几百个学生,但他们彼此互不相识、互不说话、互不交往,这是构不成团体生活的。团体生活不是机械的硬凑,不是偶然的相聚,不是"萍水相逢",真正的团体生活是要有意识的、有生命的,能相互发生密切关系的一种集团的生活。杨贤江强调学生之间,一定要多交际,多来往,多联系,多切磋,有的人可能觉得这样是不务正业,但"独学而无友"是否比"有朋自远方来不亦乐乎"更好呢?或许有的人认为,这样对知识的专精、学业的进步更有好处,但学生是人,是需要生活的人,是有着多种需求、需要多方面全面发展的人,如果社交天性都不发达,那还能算是完善的人格吗?"况且据心理学的观点,本能是有暂时性的(transitoriness of instincts)。倘使到了本能成熟的时期,不利用它,就会衰退,以后再想发达,必要感到极大困难。譬如达尔文,他因为先要成就了科学的工作,后来再去发展美的天性(esthetic nature),不料机会过了,他竟是连一行诗都不耐读。青年时代正值社交天性旺盛的时代,倘不乘机利用,便是绝其萌芽,以后虽想挽回,也将枉然。可惜我国学生,多犯这个毛病,这真是人生很大的缺憾,在从事业务方面,也不免要减少许多效力。美国学生的多活动,多交际,便是后来在社会上办事效能优胜的原因。我愿我国学生,不要轻视这个。"①"中国学生的普通团体活动,如研究学艺的会社以及自治会、学生会等,大都徒有具文而无实际,起初虽踊跃入会、竞争选举,但待章程定妥、职员选出,所谓会务者也差不多就此停顿。至于团体纪律、会议常规等等,更没有许多人来遵守、来研究了。——这是团体生活习惯尚未养成的一个缺点。"②

中国学生生活历来是不太完满的,这并不是学生不聪明、不努力或是教师不勤勉、不负责造成的,而是由中国人历来对学生生活的几种误解造成的:

第一种误解是认为"学生生活是受教育的生活"。学生是受教育者本身没有错,错就错在很多人认为学生本身是没有能力的,必须完全等教师来教育。这样一来,就把学生的主观能动性完全忽视了,至于学生本身的需求更是忽略殆尽,学生的个性完全受到压抑,教育的内容与方法完全不考虑学生的实际情况,只

---

① 杨贤江:《谈谈日常生活》,任钟印主编:《杨贤江全集》第一卷,郑州:河南教育出版社,1995年版,第368-369页。
② 杨贤江:《学生生活改造论》,任钟印主编:《杨贤江全集》第二卷,郑州:河南教育出版社,1995年版,第580页。

是从灌输知识的方面考虑。学生生活在这样一种"外铄论"的观念下,被弄得死气沉沉,毫无生趣。

第二种误解是认为"学生生活是学人生活"。这是"几千年来中国专制皇帝实施愚民政策的结果,士人以清高相尚,父兄以安分相诫,于是做学生的,除出受业尊师以外,不复知有'群'。废科举、兴学校以后,虽然受了物质环境的逼迫,也渐渐发生了团体的组织,更有所谓群育的名词,或且有专人专门主持;故学校并未认为这是教育职分以内的事,而且许多学校还是不许学生有结社、集会的自由。近年来,政府及教职员禁止学生组织学生会,更禁止学生参与救国运动,虽尚有别种作用,但就教育而言,就因教育者不知学生生活中团体活动的重要故。"[1]

第三种误解是认为"学生生活只是读书"。不管是以前还是现在,这种观念根深蒂固,虽然现在的学校并不反对学生的社会实践,也不反对学生进行体育锻炼,但一旦二者与学习相冲突,甚至影响到一丁点学习,立刻就会被认为不分主次、本末颠倒。如若一碰到选优秀,几乎就是以学习成绩为标准,至于品德、实践活动之类的最多作为辅助,甚至有的学校直接以学习成绩的高低来定义品行的优劣,"操行"在这样的学校别无他用,成了学业优秀学生的完美的"伪证"。

第四种误解是认为"学生生活是预备生活"。这种观念实际上是对"学生生活"作为一种"生活"的否定,认为学生本不该有什么生活,只有经过努力才能获得"生活",在学校的一切活动只不过是为了将来更好的生活。因为学生在校园根本谈不上生活,所以生活的好坏更无从谈起。所以,持这种观念的人往往拿成人的标准来衡量孩子的一切,谁离这个标准更近一些,谁就是好孩子。孩子的游戏被嗤之以鼻,他们被作为大人的"替补",随时准备以大人的身份步入"生活"的舞台上。在孩子未成为大人之前,与牛羊几乎没有两样,自由全无,成人以为他们必须有成人的看管和改造,免得到处惹麻烦。

第五种误解是认为"学校场所超出社会"。"学校重地、闲人免入"是这种观

---

[1] 杨贤江:《学生生活改造论》,任钟印主编:《杨贤江全集》,第二卷,郑州:河南教育出版社,1995年版,第585页。

点最有力的佐证。持这种观点的人认为学校是一方神圣的净土,是一块神圣的处女地,社会等闲杂人等不得轻易入内,他们的入内似乎是对这块处女地的玷污,社会生活被排斥在学校之外。如果学习是为了"学以致用"的话,那"学"的生活和"用"的生活如此格格不入,互不来往,怎可能把"学"的用到实处呢?

(五)学生团体生活的改造方针及改进方法

以上所述的种种认识,使得中国学生的团体生活和个人生活有很多问题,如何改进学生生活呢?杨贤江为我们指出了改造方针和改造计划。

1.改造方针

根据中国学生生活的实然状况,杨贤江提出以下改造方案:

(1)"要有整个的圆满的人生活动"。生活内容要力求丰富、完备,如体育能锻炼身体,是身体健康的必要条件,因此,都要注重体育,而不单单是运动员的专利、责任或义务;读书能开阔视野、增长见识,因此,人人都应养成读书的习惯,把闲暇利用起来,而不是只有学者、科学家才需要读书;社会交往能丰富自己的生活,获得与人之间的联系,因此,人人都应注重社会交往,而不是社会活动家的专属。但是,由于人的天赋差异、所处的环境有别,各自身怀的绝技也不同,如果强行要求运动员去比赛奥数,数学家去比赛写诗,诗人去比赛赛跑,那岂不是不合情理?不过,就人生的需要而言,人是应当在生活的各个方面有相当的修炼和造诣。故杨贤江认为,完整的学生生活应包括健康、劳动、社交、文化四要素。

(2)"学校课业要与心身要求及社会环境相适应"。学校是社会的一个元素,学生学习是为了增长知识、发展能力以融入社会,满足生活的需要。因此,学校课业一定要符合学生的心身要求,适应社会的环境,如若不然,学生便会觉得枯燥乏味,误入歧途,这对于学生的生活是极其有害的。

(3)"教学两方要有共通的目标与统一的进度"。"教"与"学"两方面的目标必须一致,劲儿往一处使,如若不然,二者必势如水火、互不相容、互相牵绊。如,有的学生学习的愿望很强,而学校却无所作为,只想保住饭碗;有的学生因循守旧、不思上进,而学校却很积极地对教育进行投资;有的学生要上街游行,从行动上救国,而学校当局则要求学生保持沉默,从"心底"爱国。像这种种,"教""学"天各一方,实无共同目标可言,这着实造成学生生活矛盾重重。

(4)"要打破课内与课外的区别"。这主要强调的是知识的学习不能仅限于书本,学习的空间不能局限于教室。书本知识固然重要,但生活常识亦是不可缺少;教室是学习的重要场所,但课外亦有很多知识有待探索。

(5)"消除校内与校外的界限"。学生生活不应局限于校内,而应到校外广阔的空间去。美国有许多进行自然研究的学校,学生们常是成群结队地远足于森林之中,去研究树木的枝叶、四季的花卉、各种的鸟类昆虫以及关于星球的学问,又去做驰骋、野宿、物候、驾舟、闲步、登临等事情。所以他们从小就能得知许许多多自然界里的知识。其成效是多方面而且是显著的:"不但能增进对于自然的了解,还可领略自然之美,而养成高尚的意境和丰富的情趣。"[①]

2.改进方法

(1)学生团体生活的改进方法。1924年5月5日,杨贤江在《学生杂志》第11卷第5号上发表《略论团体训练》,文中肯定了团体的重要性。但是,认为团体的力量不在于数量,而在于它的组织性和目标性。"我们要抵抗恶劣势力的侵袭,要用团体的武器;我们要从事革新社会的运动,也要用团体的武器。团结起来才有力量!这真是我们有热心干事业的青年的箴言啊。但是我们还该晓得:团体生活的有力量,并不在于形式上集合了许多的人。倘只是形式上集合许多人就算是团体,而骨子里没有一点组织,没有一种共同目标,则仍是一盘散沙,万不会生出力量来。"因此,青年学生应通过团体的训练,养成严守团体纪律的习惯,以提高团体的力量。"第一步大家必须勉强来遵守纪律:出席、缴费、遵守秩序、服从决议。'好逸恶劳'也许是人情之常。但我觉得,只要大家鼓足劲,趁着兴,便自会造成一种'干'的空气来。毕竟我们都是青年,青年的心是跳动快的,青年的脑是感触灵的,青年的筋肉又是紧张容易的,青年不畏难,青年又岂书怕劳?所以我们应该在不高兴时,硬要高兴;在不起劲时,硬要起劲。青年是以挣扎为生命

[①] 杨贤江:《自然界里的生活》,任钟印主编:《杨贤江全集》第一卷,郑州:河南教育出版社,1995年版,第448页。

的,青年是以纪律为自由的。'扎硬寨,打死仗'这才是个好男儿!""但严守纪律,还须有事实活动来督促,否则不免变成'规律教',却是要不得,所以必须'有事做'。"至于对那些不愿意守纪律、不相信团体活动的人应该怎样对待,他提供了一篇译自英文《密勒氏评论报》的文章《破坏团体之方法》(Ways to kill an Association)作为参考。①杨贤江在《学生杂志》第12卷第5号上发表《为什么要组织团体》,认为通常青年学生们所组织的团体有两种:"一种为课外研究的团体";"一种为公益服务的团体"。团体的作用主要表现在三个方面:"第一是借组织团体练习我们的组织能力";"第二是借组织团体学习活动能力";"第三是借团体的力量来防止我们的堕落与促进我们的努力"。②大体将学生团体的作用理解为道德、知识、活动及能力发展诸多方面。

学生团体的教育价值及功用如此之重要,那么究竟该如何调整改进呢?杨贤江提出改进学生团体生活的步骤,其具体举措如下:第一,在思想上,青年学生应努力消除从"娘胎"里带的旧观念、旧思想,改变自私自利的行为和作风,因为这是团体生活营造的"蛀虫"。第二,在组织上,各个学生一定要组织起来,各地学生一定要组织起来,只有组织起来,形成集体,才会有力量。第三,在宣传上,要使众多的学生明白学生团体是他们的"家",单靠严密的组织是不够的,必须加大宣传力度。第四,在行动上,为了避免学生团体内部起哄,一定要注意做事的方式方法,不能简单粗暴,不能颐指气使,尽量存异求同,制订出适合团体的目标。

(2)学生个人生活的改进方法。第一,生活内容的全面性。杨贤江认为,全面的生活由健康生活、劳动生活、公民生活以及学艺生活四种要素组成,这四种要素相互交织、不可拆分。健康生活可以保持学生的体力,展现学生的活力,因此,学校体育应以此为目的,而不可单单为了培养几个运动选手,拿几个运动奖项;劳动的生活似乎与学生无关,实则不然,教室的打扫、校园的清洁、植物的浇灌、修剪等不仅是为了学会一些技能,更是为了养成劳动的良好习惯,体会劳动的价

---

①杨贤江:《略论团体训练》,任钟印主编:《杨贤江全集》第二卷,郑州:河南教育出版社,1995年版,第57-58页。
②杨贤江:《为什么要组织团体》,任钟印主编:《杨贤江全集》第二卷,郑州:河南教育出版社,1995年版,第280页。

值,体验劳动的乐趣;公民生活即团体生活,它可以扩大学生的交往面,多参加一些团体,彼此交换信息,可以及时了解时事,增长见闻,学得一些社会知识;学艺生活可以提高知识、扩大社交、消遣闲暇。中国学者历来主张读书明理,寻乐消闲被搁置脑后,甚至不敢有此"歪念",其实这种歪理邪说早该革除了。学艺生活"除努力吸收新知识、研究新文化以提高好尚、扩大心境以外,更要有关于游戏、戏曲、音乐、艺术、文学及别种有益心身的娱乐方面的知识,有和蔼待人及善于会话和消遣的技能;在组织上,须有研究会、讨论会、演说会、俱乐部、同年会以及旅行、展览、郊叙等等,以发扬情感、促进社交、利用闲暇;在食堂、宿舍和校内校外宜乎布置的地方,更应求其有美景的点缀,以涵养我们的美感,浓郁我们的兴趣"。①

第二,生活情调的趣味性。生活中做的很多事要求"有用",而"有用"在很多时候与"有趣"是相冲突的,如何协调二者,这是我们在生活上应极其注意的。我们要在自愿的基础上,忙中有闲,闲中有忙,若像公子哥儿、大小姐一样整天无所事事,难免"无用",也"无趣"。

第三,生活能力的适应性。学生正处于青少年时期,这一时期除了个人心身发展的需要外,还需要为民族利益做种种事情。为了满足这种需要,学校应想方设法为学生提供设施、设备或其他条件,如图书馆、实验室、体育场等,还应对学生关注的问题给予方方面面的指导,如择业、交际、求学等,至于国家大事,更应随时随地施教,以使学生生活最大限度地适应实际。

第四,在生活形式的有序性。学生的生活一定要有计划、有规律,不能想起一出是一出,随随便便,乱七八糟。"我以为有好多青年是太不郑重了。我现在且随便举些例:吃饭时有一边吃饭一边看书读报的;有吃好了饭就倒在床上的,也有就去读书写字的;读书时并不把身体坐个端正,也不去读一定的书,只是高兴了乱拿一本来读,读了一些又把他丢了;和人家讲话,不去仔细地听,人家有问,只是随便地回答;或者看见东西就去买来,经过戏园门首便去看戏;朋友说去玩就

---

① 杨贤江:《学生生活改造论》,任钟印主编:《杨贤江全集》第二卷,郑州:河南教育出版社,1995年版,第597页。

玩,说打牌就打牌。其他如睡眠、游戏,没有一定的时间;走路写字,没有正确的姿势。总之,这种人的种种动作,都是随便的,都是听高兴的,就是无程序的,不规则的,杂乱无章的。等做惯了,便以这样为安。但这种做法,我终以为是不正确:(一)身体上有时懈怠,有时起劲,使用不能均匀,就能遗害于健康。(二)读书做事无预算,没步骤,不能有确实和系统的进步。(三)不把吃饭游戏当作一件事情来做,便是不识得身体的重要,便是没有识得事情本体价值的知力。(四)这种做法的人,一定没有懂得生活的意义和价值,或者和做梦一样,自己不能作主的。"①

杨贤江同时是一位社会革命者,他关于青年学生的生活的理想设计依旧是炽热中带有激进倾向,不过也从一个侧面丰富了他的教育思想。如1922年7月5日,杨贤江在《学生杂志》第9卷第7号发表《青年生活的本质》指出,活动、奋斗和执著是青年生活的本质,青年时代应有多方面的活动:理智的生活与情意的生活、学术的生活与实际的生活、工作的生活与游戏的生活、个我的生活与群众的生活均要并行。②同期还发表了他的《青年的生活》一文,对当时中国青年的不健康的生活状态,非常愤慨。"有人说'中国青年之脑与肉,都被老年的制度与学说麻醉得停止了?我将再加一句:'中国青年之筋与骨,都被享乐的空气与习惯熏染得软瘫了。'""从前的青年,受着第一种毒最厉害。但到最近,所受于第二种的毒,怕也不亚于第一种。"杨贤江认为不健康的生活是变态的生活,正常的生活应包括四个方面:"一是活动性;二是奋斗性;三是多趣性;四是认真性。"而中国青年的生活符合这些内容要求的人甚少,基于以下四个方面的原因:"(一)吃人的礼教。要他们拘文礼,显名扬亲。(二)玄学。叫他们脑筋糊涂,妄谈哲理。(三)名士毒。使他们吟风弄月,意气颓唐。(四)时髦朋友。诱他们寻乐享福,升官发财。"于是,他提出青年要过正常的生活应该摆脱旧习俗和不良思想的束缚,"不可盲目地崇拜圣贤,拘守礼教了,不可私心地妄想富贵、贪图快乐了,不可空口地说大话、发牢骚了,不可色情狂地使用装饰品、戕贼身心了,不可斯斯文文地装做君子人、忸忸怩怩地摆出女子腔了"。同时,还要培养青年积极、进取的精神。"应该断绝虚荣、萎靡、随俗的心理,而向积极的方向,培养切实、刚健、

---

①杨贤江:《谈谈日常生活》,任钟印主编:《杨贤江全集》第一卷,郑州:河南教育出版社,1995年版,第365—366页。

②杨贤江:《青年生活的本质》,任钟印主编:《杨贤江全集》第一卷,郑州:河南教育出版社,1995年版,第652—657页。

反抗的精神。这样,便该张开眼睛、发挥个性、望前进行,便该主张正义、反抗强暴。"①从中得知,青年的生活一方面应包括心理中的意志、性格及价值态度等非认知因素,另一方面对社会不良存在物的抗争及批判也是捍卫并维系健康生活的保障。

三、如何积极地生活

生活是复杂多样的,种种人事、物象、事件或诸多预料之外的因缘会以不同方式影响每个家庭或个体,其中有顺逆之别、悲喜之异,个中体会不仅有客观共性的反映,更有个体的理解及个性化风格。法国文学家莫泊桑称:"生活是一串烦恼的念珠组成的,达观者是微笑着把它数完的。"杨贤江对此的表述较之莫泊桑更为深刻而积极。

1925年10月5日,杨贤江在《学生杂志》第12卷第10号上发表《怎样消除烦闷》,认为烦闷是那时中国青年的敌人,不利于青年的发展。"有什么害处呢?这很显然,一个烦闷的青年会觉得走投无路,莫知所适,活也不是,死也不是,竟弄到读书既无味,游乐也寡欢,于是他的有限的精力就葬送在迷茫的路上。"中国青年的烦闷主要发生在"五四"之后,"当五四以前,已有《新青年》杂志提倡'怀疑主义''反抗精神''科学方法''物质文明'等等的新思潮,经五四一场行动上的激变,青年们愈感觉到政治的黑暗、列强的侵略,回顾自身,什么婚姻上的痛苦啦,家庭的专制啦,都一齐风起云涌地凑发起来。但是觉得摆脱不开,解决不下,于是深受打击,只好趋于委靡,潦倒,至多也只在诗歌里面干喊几声罢了。"为此,青年要摆脱烦闷就应该"结合起同志来,由团体去计划,靠团体去活动;只要你能去想,你能去干,你就得救。"他呼吁青年"请你们就从坐椅上、从睡床上、从冥想中、从沉闷中跳起来、动起来啦!要竖起筋骨,睁开眼睛,不要再愁眉蹙额、缩手叹气啦!前途自有光明,努力方得兴趣,请莫辜负着青春!"②近90

---

①杨贤江:《青年的生活》,任钟印主编:《杨贤江全集》第二卷,郑州:河南教育出版社,1995年版,第6-7页。

②杨贤江:《怎样消除烦闷》,任钟印主编:《杨贤江全集》第二卷,郑州:河南教育出版社,1995年版,第379-380页。

拉直青年人生成长的问号

年前的杨贤江对青年生活中存在的厌倦、烦闷以及无聊、空虚等身心"亚健康"状态就有如此犀利认识,可谓入木三分,而触及解决策略则洒脱而又火热,朝气旺盛的情状溢满字里行间。

时至今日,同样的情形依然呈现,耳边常常听到青年学生"真无聊""好乏味""真没劲""没什么意思"一类的叹息,那么,我们应该如何积极地生活呢?各人有各人的见解,有的认为天天打牌才算对得起自己,有的人认为自由自在才是生活积极的真义,有的人强调完全顺着自己的性子,有的人强调积极生活得展现自己的才力,有的人认为努力工作、挣钱才算是真正生活得积极,婆说婆有理,公说公有理,莫衷一是,众说纷纭。唯物主义教育家杨贤江认为积极的生活要树立积极生活的态度,养成良好的生活习惯,改变单调的生活模式。

(一)树立积极的生活态度

杨贤江先描述了一番情境,并作出深刻的剖析:朔风凛冽,寒气砭骨,有的人远望富家子弟安居大厦,拥裘围炉,享受幸福,便悲从中来,消极浮沉,然"吾人仰观俯察,睹日月星辰之灿烂,识草木禽鱼之美丽,……世界者,诚一极乐园也。郁郁不畅,沉闷烦愁,何为者?且夫人之作事,以有兴趣之故,而后能工,何也?以精神奋发故也。……就修学言之,则虽时遇艰奥之事理,须冥心苦索而后得者。然余认努力为得兴趣之先导,不以眼前之费思索为苦,而以事后之得佳果为乐,故有时且甚愿其有以逆我也。"①"人生观是生长的,就是进步的、当前的,所以实际的生活态度也当然是进步的、当前的。"②

杨贤江把青年生活分为健康的、劳动的、公民的、文化的四种,并一一阐述了青年们对这四种生活应持的健康态度。

1.健康生活

杨贤江认为健康的身体是精神焕发的基础,是乐趣丛生的源泉,是成功事业

---

①杨贤江:《我之学校生活》,任钟印主编:《杨贤江全集》第一卷,郑州:河南教育出版社,1995年版,第46页。
②杨贤江:《现在中国青年的生活态度》,任钟印主编:《杨贤江全集》第二卷,郑州:河南教育出版社,1995年版,第23页。

的铺垫,如若忽视了健康生活,就会百病侵蚀,最终沦为残废或呆子,所以,讲求卫生、锻炼身体自是青年生活的本分和权利。但是,在当时的社会环境里,在私有制度的笼罩下,青年能享受这方面美满的生活的,实只有少数的富家子弟罢了。"那些大多数的无产青年仅仅谋个温饱还困难,怎能再讲究卫生,怎能再练习运动?譬如卫生规则说:要吃滋补的食料,要住宽敞的房子,要穿整洁的衣服;睡眠时须换寝衣,三餐后须刷牙齿;每天要把头发梳光,要把皮鞋擦亮;每周又须沐浴一次,星期日更须出外游行一次。请问大多数青年——请你不要把青年限定是青年学生——能够照办吗?又譬如运动方法说:要买运动鞋来学习跑步;要买副钢丝体操绳或是哑铃来每天操练;每个家庭要建造一个网球场;每个运动员又须养成'君子的精神'。请问大多数青年能够照办吗?老实说罢,这些什么卫生规则,什么运动方法,都是和燕窝、鱼翅、狐袍、洋房、汽车等等一类的东西,都只配供给贵族们、资本家消遣;你们是穷光蛋,你们怎配吃燕窝、穿狐袍、住洋房呢?唉!且别梦想罢!"①但是,青年们是不是就该认命,消极浮沉呢?不,决不可以!"讲究健康的生活原是青年的本分,也是青年的权利。弄到现在这个不能讲究乃至不配讲究的地步的,只是现代社会制度的缺陷;有志的青年们为自身阶级的利益起见,便有起来改造这个不良的社会制度的天职。在目前,我们对于健康生活的态度是:不要羡艳好衣穿,好食吃,好屋住;只求能够维持最低限的温饱安身,以不致损害健康为度。就是经济充裕些的青年,也不要浪费了,应把这可以浪费的钱,帮助别的还不够维持最低限的温饱与安身的青年,或是捐助从事社会改造运动的团体。除这必需的衣食住以外,我们为了增进健康起见,自然也须讲究卫生,讲究运动;不过这是须利用自然界的设备,如海水、高山、森林、田野以及清风明月——不须一钱买的——等等,乃至做工、走路等极自然的运动——决不是资本家的卫生规则和运动方法。"②

2.工作生活

杨贤江认为,劳动是生存的基础,生活的来源、幸福的源泉,只有劳动才能有生活的必需品,无论是中国人常说的吃饱饭,还是西方人常要求的"面包黄

---

① 杨贤江:《现在中国青年的生活态度》,任钟印主编:《杨贤江全集》第二卷,郑州:河南教育出版社,1995年版,第17页。
② 杨贤江:《现在中国青年的生活态度》,任钟印主编:《杨贤江全集》第二卷,郑州:河南教育出版社,1995年版,第17页。

油"都是工作生活里的内容。"我们若是轻视或放弃这方面的生活,就不免于死,否则也是个社会的寄生虫。所以我们都应该做工,以养活自己并以养活大家。做工的种类很多,我们应该选择人群生活所必需、个人兴趣所属及才力所及的来学习来研究以求精进。这种工作,应该是认为快乐的,发展才力的。但是我仍要提醒你们:在这生产商品化,一切生产机关和生产者分离的资本主义的社会里,我的话只好算扯了谎!现今所称为'职业'的,不但没有快乐和创作的可能,而且就连做工的机会也不容易找到。你们不看见英国不是有一百多万的失业者吗?你们不看见上海各纱厂停歇,不是也有几千工人失业吗?你们不看见许多留学生学习专门技术回国来的,都得不到位置,因而只好改行换业吗?为了'面包和牛油',何况更不幸的尚且要得工做也不可得。但从反面看,有财产者不但不做工,而且还比工人多享千倍万倍的福。可怜成千万劳动者所出的血汗,乃只点缀了奶奶颈上的珠光,乃只装潢了公馆门上的铜环,乃只粉饰了脸皮,喂饱了洋狗!你待要做工吗?卖了身子不算,还有说不尽的苦楚!你待要不做工吗?冻饿死了也没人来睬你!那么我们该怎样呢?我的意思却是这样:第一,我们该信仰'工作即生活',该实行'一天不做工一天不吃饭'的教训。这里要把从前名士派'不问生产事'的狂妄思想除了。第二,我们该学得一件技艺使用体力的,以实现分工互助的原则。——这里要把从前贱视肉体劳动的荒谬观念除了。第三,我们该为现代被压迫的劳动群众做解除束缚、改良生活的运动,向不劳而获、作威作福的压迫阶级施行攻击,以期实现大家做工且有工可做的社会。"①

3.公民生活

公民生活是团体生活,是人类生活必要的要素之一,如果谁说:"我不过公民生活",那他肯定不是白痴就是傻子,因为不过公民生活,个人基本的生活也不会有,根本生活不成。别说不要公民生活,即便是不重视公民生活,也足以让自己的生活过得一塌糊涂,让人类的生活变得残缺。试想一下,我们常见的团体,如夫妻、家庭、学校、老乡、机关、社会、国家、世界,如若统统刨去,那能生活成吗?杨贤江所谓的公民,不是政治意义上的公民,而是"团体员"意义上的公民,他认为一个好的公民,必须是对团体生活有积极作用的公民。"对于伴侣,我们不单是和情投意合的做了朋友,多往来谈话罢了,更须结合那些有反抗恶习精

---

① 杨贤江:《现在中国青年的生活态度》,任钟印主编:《杨贤江全集》第二卷,郑州:河南教育出版社,1995年版,第19-20页。

神、改进社会思想、觉悟中国现状的青年,一方面做内部整饬的工夫,他方面向外做广大的青年运动乃至民众运动。对于家庭,我们当看能否有改良的余地来相机行事。譬如父母年纪老了,除靠儿子过活简直无法自存的,那么做儿子的自不能不负赡养的责任。但如家长并不是没有财产,而不肯送子女入学,或者竟强迫子女成婚,在这种情形之下,做女子的为自己的幸福起见,又不能不起而力求自拔。须知宗法社会的'礼貌'已是残存之物,在实际生活上只会有害而无益。新青年的责任即在实行改革这种坏的制度,把什么'耀祖光宗'的旧观念扫荡净了。要站在公民的地位去尽社会——在目前自然也包括所谓家庭者在内——的职务。对于学校,我们要承认这是青年生活的大本营,应该力求这一时期生活的美满。普通人以为学校生活是与社会生活隔离的,所以有的人主张学生补课与社会发生交涉,有的人则主张学生要为社会服务。这两说,虽然相反,其实他们都把学校生活看错了。我以为,学校生活本身就是一种社会生活,决不能视为非社会的,而且学生生活本身就是一种社会生活,决不能视为非社会的,而且学生生活里边本该包含了社会服务的内容。"①

4.文化生活

文化生活是增长乐趣、提高文明的要素。文化生活包括科学、文艺、常识、旅行等等研究和欣赏的动作,最足以使人快活、安慰,原是人人所喜悦的。但是在现代,这种种又成为许多有产者的专有品和装饰品了。杨贤江指出,"我们中国不是有许许多多的贫苦青年喊箸要升入中学、大学而不可得吗?我们中国不是有许多学校因为没有经费不能发展乃至不能维持吗?我中国大多数国民不是愁箸没有饭吃不能送子女入学吗?在这被限制的情势下面,真不知有几多的大科学家、大文学家被湮没了而无所表见,不知有几多的领袖人才被压抑了而不得出头!"②杨贤江呼吁青年们,为了自身的生活计,必须联合起来,改造当时的社会制度。

(二)养成良好的生活习惯

一个人的生活,可分为职业生活和日常生活。职业生活依职业的种类及性

---

①杨贤江:《现在中国青年的生活态度》,任钟印主编:《杨贤江全集》第二卷,郑州:河南教育出版社,1995年版,第22-23页。

②杨贤江:《现在中国青年的生活态度》,任钟印主编:《杨贤江全集》第二卷,郑州:河南教育出版社,1995年版,第23页。

质，各个人是不相同的。日常生活为做人的"例性故事"，大家应该是相似的。1921年9月5日，杨贤江在《学生杂志》第8卷第9号发表《谈谈日常生活》，对青年学生的"日常生活"进行了昂扬向上、热情洋溢的深刻阐述。生活是一种过程，是一种要求和实现生生不息的过程。人总是喜欢过"有意味的生活"，不喜欢过"无聊的生活"。我们读过名人传记，知道他们的日常生活很有规律，如康德、托尔斯泰、富兰克林以及曾国藩等等。一个人有没有"修养工夫"，就看他日常生活有没有规律。他从自己过去的学校生活的经验来看，学生之间的交际太少。社交天性没有发达，不可算为完全的生活。心理学认为，人的本能有暂时性的，若在其成熟期不利用、开发之，它就会衰退。青年时代正是社交天性旺盛的时期，若不乘机利用，便是绝其萌芽，以后虽想挽回，也将枉然。美国学生的活动多、交际多，这便是他们日后在社会上办事效率较高的原因。中国学生也要了解和敬视日常生活，过有规律的日常生活，尊重卫生法则，能富于美术的意味，有社交的机会，养成新鲜等气象和习惯，培养最低度的生活本领，进行必要的日程调整和记日记。[1]在《规律的生活》中，杨贤江认为不合规律的生活有三种式样："第一种不合规律的生活是随便的生活""第二种不合规律的生活是率性任情的生活""第三种不合规律的生活是呆板的生活"。[2]而有规律的生活就是"能自动的、有目标的、有办法的"。[3]他主张要过规律的生活，应该从两方面着手："第一要讲的是个人的规律的生活"；"第二要讲的是团体的规律的生活"。[4]他认为过团体的规律的生活有两种方法："（一）在知识上要明了团体生活与人生的关系，使我们得因信而生爱好之情；（二）在习惯上要养成遵守团体纪律的态度。"[5]只有做到以上两种规律的生活，人的生活才有价值。杨贤江进一步将青年学生的个人生活、组织家庭、职业活动、精神文化等个体生存及运动内容与团体组织、社会改造、政治革命以及思想解放有机结合起来，从而提升了青年生活内涵的高度，富有澎湃激越的向上精神。

---

[1] 杨贤江：《谈谈日常生活》，任钟印主编：《杨贤江全集》第一卷，郑州：河南教育出版社，1995年版，第364—370页。

[2] 杨贤江：《规律的生活》，任钟印主编：《杨贤江全集》第二卷，郑州：河南教育出版社，1995年版，第277页。

[3] 杨贤江：《规律的生活》，任钟印主编：《杨贤江全集》第二卷，郑州：河南教育出版社，1995年版，第277—278页。

[4] 杨贤江：《规律的生活》，任钟印主编：《杨贤江全集》第二卷，郑州：河南教育出版社，1995年版，第278—279页。

[5] 杨贤江：《规律的生活》，任钟印主编：《杨贤江全集》第二卷，郑州：河南教育出版社，1995年版，第279页。

杨贤江强调,"圆满的个人生活有一个条件是不容忽视的,这就是形式方面要有规律。我们看自然界的种种现象是有规律的:春夏秋冬四季相接,音乐有节奏,绘画有配合。人类生活怎能没有规律呢?试问:人人率性任情地过活,还成个什么样子?但所谓规律决不是呆板。呆板的生活是无生气的,是受外力支配的;规律的生活却有意识,却有自动。总而言之,形式上的规律是从精神上的自主来的,过规律生活者对于本人的生活有办法,有计划,有目标。现在且看中国学生在这方面的生活是怎样呢?当然,也有人是过规律的生活的,他们作事有步骤,读书有程序,不肯随俗浮沉,不肯'醉生梦死';但是做事逞感情,读书凭高兴,或者敷衍因循,或者如和尚念经、丘八上操般过机械式生活的,还不是占个大多数吗?"①

1.养成习惯的好处
养成良好生活习惯的好处大略言之,包括以下几个方面:

(1)可以节省时间。凡事一旦养成习惯,便会在无意识的状态下,手起刀落、得心应手,减少很多不必要的时间投入。

(2)可以节省力气。习惯性的动作是最简洁、最直接的,可以减少很多多余的动作,从而节省很多力气。

(3)可以减少错误。凡事一旦养成习惯,便是根深蒂固、刻在潜意识中的,不知不觉就会使着惯用的正确方法,错误率极低。

(4)可以提高效率。

(5)可以把握住整体,从整体上反应。

杨贤江又进一点加以例证:"我们只要把每天要做的动作,如吃饭、穿衣、走路等想一想,倘使没有这些吃、穿、走底习惯,势必每一样极琐细的动作,都要用

---

①杨贤江:《学生生活改造论》,任钟印主编:《杨贤江全集》第二卷,郑州:河南教育出版社,1995年版,第584页。

意识去做。譬如走路,一定要留心用左足伸出去踏在地上,再用右足伸出去踏在地上,于是我们底精神,将完全费在这方面,再没有工夫可以赏玩风景或是与友谈话了。又如吃饭,怎样用箸,怎样取菜,怎样咽下,也一定要留心、注意。这样,我们底精神,也将不能用在别方面了。果真件件动作要这样做去,则我们可以说,我们底人生,只好在这些动作上过去,不能想望有什么文化、什么事业了。诸位想,这种样的人生,还有什么趣味、什么价值呢?所以从这一点看来,我们幸而有种种习惯,可以省却许多琐细的无益的动作,使我们得以所有的精神用在增进人生幸福、发达人类文化等事业上。"[1]看来,这里的生活习惯既有品性素质中"习惯成自然"的意味,更有作为知识能力组成部分的技能学习与训练的内涵。

2.养成优良习惯的原则

杨贤江认为,青年学生要养成优良的习惯,须遵循以下 4 个原则[2]:

(1)浓厚的创作心。在新习惯之获得、旧习惯之离弃上,我们须留心于起手时,具一种尽其所能的浓厚和坚决的"创作心",然后聚集凡能增进"适当的动机"的事情,常置自身于能鼓励此新法则之境遇中,设法和旧习惯争战,和人立约、打赌,以期有人监督。"总之,包围你的决心于各种帮助之中。能如此,才可使你的新起始得个极大的原动力,使破坏它的诱惑不致发生;不然,便会立刻遇见。能够使诱惑多一日不遇见,便是加了一个机会使他永不会遇见。"

(2)不要有例外。"非新习惯稳固建立于你的生活中,不要使它一个例外发见。"在习惯上生一次懈怠,好像是一串缠绕极精细的小球,从绳上突然绽落了一个。只是这一个跑掉,便足以增加许多缠绕破坏的补救。不断的训练,是使神经系统行动正确无误的方法。

(3)捉住第一个机会实行。"捉住最先可能的机会,实行你所立定的志向;乘每次情绪的驱迫,实验你所到得的好习惯。"一个人记得无论如何多的格言,他

---

[1]杨贤江:《好习惯怎样造成?》,任钟印主编:《杨贤江全集》第一卷,郑州:河南教育出版社,1995年版,第598-599页。

[2]杨贤江:《学生新生活》,任钟印主编:《杨贤江全集》第一卷,郑州:河南教育出版社,1995年版,第232-233页。

的主意、定见无论如何的好,若是他不能利用每个实在的机会去实行,他的性质决不会从好的方面变化。

(4)勿徒凭口说。"不要如牧师劝化人样向你学生讲话太多了,只摘要用好话说够便是。"宁静等待实在的机会,不要放过,使你的学生在一件事上能思想、感触、动作三样的利益。行为继续不断的力量能使品性得胜利,养成好习惯为一种机体的动作。

3.养成优良习惯的五种成就律

杨贤江为我们介绍了以下五种成就律[1],可以帮助青少年养成良好的习惯。

(1)鼓动律(Law of Impetus)。聚精会神。在开始时具有一种尽其所能的强固的决心和热诚,有个极大的原动力,使破坏他的诱惑不致发生。即有何种困难,仍当坚持下去,庶几可由勉强而成自然。这可叫做鼓动律(Law of Impetus)。

(2)注意律(Law of Attention)。注意的反复练习。要成就习惯,必须由反复练习以成立神经通路入手。但只有练习而不注意,还是无效。必须当反复一种动作时,常常"念兹在兹",并能明白这种动作的重要而唤起兴味,又设法增变化使注意可以持久。这可叫做注意律(Law of Attention)。

(3)持续律(Law of Constancy)。不要有例外。非新习惯稳固建立于实际的生活中,千万不可有一个例外发见。假若有了,便足以破坏已经成就的功效。所以"一气呵成",不令间断,实为重要。这可叫做持续律(Law of Constancy)。

(4)练习律(Law of Exercise)。捉住第一个机会去实行。已经定好了一种志向,要造成某种习惯,则必须捉住最先可能的机会或自行创造所需的机会去实行。这些机会,或是自己的情绪,或是他人的影响,皆有利用的必要。西谚所谓"打铁须趁火热时",便是这个意思。若单是记些格言,立些主意,而不能利用机

---

[1] 杨贤江:《好习惯怎样造成?》,任钟印主编:《杨贤江全集》第一卷,郑州:河南教育出版社,1995年版,第602页。

会或创造机会,则不会有好习惯造成。这可叫做练习律(Law of Exercise)。

(5)效果律(Law of Effect)。有快感的反动结果。对于某种刺激的反应的结果,如其能发生快感,则感应间的通路容易成立,就是习惯容易造成。若其随伴而生的结果,只有苦恼,不感快意,则下次遇著那种刺激,便不容易发生反动,这样习惯便无从成就。这可叫做效果律(Law of Effect)。

4.养成优良习惯的条件
杨贤江认为,养成优良的习惯还需具备以下三个条件:

(1)一定要重视开始。最初形成的习惯正确与否关系以后生活的好坏,如若一开始养成的习惯便是不正确的、无益的,不如趁早截止,免得成为以后生活中的绊脚石。

(2)一段时间内最好以养成一种习惯为宜,因为养成习惯需要专心、热诚、不间断,如果同时要养成这种习惯,又要养成那种习惯,难免分心费力,混乱不堪,最终导致一种习惯都养不成。

(3)要有突破高原期的心理准备。习惯的养成和人的发展一样,总会经过一个高原期,这个时期往往会不进不退,甚至付出很大努力还向后退,这很容易使人产生放弃的念头。所以,一定要有突破高原期的心理准备,以免半途而废。

5.改掉不良习惯
习惯是个中性词,其有良有恶。正如詹姆士所说:"道德是一种习惯,罪恶也是一种习惯。"要养成良好的习惯,必须改掉不良的习惯。如果,谁已经养成偷懒的习惯、赌博的习惯、抱怨的习惯、敷衍了事的习惯,那么,我们应当尽快改掉这些不良习惯,杨贤江为我们提出了改掉恶习的四种方法[①]:

(1)断行。一旦起念要破坏某种恶习,就要立刻实行。倘有"以待来年"的存

---

① 杨贤江:《好习惯怎样造成?》,任钟印主编:《杨贤江全集》第一卷,郑州:河南教育出版社,1995年版,第603—604页。

心,便永远不能除去。也有主张用渐减法的人,如要戒酒,以逐日减少杯数为法。但这样犹豫因循,决难有戒绝的日子。

(2)杜绝诱惑,另用代替物。破坏恶习时,若仍有诱起那种恶习的物存在,就不容易成功。所以在恶习尚未完全除去以前,务必竭力地避去诱惑。如要戒吸烟,不当再有烟草看见。或者用他种代替物,做别种动作去防止,也是可以。

(3)不许有例外。戒酒的人,若存一个"星期日或逢宴会不妨饮酒"的念头,则他的饮酒癖万万不会除去。既然戒酒,便当滴酒不上口。有了一日的例外,尽足使多年的苦心归于水泡。

(4)自己暗示。这是打败诱惑最良的手段。当破除恶习时,予自己以能够打败恶习的暗示,又对朋友宣言要打败恶习,或常以能打败恶习为自豪。果能保持这种态度,则打败诱惑不难了。

从习惯的形成与破除来讲,青年期是最容易做到的,如若人到中年,要形成好习惯、破除坏习惯就极其困难了。所以,青年学生一定要抓住时机,珍惜时间,让自己的习惯更加完善一些。

(三)改变单调的生活模式

现在很多学生感到生活很无聊,很枯燥,生活模式很单调,这不是"焦急",也不是内心的不安,而是觉得生活的没有味道,单调乏味就难免"郁郁寡欢"。

"寺院里和尚的生活,'做一日和尚撞一日钟',这怕是最善形容所谓单调生活的真相的了。现在,且让我们来把这种生活玩味一下,一只钟挂在大殿壁角上,已是多年而且陈锈的,和尚穿了袈裟——也是古旧不堪的,每天要去撞几下,再嗡嗡地念几回经卷,吃的只要糙米与菜根,新鲜豆腐还须等到初一、月半才得尝到一点;庙门已是破旧的了,山门外更是一片荒场,少有人迹来往——这样的生活当然不止过一日,单调吗? 单调极了! 学生的生活怎样呢? 随铃上堂,随铃下课,每天不过捧诵几本教科书,每周还要'炒一次冷饭'——这种机械的生活,谁不感到单调?"[①]

[①] 杨贤江:《如何改变生活的单调》,任钟印主编:《杨贤江全集》第二卷,郑州:河南教育出版社,1995年版,第400页。

那为什么现在才感觉到如此单调呢？以前的学生生活难道很丰富多彩，不无聊、不单调吗？答案是否定的。杨贤江说："凡是一种行为，都是对于刺激所发生的反应。现在要究问觉得单调生活所由来，似从研究今日学生所受刺激是否与往昔学生所受的有不同为合理些。从前学生受些什么刺激呢？'人不学，不成器''师尊道严''希圣希贤''显亲扬名''考试大事''功课要紧'……对于这些刺激的反应，便是'循规蹈矩''安分守己''不怨天，不尤人'，这样孜孜地过活，虽不感到大快乐，自也不感到很无聊。但现在学生的刺激又如何？虽也承认读书是大事，可为将来'升官发财'的阶梯；但是看出这社会上活动的，却不一定是学问家。而且师道已经'解放'了，考试也可要求废止了，在学校读完几本教科书，满足几个年头或若干学分是马上可以毕业的。只要毕业便有资格，有了资格便可活动。好在谋饭吃并不一定要靠真才实学，所以大家在学校时，只图得过且过，直和做和尚一样，'做一日和尚撞一日钟'，没有什么意义，也没有什么好玩，即使有良师教诲，也将觉得犯不著认真努力。如此这般，哪得不感到无聊，哪得不感到枯燥，即哪得不感到单调？"[①]

那么，该如何改变这种单调的生活，使生活丰富有趣起来呢？杨贤江为青年们指出了正确可行的以下四个步骤[②]：

第一步，决定志向。

第二步，承认求学是为了你自己生活上的需要，并不是为了父母，也不是为了师长，更不是为了分数。因为你是个社会中间的人，你就要对社会尽职，凡在你周围所发生的问题，你都要会得应付；你若不学，你怎会有这些技能呢？就是你要发达身体，你要养成习惯，你要写好的字、说好的话，你还得随时学习。所以，求学实是为要满足个人生活与社会生活的需要，乃是必要品，不是装饰品。

第三步，你该知道求学的范围不是限于学校的，更不是限于书本的。在社会

[①] 杨贤江：《如何改变生活的单调》，任钟印主编：《杨贤江全集》第二卷，郑州：河南教育出版社，1995年版，第400—401页。
[②] 杨贤江：《如何改变生活的单调》，任钟印主编：《杨贤江全集》第二卷，郑州：河南教育出版社，1995年版，第402—403页。

上,做任何事业,都可得到增长知能、养成习惯的益处。不过学校的教育,是特意的安排,可以把知识、技能进行系统的学习;而书本的研究,又是学习上最经济的方法。所以我们不能忽视,不容随便。不过,你承认了这点,却不许看轻了课外的种种活动,如级会组织、学艺研究、出版讲演、平民教育、食宿卫生、农工援助等等;你要是看轻了,则你的生活真会落于单调,而且更会妨碍多方面的心身的生长。

例如,杨贤江特别重视课外活动对课堂教学的拓展、延伸意义,而且对于青年学生的审美精神、文体能力等素质均有充实价值。1924年12月5日,杨贤江以"曲它"署名在《学生杂志》第11卷12号上发表《课外活动与实际生活》,对当时教育中的不合理现象非常愤慨。他说:"教育即生活"这句话,从杜威带到中国来以后,已有六年了。可是实际上,我们的教育事业和学生生活,是否受着这句话的影响,受影响又到了何种程度,都很难说。现在请问:这种教育的产品是什么?我看只会造成迷恋骸骨的书虫、宗法社会的乡愿、帝国主义者的走狗、东方精神文明的牺牲者罢了。他主张要开展课外活动,以改变这种状况。"我们应该真正努力的,倒反在从事课外活动。因为这足以弥补学校教育的不及,足以完成自己教育的使命。"他认为有6方面的原因,使课外活动富有成效:"1.因课外活动的要求,从学生们自己发动。凡是自己发动的要求,一定肯用全力,一定具有兴趣,这样就易于成功。2.因课外活动的种类甚多,足以适应各个学生的需要而得专精的演戏。3.因课外活动可以利导青年学生的那种弥满的精力于正确、健全的事业,不至于有放佚、懒散的危险。4.因课外活动需与事实相接触,需与群众相接近。这样,一方面既能扩张领域,得现实的知识;他方面又能深入民间,践服役的责任。而这种智识与这种责任,又是青年学生所必具的。5.因课外活动可以练习办事能力,如领袖的习惯、团体生活的习惯、服从规则的习惯,都是中国青年所急需的。6.因课外活动可以把课内活动所得的知能,充分地加以应用的练习,以期在实际生活上发生影响,这种补助作用实为必需。同时,课外活动的种类可分为六种类型:关于体育的、关于学艺的、关于欣赏的、旅行考察、社会服务和问题讨论。此外,他还认为切实使课外活动发生效力,还应"将所有课外活动全由学生会主持办理,学生会必需鼓励学生的兴趣,领导带领学生参加这种活动。"[①]

[①] 杨贤江:《课外活动与实际生活》,任钟印主编:《杨贤江全集》第二卷,郑州:河南教育出版社,1995年版,第196-199页。

第四步,也是最后一步,则你该明白眼前求学的生活,就是当前你自身所极需要的生活;你不要以为,真正的生活是在学校毕业以后到社会上去谋生的时候。你要知道,你在中学正当青年时期,青年时期自有他的特别的生活,与过去的儿童时期不同,与将来的成人时期也不同。你要趁现在这个时候,努力发挥青年时期的特性:耐劳、活动、求知、研究、社交、装饰、冒险、旅行以及组织团体、拥护真理。你如不在眼前把这些生活好好地过,则以后的生活途径也会发生阻碍,如身体早衰、能力薄弱、团体训练缺欠,将证明生长的停顿。所以为满足青年期的需要,固须尽量享受当前的生活;即为发展壮年期的需要,也须充分利用当前的生活。

四、教育回归生活

人民教育家陶行知名言——"生活即教育""社会即学校""教学做合一",这构成了他独特的生活教育论。他认为教育的发展历程经历了三个时期:"生活是生活,教育是教育",二者分离;"教育即生活",注意到"两者沟通";"生活即教育""社会即学校"。杜威的"教育即生活,学校即社会"的主张虽然注意了"两者的沟通",但"它以一个小的学校去把社会所有的一切东西都吸收进来,所有容易弄假"。因而主张"生活即教育""社会即学校"。"是生活即是教育",生活教育"是供给人生需要的教育,不是假的教育"。"是要把学校的一切伸张到大自然里去",大社会里去。"要先能做到社会即学校",然后才能讲"学校即社会";要先做到"生活即教育",然后才能讲"教育即生活",生活教育使教育与生活、学校与社会之间密切联系,"血脉相通"。生活教育与封建传统教育、洋化教育是对立的。封建传统文化"以天理压迫人欲",生活教育则主张"要用教育的力量,达民之情,顺民之欲","要解放全人类"。外来的思潮中有些"以文化做中心的教育,它的结构是造成洋八股",生活教育则认为"文化是满足我们人生的欲望,满足我们生活的需要的"。"我们是现代的人,要过现代的生活,就要受现代的教育"。"过什么生活就用什么书,书不过是一种工具",反对读死书,教死书的"书本教育",并主张"儿童的生活才是儿童的教育,要从成年人的残酷里把儿童解放出来"。"总之没有生活做中心的教育是死教育,没有生活做中心的书本是死书本"。其中心思想是主张教育为人民大众服务,与社会生活的需要和社会生活实践密切结合,促进社会和人民生活"向前向上"发展。①

应该说,杨贤江教育学整体贯穿了生活教育理论,不过,比起陶行知来,更带有革命家的气概以及理论的战斗性与彻底性。同样,社会现实的、丰富而广泛的生活内容应成为青年学生教育的机体和血肉;而青年学生的教育应是生活的回归。此处集中分析后者的主张。

(一)开发课程的生活资源

1923 年 2 月 5 日,杨贤江在《学生杂志》第 10 卷第 2 号发表《什么叫做公民常识》,认为中小学校的公民课程不应狭隘地理解为专讲政治、法律的课程,而应是从个人生活到国际生活;公民课程的旨趣是培养群体和自己之间的生活常识及习惯,使学生具有做一个好公民的资格。教材是课程的载体,更是课程的表现形式,两者是统一的。

1923 年 7 月,杨贤江撰著的《新法公民教科书》初版,"《新法公民教科书》第一、二册。"所谓"新法",即 1922 年颁布的《壬戌学制》。所谓"公民",系学科名称。该教科书分两册,第一册为小学五年级用书,第二册为小学六年级用书。教材内容包含个人生活、家庭生活、学校生活、市乡生活、国家生活以至国际生活。一方谋补充小学前期公民科的教材,他方则期完成一个好公民的资格。"取材标准以适于社会需要、儿童能力为根据;叙述方法以合于心理原则为依归,"旨在"养成公民的良好品质和遵纪守法的观念,并了解公民基本的权利和义务。本书从1923 年 7 月初版,至次年 2 月,仅半年便印行达40 版。"②

以课程评价观来看,杨贤江对公民教育回归生活的资源开发、设计及实践是成功的,从中也可以推断出通过教育基础及主干部分的教学回归生活实现教育现代性改革前景乐观。当然,学校的生活资源是广泛的,一方面着意于挖掘利用,同时也有创设及设计,后者或许更为重要。当然,这需要教育热情、智慧与创意,杨贤江对此也有论述。例如,1926 年 11 月 5 日,杨贤江在《学生杂志》第 3 卷

---

① 顾明远:《教育大辞典》,上海:上海教育出版社,1991 年版,第 370-371 页。
② 杨贤江:《新法公民教科书》,任钟印主编:《杨贤江全集》第六卷,郑州:河南教育出版社,1995年版,第 785-786 页。

第 11 号上发表《学校园》,认为"学校园"对于城市儿童研究自然有重要作用。"学校园是教育上一种工具,它能供给学生们以接触自然的机会。尤其是在城市中的学校,因为儿童是难以看见花草树木,所以须有这种设备,以供自然研究之用。""学校园"的主要目的在于它的教育目的,而不在于赢利。"学校园里可以种植花木,也可以种植蔬果。从种植的结果自能换取许多的钱。但若因此把学校园看做谋生的方法,那就错了。"①也就是说学校园应以达到教育的目的为先。这段材料及评议是重要而中肯的,可以发觉人类教育的有效方式带有普遍性,当今的中小学情境教育或学生主体建构教学不就是与此一脉相承的吗?

(二)重视游戏的教育生活意义

游戏是指适合幼儿年龄特点的一种有盲目的、有意识的,通过模仿和想象,反映周围现实生活的独特的社会性活动,是幼儿的基本活动。游戏的特点是:1.趣味性。兴趣是引起幼儿参加游戏的直接动机,饶有趣味的游戏符合幼儿情感和意志发展特点。2.具体性。具有内容、情节、角色、动作、语言、活动、有实际的玩具和游戏材料,能引起幼儿的表象活动,符合幼儿依靠表象进行想象、记忆、思维等认识活动的特点。3.虚构性。在假想的条件下完成的一种反映现实的活动。游戏的情节、角色的扮演、活动的方式、代替物的使用都是象征性的、符合儿童活泼、好动、好奇心强、爱模仿的特点。4.自由自愿性。幼儿按自己的体力、智力和能力,资源选择游戏内容,安排游戏进程,表达思想、情感和态度。5.社会性。游戏是社会生活的反映,周围的现实生活是幼儿游戏内容的基本源泉。游戏最符合幼儿身心发展特点,可促进幼儿身体的发育,使其神经系统与身体各器官、组织得到活动与锻炼;有利于幼儿道德品质与个性形成和社会性的发展,扩大幼儿道德关系的范围,认识和评价自己的行为,克服自我中心的表现,建立良好的人际关系;有利于幼儿积极性、主动性的培养,可促进幼儿独立思考、探索与创造以及语言、思维和想象力的发展。幼儿游戏结构的基本因素是:内容、情节、角色、动作、及规则。游戏种类多样。按游戏的教育作用可分为创造性游戏(包括角色游戏、结构游戏、表演游戏)和规则游戏(包括智力游戏、体育游戏、音乐游戏等)两类。按游戏的社会性可分为单人游戏、平行游戏、联合游戏、合作游

---

①杨贤江:《学校园》,任钟印主编:《杨贤江全集》第一卷,郑州:河南教育出版社,1995年版,第659-660页。

戏。按游戏的认知特点可分为感觉运动游戏(亦称'练习性游戏''机能性游戏')、象征性游戏、结构性游戏和规则游戏。体育游戏在小学体育教学中占较大比例,可提高学生的兴趣和积极性。构成的基本要素是身体活动、情节、规则、方法、结果和场地与器具,其中身体活动为体育游戏所不可缺少的"。①杨贤江高度认识游戏之于儿童与青少年成长及生活快乐的价值。

1922年7月20日,杨贤江在《教育杂志》第14卷第7号发表《介绍〈童年之游戏生活〉》,介绍美国纽约城幼稚园副指导员Luella.A.Palmer所著的 Play Life in The First Eight Years,即《童年之游戏生活》一书。该书共281页,内容分上下两编。上编5章,专讲各种儿童游戏的方法。下编4章,专讲各种环境给予儿童生活的影响。本书所提倡的游戏精神和尊重儿童生活的思想,值得我国父母、保姆、幼稚园及小学教师、运动场指导员在养护儿童时借鉴和参考。

游戏固然最适宜于儿童,尤其是学前儿童的生活及教育,但其精神应该延续至人生青壮年乃至于老年。1922年11月5日,杨贤江在《学生杂志》第9卷第11号发表《青年与游戏》,认为青年如要做个完全发达的人,便应如看重工作一样看重游戏,因为工作和游戏是组成生命的原料。游戏的效果及于精神的发展,远比于肉体的利益要大。游戏的好处有:锐敏感觉,锻炼意志,促进社交的天性,养成团体生活的习惯等等。

(三)走进自然,体验生活情趣

1923年3月5日,杨贤江在《学生杂志》第10卷第3号发表《青年与春天》,希望青年在春天里到自然界里去活动,这样才能促进生机,保住生命且熟识周围的一切。"用你们的眼去看自然界光怪陆离的色罢!用你们的耳去听自然界流利晓畅的音罢!用你们的手去开掘攀援罢!用你们的足去奔波罢!用你们的鼻去吸清气,用你们的身去沐阳光罢!你们要呼啸,你们要狂跳;你们要做'老圃',你们要做小工;你们要和星月共宿夜,你们要跟花草虫豸结知交。总之,你们要和环绕你们周围的一切相熟识。"②

---

① 顾明远主编:《教育大辞典增订合编本(下)》,上海:上海教育出版社,1998年版,第1926页。
② 杨贤江:《青年与春天》,见《杨贤江教育文集》,北京:教育科学出版社,第84-84页。

1925年10月5日,杨贤江在《学生杂志》第12卷第10号上发表《旅行的必要和预备》主张学生出去旅行,其理由有五个:"第一是为适合青年的心理""第二是为变换生活的调子""第三是为打通社会的壁垒""第四是为补助课本的不及""第五是为训练办事的能力"。此外,他认为这对锻炼身体也有好处。为此,学校设立一个旅行委员会帮助学生处理旅行中的事情,主要办理四个事情:"(一)鼓励同学旅行的兴趣,并设法帮助同学旅行事宜;(二)搜集对于旅行有关系的书籍;(三)根据历来旅行报告,制成统计表,将同学所到的地方、用钱多少、有何困难,统统列入,越详越好;(四)预备《旅行须知》分发同学,并参观证明书或公函,供参观学校及工厂等机关时应用。"他认为旅行的预备应从事前、临时及事后三方面进行准备。①

旅行的目的地不是某个地方,而是一种看待事物的全新眼光,是一种另一种方式的生命体验。老子曾说过:"千里之行,始于足下。"青年学生只有在自身亲身经历的影响下,才能焕发出新的生命力。首先,旅行扩增了学生的见识。他们在接收更多事物与见闻的时候会寻找到更符合自己内心愿望的爱好,而且亲眼见过的一定比只在书上看过或者听人说过更有触动性。其次,旅行能增加学生的自信。旅行中会不断遇到新的考验,学生每遇到一次挑战就能学习如何应对周遭的环境,同时得到一辈子受用无穷的能力感和自信心。第三,旅行不断激励个人的成长。经历新的人、事、物能够让青年学生变得更好奇、更好学,有更开放的心胸接受新事物和新观念,像是拓展视野以适应成人的世界一样,亲自体验不同民族或各种环境的差异,有助于青年学生连接自己居住的地区与整个大世界的关系。最后,旅行能锻炼意志,强身体魄。总而言之,旅行的教育意义是不能视而不见,而应该是被加以重视。所谓"读万卷书,不如行万里路"说得就是这个道理。

五、恋爱与婚姻

元代文学家元好问的诗句"问世间情为何物,直叫人生死相许",这应该是

---

① 杨贤江:《旅行的必要和必备》,任钟印主编:《杨贤江全集》第二卷,郑州:河南教育出版社,1995年版,第384-389页。

恋爱的最高境界吧。说起恋爱,几乎每一个人都会经历。它如同美酒佳酿、琼浆玉露,芬芳馥郁,让人沉醉不知归路。"思君忆君,魂牵梦萦,翠销香暖云屏,更哪堪酒醒",恋爱中的人只管幸福地沉醉去,哪知人间烟火在何处?但不食人间烟火的恋爱真的能长长久久吗?伟大的马克思主义教育家杨贤江从恋爱的作用、发起的原因以及如何解决恋爱中的问题等多个方面为我们解答了这一疑惑。

(一)爱的作用

杨贤江说,"情"如光线洒满人间,千丝万缕,充溢在人间的每一个角落,虽然"爱"只是这万千情愫中的一种,但它在人间生活上却有特殊的作用,具体有以下三种[①]:

1.爱情是行为的原动力。凡百情绪,都是根于本能。有激发支配人间的势力。爱情的发生,是因为对象可以引起快乐。我们既为这个爱情所驱使,好比机器得了原动力,社会发扬踔砺,勇往进行,而行为就因此实现了。2.爱情是社会的构成力。社会的构成,原以协力合作为要件。但只管用力,而精神上没有互相慰藉共同沟通的一个要素,那么社会将要变成干燥的机械的东西,恐怕难以固结,难以维系。爱情的作用,就在使他温润,使他滋养,使他不生倾轧龃龉的弊端。所以在社会构成上,爱情乃是不可缺的因素。3.爱情是人生幸福的根源。人生幸福,有不是金钱、权力所能强致的。纯正的幸福,还是要靠这种耳目不得见闻,色相不得接触而发源于人间心底的爱情。因为爱情对于人生,可以添上许多浓厚的色彩,可以增加许多丰富的热力。我们做人觉得有兴趣、有价值,原因就在于这个具有美化人间的力量的爱情。

(二)青年恋爱的心理

杨贤江认为,恋爱如同催化剂,经历过恋爱的人身心会产生微妙的化学反应。青年恋爱的心理可分为三个阶段:

第一个阶段是青年初期。这个阶段的恋爱是非常幼稚的,与高等动物的求偶期颇为相似。如孔雀在求偶期会拼命展示自己的羽毛,以"开屏"使对方钟情于

[①]杨贤江:《青年的恋爱》,任钟印主编:《杨贤江全集》第一卷,郑州:河南教育出版社,1995年版,第212页。

自己,鸟类会大展歌喉,以悦耳的"歌声"捕获对方的芳心。这个时期你会发现,之前从来不顾自己外表形象的男孩忽然像换了一个人似的,开始认真仔细地挑选自己的衣物,对自己的衣服、发型、鞋子等格外留意。在公众场合,总想寻个机会大显身手,以炫耀自己有多厉害,但一旦他所爱的女孩出现,这种"勇气"立刻化为虚无,变得手足无措,说话结结巴巴,本有的那股劲儿荡然无存。至于女孩,则变得矜持起来,表面上对男孩的所作所为不理不睬,实际上却是眼在看、耳在听、心在体会。

第二个阶段是青年中期。这一时期承上启下,有个鲜明的特色,"就是两性彼此的退避(withdrawal)。这是因为他们的眼光,正注重在世界和自己的将来;他们心里道德的、宗教的战争,正达于到最高的强度;因此很不愿意多用心思在异性方面。这个时期,男性的团体比较女性的,要情意相投得多,妇女则烦闷彷徨,要注意到很多的事物,所以在大学初年级男女同学,实在是很不快意的一件事。而许多女子,就要想过修道院的生活,却又是不幸的一种选择。因为两性退避的现象,不过发育中的一方面,并不是永久如此的"[①]。

第三个阶段是青年后期。这是最后的求偶期,这个时期两性退避的现象已经消失,恋爱又回复到本来面貌,只要顺其自然即可。

(三)恋爱发起的原始动力

马克思主义教育家杨贤江告诉我们,"所谓恋爱,更以性欲为根本的原动力;虽说这已是所谓的性欲的升华的现象,但到底不是一种什么神秘玄妙的现象,到底是脱离不掉性欲的关系的。生物学告诉我们说,人生有两大根本愿望:一是食,一是性。食以维持个体,性乃繁衍种族。所以要是有人反对性爱,实无异反对吃饭;因为食与性都是不可否认的事实,反对了简直自己否定是人。故就常情而讲,在青年时期而讲恋爱,或有恋爱行为,本属寻常不过的事,我们不用惊奇,更无可反对"[②]。

[①]杨贤江:《青年的恋爱》,任钟印主编:《杨贤江全集》第一卷,郑州:河南教育出版社,1995年版,第214页。

[②]杨贤江:《中国青年的恋爱问题》,任钟印主编:《杨贤江全集》第二卷,郑州:河南教育出版社,1995年版,第265–266页。

性欲是一种本能,就如同饿了要吃饭,渴了要喝水一样。对于动物,性交只不过是到一定阶段的一种条件反射,这种行为的作用就是繁衍后代,而人具有社会性,性欲必然会带有社会方面的意义。男女由于身体构造的不同,自然而然地产生对各自缺乏部分的好奇与向往,但人类的性交不单是为了满足性欲的饥饿,更是为了爱情和家庭。亦如人类吃饭,它不像动物那样仅仅为了吃饱,人类吃饭更为了亲人之间的团聚、朋友之间的切磋,以此来增加生活的趣味、体验生活的美妙。如果把人类的性欲等同于动物,那是对纯洁的亵渎、对高尚的侮辱。杨贤江认为,"人类性欲这件事,乃是很有意义、很有研究价值的一件事。从此可知青年恋爱,也不是儿戏的事情。我们应得重视他、留心他,那有弃而不顾,或是斥为卑鄙的道理。若竟是这样,那么可以说他是忽视人生,也是看轻自己了"[1]。我们不可讲禁欲,因为那是对"生命通道"的堵截;我们不可讲纵欲,因为那是对"生命纯洁"的亵渎。我们只可讲节欲,不可讲禁欲或纵欲。杨贤江认为性欲这样东西,是富于高贵、纯洁、健康的意义的。他引用 Prince Morrow 博士的话说:"性欲功能是和肉体、精神、道德的发达有密切的关连的。他的正当的作用,在个人方面,是健康、幸福、生活利益的最确实的根柢;在种族方面,就是永久和繁盛的最确实的根柢。若是误用了,或是滥用了,那么,就是很多的疾病和困苦的原因。[2]"在青年时期而讲恋爱,或有恋爱行为,本属寻常不过的事,我们不用惊奇,更无可反对。旧式的禁欲说,除证明它为'吃人的礼教'的一种镣铐以外,就不值一驳了。[3]

(四)青年恋爱的问题

恋爱本是自然而然发生的,可是在当时的社会条件下竟也产生了很多问题,杨贤江把问题归为以下五类:

1.无爱的结婚——结婚本该是恋爱后期自然要进行的,可当时社会上素以"父母之命,媒妁之言"为结婚的正道,很多青年的洞房花烛夜竟是初次谋面,两

---

[1] 杨贤江:《青年的恋爱》,任钟印主编:《杨贤江全集》第一卷,郑州:河南教育出版社,1995年版,第217页。
[2] 杨贤江:《青年的恋爱》,任钟印主编:《杨贤江全集》第一卷,郑州:河南教育出版社,1995年版,第216页。
[3] 杨贤江:《中国青年的恋爱问题》,任钟印主编:《杨贤江全集》第二卷,郑州:河南教育出版社,1995年版,第266页。

人之间哪有"爱"可言,有的人就这样认命了然一生,有的人则不满意这种"和奸",努力挣扎。

2.无爱的订婚——有的青年虽然没有结婚,但婚姻早已由父母长辈提前预约,成婚是迟早的事,只是等年龄到来而已,许多青年不满意这种方式或"深嫌货不合适,竟想不履行此项契约——在他或她的自身本无履行的责任;无奈家庭的蛮横与威胁层出不已,可怜无勇无谋的青年有时也只好归于屈服"①。

3.欲恋而不得——那些没有结婚也没有被订婚的青年实在也幸运不到哪儿去,他们到了恋爱期,"因在'闷煞我也'情景下面,再也忍不住的'两袋'先生的作用,就要忙着打算怎样去找求伴侣,并忙着打算怎样去实行恋爱。可是问题不在这种欲求,乃在有所欲求而竟不得一厢情愿地如愿以偿。这个困难不在于什么礼教的防范或权威的劫持,乃在于'东边的喊了一声'并不'听得那种西边的就应了一声'——'我住在内地乡间,绝难找到一个女学生;看来我的恋爱梦只好不做了!'就是一个实例"②。

4.绑票式的爱——"卿卿我我""甘言蜜语""非不相爱也",故到底那一袋显出真相来,只不过"淫声浪态",并无一些儿"真情实感",于是乎"雄蜘蛛""雌螳螂"化生到人间,绑票甚至于撕票的勇敢行为也适用在"两个人格的抱合"的恋爱国土来了。③

5.有爱而不得"结婚"——本来恋爱应是结婚的基础,两者是一致的,"但在这讲体面、讲礼仪的中国社会里,为要抬高'两袋先生'的地位与尊严,定要制成结合的仪式,而且特别做得堂皇而冠冕。于是乎初出茅庐的小子们,吓得头也不敢伸一伸,还是委屈一点躲着不动吧!——这是一个问题。还有,就是那'杀人不见血'的'道拉'们用着垄断的手段,竟可以使'天下有情人都不成眷属';于是乎

---

①杨贤江:《中国青年的恋爱问题》,任钟印主编:《杨贤江全集》第二卷,郑州:河南教育出版社,1995年版,第266页。
②杨贤江:《中国青年的恋爱问题》,任钟印主编:《杨贤江全集》第二卷,郑州:河南教育出版社,1995年版,第266-267页。
③杨贤江:《中国青年的恋爱问题》,任钟印主编:《杨贤江全集》第二卷,郑州:河南教育出版社,1995年版,第267页。

所谓'自由恋爱'就成为一种'自由竞争'或'自由买卖';但却不许'穷光蛋'染指其间"。①

杨贤江强调以上恋爱的问题要得以解决,必须具备四种条件。"这四种条件是:社交公开以增加恋爱的机会;教育平等以增加有学识的女子;婚姻自由,让男女青年有权选择;经济独立,以免除共同生活上的困难"②。现在社会上"恋爱神圣论者"喊得很响,但恋爱真的能超越一切,真的能不食人间烟火吗?杨贤江为此讲了这样一个故事,以供青年们反思,故事如下:

葛斯大法克和鲁以丝"彼此的爱情热得很"。这一天他正式地请鲁以丝的父亲准他同鲁以丝结婚,那老头子第一句话就是:"你现在每月有多少进款?"

法克答道:"一个月不过一百个克洛纳(一个克洛纳抵不上中国半块钱),但是鲁以丝……"

老头子:"什么话!你不能一定(是说旁的进账不能一定)就想结婚了吗?少年人,你的结婚观念倒有点古怪!你可知道将来你要生小孩子,你须要给他们吃,给他们穿,还要抚养他们成人?"可是后来他们竟结婚了。他们结婚的第一个月,天天过快活日子,跳舞哪,宴会哪,看剧哪,吃烧斑鸠、大红莓哪。过了不久,居然就做起爹爹妈妈来了。

但是可怜的法克一家,只靠着爱情和借债过了一些日子,后来真破产了。他丈人赶来,把鲁以丝和他的孩子带回去。他们上了马车,临走时,老头子叹口气说:"总算我没有主意,把我的女儿借给了一个少年人过了一年,他把女儿还给我,毁坏了!"鲁以丝本愿意同法克守着。但是他们此时已没有过活的道路了!③

---

① 杨贤江:《中国青年的恋爱问题》,任钟印主编:《杨贤江全集》第二卷,郑州:河南教育出版社,1995年版,第267页。
② 杨贤江:《中国青年的恋爱问题》,任钟印主编:《杨贤江全集》第二卷,郑州:河南教育出版社,1995年版,第268页。
③ 杨贤江:《告青年之有婚姻问题者》,任钟印主编:《杨贤江全集》第二卷,郑州:河南教育出版社,1995年版,第2-3页。

试问这个世上为了面包而"糟蹋爱情"的究有多少?!

(五)失恋

有恋爱必然有失恋,失恋的青年在开始往往悲痛至极、痛不欲生,甚至因跨不过这个坎儿而自杀,杨贤江指出失恋的原因,虽不能为失恋的人疗伤,却能让青年知道失恋的所以然,帮助他们度过失恋这个难关。失恋的原因如下[①]:

1.人情的变动——人间生活的历程上,显呈有节奏的生长(rhythmic growth)的现象(在心理学上称为高原)。无论在知能、在感情、在德行各方面的进程,都不是"按部就班"而是"兔起鹘落"的。现在且专从感情生活上看看这种的定期性。实在我们的感情是最难始终如一的。在平淡的生活中,固然不会有什么动摇;但在紧张的生活上,一定是要从甲极端变到乙极端的。故在高度的兴奋之后,会有一种程度相等的沮丧;高山的生活也要变为幽谷的生活。总之,情绪的生活要想保持一致水平的状态,实在是不可能的。至若恋爱,因为用情的强度更高,所以他的"抑扬顿挫"更其显然,而且结果多是不幸。西洋有句流行的话:"真正恋爱的进程是决不平稳的。"这是不错。因为用情深切的人,是在狂热与消沉之间,在极端信任与极端嫉妒之间颠簸不定的。更其稀奇的是,当他在一个极端的时候,自信以为可以永远这样了,所以虽非甘愿的事情,也肯去做。但是结果反来一个不快的反动,于是便引起了许多误会和谴责。

2.经验的增进——向来关在礼教之笼里的青年男女,一旦开放了,自然心中喜欢得什么似的,无不跃跃欲试。可是"未经世故",不知"人情冷暖""世态炎凉"。因渴慕异性之故,只求有机会可以接近,将如"饥不择食",很容易"一见倾心";卡本德所谓"一瞥的性的魔力",对于我国这般"天真烂漫"的青年男女,更要大逞其威风了。

3.经济的影响——我们于此先要明白恋爱与经济一般的关系。人生两大要求是"食"与"性",两者一样重要;一方面不能不吃饭,一方面就不能不求爱。但是在现在经济制度底下,什么都有成为商品的倾向,人也变了商品,可用金钱计

[①] 杨贤江:《中国青年的恋爱问题》,任钟印主编:《杨贤江全集》第二卷,郑州:河南教育出版社,1995年版,第271-274页。

算价值;不幸所谓恋爱者,也不免受着经济的支配。

(六)婚姻

1.何谓美满婚姻

人人都希望有一个美满的婚姻,但何谓美满的婚姻?不同时代有不同的含义与解释。原始社会的杂婚制实质根本称不上是婚姻,美满与否无从谈及;阶级社会开始算是真正意义上婚姻的开始,由于私有观念的产生与发展,女子被当作私有财产对待,越富有的男人拥有的女人越多,这种男尊女卑的风气源自何时呢?"试看动物界,雄的要比雌的更装饰他的身体,又以美的歌舞讨好雌的。雌的乃从许多雄的当中选择适意的。可见动物界中实在是个女尊男卑的世界。独独到人类里头,正和动物界相反,成为男尊女卑的风俗。这是因为动物界中,除自然淘汰以外,虽以性的淘汰为重要;但至于人类,则除这种种淘汰形式以外,更以社会的淘汰为重要。真意义的社会生活,到人间才能发生,一个社会里的各员,在性的关系以外,还有竞争。而这种竞争,在原始社会里,还是身体的有能性比精神的有能性要被尊重。如力强、运动速、身体大,就被尊重。就是讲到精神的性质,也以关于身体的勇气大胆等性质为尊重。而这种种身体的优点,女子终不及男子。所以在原始社会,已经是男子位于女子之上。如此男尊女卑的风气一生,女子的能力愈被抑压,男子的能力愈加发挥。"[1]发展至阶级社会这种风气愈演愈烈,实行的是一夫多妻制。这种婚姻制度是不合理的,因此,没有婚姻美满可言。杨贤江说,发展至现在青年仍然难以获得美满的婚姻。"因为在现代这种资本主义的经济(即财产私有)制度下面,一切生产变成商品化,一切生产工具变为少数人所占有,所以多数人要解决生活问题,是绝对不可能的。换句话说,多数人势必贫乏,贫乏的人势必被剥夺了婚姻的权利。因此,我们可以断言:在现代经济制度底下,是不会有美满的男女结合的。现代青年真想实现美满的男女结合,非先打破这个妨碍他实现的制度不可。不打破现代的经济制度,生活问题就不得解决。不打破现代的经济制度,即使打破了旧礼教仍归于无用"。[2]

---

[1] 杨贤江:《家族及结婚制底心理的见解》,任钟印主编:《杨贤江全集》第六卷,郑州:河南教育出版社,1995年版,第109—110页。
[2] 杨贤江:《通信——致姜敬舆》,任钟印主编:《杨贤江全集》第四卷,郑州:河南教育出版社,1995年版,第510页。

2.如何处理婚姻中的问题

杨贤江说:"现代的中国青年真是太不容易做了。军阀的压迫,外力的侵略,即使青年们的热血沸腾;民生的困苦,社会的腐败,又使青年们的热情抑郁;加以求学的困难,择业的不易,更使青年们的'用心'不能'毂上'。而今再碰着最难解决的婚姻问题,旧式的'父母之命、媒妁之言'的婚姻既不合意,而恋爱的结婚,因男女教育不平等和种种经济的压迫,又难如愿,于是精神便烦闷起来。"① 但婚姻问题还得根据具体情况想方设法尽力解决。"譬如你的长辈胡乱替你订了婚,你的长辈强迫你去结婚,那么你为自己将来的幸福起见,你就该鼓起精神,竭力反抗。须知我们青年做事,应该是不屈服的。对于国事当这样,对于校务当这样,对于家庭也当这样。虽然我们的决志未见得定能达到,但是我们终该坚持着这一种'不甘屈服'的精神,即使失败了,还是不当灰心"。②如果你已经结婚,但两人实在不是一路上的人,人生观、价值观相差很大,实在难以生活下去,那么离婚也未尝不可;如果由于种种条件离婚已经不可能,那么"置之不理"也算是一法。杨贤江还提醒青年们,"现时,对于婚姻有两种青年的态度是最丧失青年活泼真挚的本色的:一为可怜的卑怯的中了礼教毒而讳言恋爱,也不敢解决婚姻问题的青年;一为写那种'单相思'的肉麻当有趣的信的青年。他们这种的态度是不合理的,是不能解决他们的婚姻问题的,我希望大家能加以矫正。"③但要彻底解决婚姻问题,须得从根上抓起,"中国现行婚制不良之点甚多,但以男女本身没有择偶权为最。要改革它,却不是婚制本身的问题,而与教育、经济、法律全有关系。如男女皆有受教育权,皆有经济权,法律上又有男女平等权,则不良婚制的改革自然容易"④。

杨贤江对青年恋爱婚姻的指导与分析无疑是其全人生指导青年教育及心理理论的组成部分,积极、阳光、充满朝气与热情,也很有针对性、具体而深刻,为

---

① 杨贤江:《意志之修养》,任钟印主编:《杨贤江全集》第六卷,郑州:河南教育出版社,1995年版,第4-5页。

② 杨贤江:《告青年之有婚姻问题者》,任钟印主编:《杨贤江全集》第二卷,郑州:河南教育出版社,1995年版,第5页。

③ 杨贤江:《告青年之有婚姻问题者》,任钟印主编:《杨贤江全集》第二卷,郑州:河南教育出版社,1995年版,第5页。

④ 杨贤江:《答问——答张其南君》,任钟印主编:《杨贤江全集》第四卷,郑州:河南教育出版社,1995年版,第959页。

当今青年教育提供可贵资源。婚姻是人类生活的重要方面，关乎千家万户的人生幸福及社会稳定。这在青年期是人生的大事，影响教育的效果及健康全面的发展。以教育学来看，孩子的早期教育不光是胎教开始，而是从人类婚姻行为起步，至关重要。

第八章

修养篇

拉直青年人生成长的问号

    人生修养着眼于个体道德的完善及善性的境界层次而论,属于道德教育论的重要部分,但又富有主体自觉、心理活动作用以及人生实践的意蕴。杨贤江对青年学生的道德修养进行过多方面的探讨,内容比较独特丰富,体现出一代马克思主义理论家的认识特点及高度期望。1925年10月11日,杨贤江在《生活周刊》第1期上发表《青年修养论》一文,他反对传统上认为的"修养"是"修身养性",修养的目的是"在高尚道德,以至齐家治国平天下",修养的方法是熟读格言"惩忿窒欲,主静主敬",认为这些都已不适应社会,其中明显存在三个缺点:第一是把玄妙难测的"性"做目标,极难使每个青年能够明白理会;第二是偏重个人而忽视社会,即所谓独善其身者是也;第三是偏重个人而忽视活动。他从以下三个方面重新界定了修养的含义:第一,修养的意义,就是自己教育,自己训练。第二,修养的目标,是在造成自己为一个更聪明、更健康,而于社会为更有用、能活动的人。第三,修养的方法,是在实际活动上努力,结起团体来,定出纲领来,从客观方面度量修养的成绩,决不可淡淡一个人抱了"高尚纯洁"的旨趣,取了"闭门谢客"的态度,把一切社会的活动都拒绝了。①可以这样认为,这篇关于青年修养的专论,非常集中而明确地表述了杨贤江的立论观点与理论倾向,体现了这位思想家成熟期的作品创作风格,下面利用并挖掘其不同阶段创作的论著资源对此加以描述刻画。

一、青年修养问题的基本认识

    杨贤江对青年修养的思考主要着眼于道德领域,这与其他教育家的路径取向是共同的,所以也可称为青年的道德修养问题。同时,探讨的理论基础主要表现为伦理学及哲学资源的工具方法,同样是有普遍性的,当然这其间会因论述对象青年阶段的特定表现以及作为青年导师的论理方式等差异,使其带有独特内

---

①杨贤江:《青年修养论》,任钟印主编:《杨贤江全集》第二卷,郑州:河南教育出版社,1995年版,第390-397页。

容体裁及陈述方式的个性色彩。

1916年11月5日,他在《学生杂志》发表《说人》一文,文中有大量诸如"人格者,为吾人权利及本务之基础要件","人格之所以当尊敬者,因人有绝对的价值及意志之自由故也","人格之特色有四,曰自己意志、自己活动、自己发展、自己牺牲是也","人格之内容实分二种。一曰道德。……二曰理性"[1]等观点。从中我们可以很明显地感受到西方人本主义和理性主义、意志自由等哲学思想对其道德观和德育论的影响。

1918年,杨贤江对德育工作重要性的认识已经达到了一个更深的层次。是年6月25日的日记中,针对毕云程在《新民德》杂志上发表《救国之惟一方法》一文,提出主张增进知识以储蓄实力的观点:"知识一事,可善可恶,所以救国者在是,所以卖国者亦在是。无知无识者,对于亲属同胞尚有几分怜爱之情,独彼知能伶俐者,竟不惜为虎作伥,自残同类,此由彼之知识不依正鹄、不走正路所致。何谓正鹄?何谓正路?即求知识所以为救国,先使了解国与民之关系、今世各国之大势以及我国目下之状况,而归结于国之兴亡,民有其责。我国虽弱,倘各尽其职,努力进行,终有富强之一日,所恃者:恒心、毅力,与夫救国之决愿。增进知识而主斯的,庶乎有当。"[2]在这里,杨贤江以德统知、德重于知的看法跃然纸上。道德乃是人类现实生活的要求和反映,青年的人生观,应肯定人生而谋改善,以求人群普通的幸福。为此,青年学生应该有积极的爱世的人生观去从事改革。

德育,是指培养正确的思想政治观点和高尚的道德品质,使人们能从理智上对客观社会现象进行评价的一种教育。从古至今,教育中以德育居首,《孟子·滕文公上》内称:"夏曰校,殷曰序,周曰庠,学则三代共之,皆所以明人伦也。"杨贤江关于青年德育的论述强调了青年应具有道德修养,并为德育指明了方向:"现在青年所当养成的道德,应该是刚健的,质直的,活泼的,负责的,反抗的,为群众幸福的,做实际动作的;不应该是斯文的,客气的,拘迟的,敷衍的,驯服的,为

---

[1] 杨贤江:《说人》,任钟印主编:《杨贤江全集》第一卷,郑州:河南教育出版社,1995年版,第268页。
[2] 杨贤江:《日记·一九一八年六月二十五日》,任钟印主编:《杨贤江全集》第四卷,郑州:河南教育出版社,1995年版,第81-85页。

个人私利的,讲性灵涵养的。再用简括的两句话,就是我们的道德,不在空洞的内心修养,而在实际的革命训练。"①

(一)青年修养思想的发展历程

综观杨贤江对青年修养的言论主张发展线索,大致可以分为三个阶段,各有其阶段性表征,以下略加分述。

1.伦理学的精神分析(1915—1917年)

1915年10月19日,杨贤江阅德田和民氏《普通道德与特殊道德》,称"道德之本源,存乎各人之良心,以良心判别是非善恶,而取善去恶之源,要必本乎自己之意志,非他人之命令而始然也。所谓道德者,要不过各自良心之中,存有一种道德的法则,加以两种道德的制裁,即良心之苛责、社会之舆论是已。普通道德以自己忠于自己为第一要义。必先自不欺本心始,即判断善恶邪正之源,只凭自己之良心,心目中无国家、无政府、无法律也"。此说与中国程子曰"性之本即是理,理无不善"和朱子曰"性即理也,人物之生,各得其天所赋之心理,以为五常之德,即谓性"无太大区别,"其言盖亦性善之说",且"人性之善,终无异于中外也"。②这是揭明道德与良心的关系,均源自个体的自主判断及衡量标准,并对程朱理学的"性理说"持某种程度的汲取选择。

1915年11月26日,杨贤江阅《伦理学原理》,摘其要谓:"伦理学并不施何种之命令于吾人,不过叙述人生生活之正规,立之标准,俾吾人各斟酌其间,无或违戾耳。其正鹄以安宁为归,故可为判断之原理,且为动作之训诫也。"③也就是说,伦理学是一种社会规范、道德标准的论说理论,个体的采纳抉择行为方式的一方面参照。

1917年7月5日,杨贤江在《学生杂志》第4卷第7号发表《说善意》,认为

---

① 杨贤江:《青年的道德观念》,任钟印主编:《杨贤江全集》第二卷,郑州:河南教育出版社,1995年版,第121页。
② 杨贤江:《日记·一九一五年十月》,任钟印主编:《杨贤江全集》第四卷,郑州:河南教育出版社,1995年版,第152页。
③ 杨贤江:《中国现有的学术团体》,任钟印主编:《杨贤江全集》第一卷,郑州:河南教育出版社,1995年版,第176-177页。

"善意者,复心之本,修养性灵之剂,持躬处世之道也。善意之要,在乎不思他人之恶,不起责人之念。常人责己以疏而责人以密,固属不可。故欲以善意对于社会,当以无伤他人感情为要。所谓真正之善意者,无贵贱之见横亘于中,无贫富之别交萦于怀,不以势利而媚之,不以厮役而轻之,抱一视同仁之念,体四海兄弟之义。能永有此心者,必其道德高尚者也。务善意者,可不以戒除忿怒为要件哉!"[1]在这里,显然突出道德修养动机的独特价值,而且注重心理情意因素的个体修养作用。

以上所选语录揭示了杨贤江此期对青年修养的理解重在伦理学视野下的个体心理的介入以及主体性价值的发挥,呈现出传统性的归依色彩。

2.道德论的现代教育建构(1918—1920年)

1918年2月5日,杨贤江在《学生杂志》第5卷第2号发表《学生之兼善思想》,认为"学生界亦有不相亲之弊,今欲矫其弊,窃以为,非铲除所遗传之'独善思想'不可。其致力之法,不外二途:一曰取;二曰兴。取者资于人,兴者发之己(人之生活本赖此二重作用以成,非此断难生存)。故贤于我者,奋心力以则效之;不如己者,兴同情而启迪之。刚柔相济,长短相补,互励美行,互戒过恶;实行泛爱亲仁之德,克除意必固我之私;且感且施,相扶相助,于以养成积极进取之行动与夫愉快恳挚之校风。《论语》载:'子与人歌而善,必使反之而后和之。'孟子称'莫大乎与人为善',又称'乐取于人以为善'。窃取其义,以贻学生,而名之曰'兼善思想'"。[2]兼善思想乃指人我关系互助兼取中的道德提升,在个体自我体验式修养发展的同时,接受其他外界教育力量的作用,而拓展人生修养的成效。

1919年5月5日,杨贤江在《学生杂志》第6卷第5号发表《论修养宜与教育并行》。文称:"吾以为,学校有教育,学生当有修养。修养者,自己之教育,亦可谓为对于教育感动之反应也。然修养与教育之关系,不仅一施一受,有对待之意义已也。教育为一般之影响,修养为个人之陶冶,则有调整之意义焉。教育教人

---

[1] 杨贤江:《说善意》,任钟印主编:《杨贤江全集》第一卷,郑州:河南教育出版社,1995年版,第101—103页。

[2] 杨贤江:《学生之兼善思想》,任钟印主编:《杨贤江全集》第一卷,郑州:河南教育出版社,1995年版,第124页。

以知,修养修己以行,则有实验之意义焉。故有教育行之于先,必有修养继之于后,方有功效可见。修养之法,举之有三:一曰自治;二曰自学;三曰自强。所以举此三端者,以学校施教以德育、智育、体育之故。学校教育之目的……造就完全之人格,学生修养之目的……学成完全之人格。教育曰'造就',修养曰'学成',目的不同也。然教育之究竟目标,为'完全之人格';修养之究竟目标,亦为'完全之人格',其目的物则同也。目的物同,则教育有功、修养有效。何以故?趋向一致也。修养之要素……举要言之,又有三端:一曰谦让。二曰热诚。三曰实力。总而言之,学生之求教育,无非为异日服务社会之地步。真求教育者,不以但应学校程式为满足,必将注目于将来,谋所以应用、所以发展之道,务先有以预备之。如是,则吾以为非从事实地修养不可。"[1]该文清晰而充分地阐述了修养与教育,尤其是道德教育的联系与区别,认为两者兼具包容交叉的关系,虽然指向重点在主体与客体、内容与方式上存在差异,却有着互动促进的作用。

1920年1月5日,杨贤江在《学生杂志》第7卷第1号发表《时代与人格》,指出,"时代是有变迁性的,一时代有一时代的特色。""所以时代变了,做人的格式也要跟箸同变,然后可以共同进化。""其实,变迁的根柢,原是在人而不在时代。明白了这点,来讲时代与人格的关系,才有意义""现在的时代,是个德谟克拉西的时代,这是大家知道的。""讲到德谟克拉西的本质,就是自由、平等、友爱三项""自由与平等两项,是我们人格必然的要求。"但有了自由与平等,而不以互助为究竟,也是不行的。所以德谟克拉西的社会,重自由,重平等,而尤重互助。生在德谟克拉西时代的人,要有自由的人格,有平等的人格,而更要有互助的人格。"这种人格是怎样的人格?就是贡献的人格;就是谋共同进化、普遍幸福的人格。""所以我的结论是:在德谟克拉西的时代,要有贡献的人格;唯有贡献的人格,才能实现德谟克拉西的时代。"[2]此处已明白地说明"五四"运动社会新潮流对教育理念及内容的深刻影响,暗含道德修养的时代性及可变性,具有现代道德修养学说的特色。

---

[1] 杨贤江:《论修养与教育并行》,任钟印主编:《杨贤江全集》第一卷,郑州:河南教育出版社,1995年版,第142-144页。

[2] 杨贤江:《时代与人格》,任钟印主编:《杨贤江全集》第一卷,郑州:河南教育出版社,1995年版,第163-166页。

上述内容可见杨贤江此期关于青年修养的主张已经将个体与教育影响资源作用加以联合,共同建构其机制及关系,摆脱了先期所带有的夸大个体、心理精神在人生修养中的地位,而是具有现代道德教育的基本特色。

3.青年修养的个体性与社会化的统一(1920—后期)

1920年5月5日,杨贤江在《学生杂志》第7卷第5号发表《论个人改造》,认为种种制度的改造,应当和个人的改造同时并进。制度改造了,固然可以发生促起个人改造的影响;但是个人改造了,更可以使制度改造格外彻底、格外有意义。"学生自治、社会服务、文化运动……这几种制度上改造的中心的一种改造,就是个人改造。"个人改造第一要做的必得先定个人人生观,彻底的个人改造,是在社会我的觉醒。故个人生活法应当向着充分地发挥社会我的责任一条路上走。"第一,身体方面以坚强康健为目的。""第二,精神方面以充实、愉快、活泼为目的。""第三,道德方面发挥共和精神。""第四,学问方面。""第五,才识方面。注重观察批评。"①个人改造及提高离不开制度因素的制约,而社会制度改造有赖,也包括人的作用。显然,这里已运用了马克思主义的辩证唯物论学说,提升了道德修养的科学性。

1922年4月5日,杨贤江在《学生杂志》第9卷第4号发表《好学生当怎样?》,认为好学生首先要觉醒"人是什么"。这是一切生活的前提,一切生活的纲领。有了这个觉悟,一切生活便有个标准可寻,有个尺度可凭。好学生的标准有以下几个:第一,要有为全体人类谋普遍幸福的决心而从事于求学;第二,要有爱护学校的真诚而协谋本校教育日趋理想的方法;第三,要有体力,有美感,有研究心,有怀疑心,有协作尚好,有正直、切实、刚健的品格。杨贤江这里所涉及的人生觉醒内容及其要求明确指向社会及人类的理想前程,主题更为宏阔、深远,提升了人生修养的境界。

将个体与社会统一是道德教育中主客观教育双重互动的辩证观,达到理论的深度,并且使道德修养的途径方式获得了比较全面、沉稳的基石,这标志着杨

---

① 杨贤江:《论个人改造》,任钟印主编:《杨贤江全集》第一卷,郑州:河南教育出版社,1995年版,第198-204页。

拉直青年人生成长的问号

贤江青年道德修养论的成熟与稳定!

(二)青年修养的传统性与现代性

传统性与现代性是不可分割的,前者重在继承性及民族特点,后者重在发展性及世界眼界。但不同的教育家取向不同,拘泥于传统会顽固保守,陶醉偏执于现代会西化媚外。杨贤江的道德修养观是由传统转向现代,但以现代为核心的。

1915年11月2—3日,杨贤江读《大戴礼记·曾子立事篇》,有感于:"君子博学而孱守之,微言而笃行之。及行无求,数有名;事无求,数有成。"认为上两句为求学格言,下两句切中余病,不可不知,当守当戒也。又认为意尔特所言经营多事之捷法非有他求,一时治一事是耳,是经营凡事之秘诀,亦求学者应守之妙法。"他还认为"古君子持躬处世之道,成己兼成人,诚足为社会之中坚也。愿效法之,读《曾文正公家书》,认为语语写实,无一虚语,且不厌繁琐,言则必尽,虽日期小节,亦不容疏忽,洵家书体裁之好模范也。余今日字迹之端正,亦源受其感动故也。"上教育课得悉:"教育之所以必要,因知吾人为学须重在将来,不应毕生钻研古籍,别无创见。质言之,即重在作而不在述也。"①

1915年11月30日,杨贤江读《吕氏春秋》"尽数篇"与"重己篇",认为"有数语颇显豁如:'长者,非短而续之也,毕其数也';'食能以时,身必无灾';'善响者,不于响于声;善影者,不于影于形;善治天下者,不于天下于身';'欲胜人者,必先自胜;欲论人者,必先自论;欲治人者,必先自治'等,均可奉为卫身进德之格言;至文笔之畅达,尤其余事也"。②

1917年2月5日,杨贤江在《学生杂志》第4卷第2期发表《读〈曾文正公嘉言钞〉感论》,认为"人生当有为,有为必先具奋发气象,然后成事可期也。公所常言者,以余所知,厥有七字:一曰'专';二曰'恒';三曰'强';四曰'诚';五曰'志';六曰'勤';七曰'谦'。此七字者,公尝以之自勉,以之勉人。谓公之功业、之

---

①杨贤江:《日记·一九一五年十一月二十三日》,任钟印主编:《杨贤江全集》第四卷,郑州:河南教育出版社,1995年版,第162—163页。

②杨贤江:《日记·一九一五年十一月三十日》,任钟印主编:《杨贤江全集》第四卷,郑州:河南教育出版社,1995年版,第179页。

学问、之道德成于七字,亦无不可也。然则吾侪可不深思、服膺之耶!余阅此书,竟乃重有感焉。天下之事,端资人为。惟有志者,斯获成功。余不敢自菲薄,窃愿取则于公,以待后验。更请诵公言之曰:'坚其志,苦其心,勤其力,事无大小,必有所成'"。①从中可以窥见,他对曾国藩所提倡与践行的道德教育内容及方法甚为赞赏。

大约是经历了"五四"的洗礼,杨贤江对传统道德反叛性一时反应猛烈,甚至偏激,同时,对道德的个体主观作用的评估急剧下降。这或许是出于对传统道德修养虚伪、无实的批判所致,并不能完全以此作为论点的充足依据,但道德观上的现代性是激进的。1924年9月5日,杨贤江在《学生杂志》第11卷第9号上发表《青年的道德观念》,反对当时社会流行的把道德放在首位,认为这是不合理的。"人类生活上应该以道德占第一位最重要的位置吗?照通俗的说法,人类生活的方面可分为道德、智识、健康三种;照更新的,再可加上社交与美德。这样看来,道德所占的地位不过是人生活动范围的五分之一乃至三分之一罢了。如果定要特别看重道德,则且容我们设想一个例子来看看。假使有一个人,满口的仁义忠信,浑身的俭朴规矩,但是知识庸陋,身体羸弱,试问这是个完人吗?这是个有作为的人吗?我看,知识既是庸陋,他便不知何谓道德;身体既是羸弱,他便不鞲实行道德;这样的人,终究是个废人,至多也只是个愚夫愚妇,哪有用处呢?所以特别看重道德,我是认为不合理的。"他也不赞成当时人们所持有的把道德看得过重的态度,认为这也是不正确的、不合理的。他的理由有五种:"第一,因为他们看道德这样东西太玄妙了。第二,因为我国人看道德这样东西太高远了。第三,因为我国人看道德这样东西太尊贵了。第四,因为我国人看道德这样东西太拘谨了。第五,因为我国人看道德这样东西太固定了。"青年应该用新的道德观念来抵制传统道德观念,新的道德观念有四种:第一,道德是变迁的。时代不同,环境不同,所谓道德也跟着不同。第二,道德是阶级的。但这并不是说道德的本性是阶级的,乃是因为人类中间有了阶级,所以有不同的地位的人,就有不同的道德。第三,道德是社会的,一是说道德的形成是受社会的影响,而不是由各个人冥想的;二是说道德的性质是社会的。第四,道德是活动的。因此,青年的道德

---

① 杨贤江:《读〈曾文正公嘉言钞〉》,任钟印主编:《杨贤江全集》第一卷,郑州:河南教育出版社,1995年版,第93-96页。

观"不在空洞的内心修养,而在实际的革命训练"。①

二、青年修养的内容

教育家对个体道德修养的内容理解除了源于社会时代的要求之外,还有主观的认识及学生水平特点的依据,因此存在差异和个性化是自然的。杨贤江对于该问题的论述不够集中、系统,现将有关碎片剪裁总结如下:

(一)确立正确的人生观

人生观是人们对人生目的和意义的根本看法和态度,什么样的人生观决定了什么样的人生态度和人生价值。杨贤江认为,青年应该有怎样的一种人生观,应该"从青年的需要、现代的趋势和中国的现状这三方面来研究考虑,才能有个正确的规定"。①有觉悟的青年应该是不颓丧、不纵欲、不放浪的,青年学生应该造成健全人格,做个更有效能,更享幸福的人。他揭示并批判了当时青年学生中存在的诸种错误和落后的人生观:有迷恋物质、崇尚感官的享乐人生观,有贪功好利、只求做官求财的功利人生观,有浑浑噩噩、缺乏远大理想的颓废人生观,以及堕落人生观,厌世人生观等。这些人生观共同点即自私人生观,他们认为国家利益、别人祸福,都是和自己没有关系的。几十年后的今天社会已经发生巨变,然而当今青年学生身上也还存在着类似的落后的人生观,如攀比思想、享乐思想、文凭主义等。因此"全人生指导"思想对于我们今天的德育工作仍具有指导意义。对学生进行道德教育首先就要进行正确的人生观教育,如果不能使学生树立积极的人生观,其他一切教育都不可能达到预期的效果,他们可能不仅不会为社会作贡献,甚至会成为危害社会的人。

(二)形成青年的人格品性与人生理想

1915年10月15日,杨贤江下午一时授伦理学。讲"人格的唯心论",认为"此'心'应作'社会之共同心'解,谓是人有人格者,即谓是人亦具有此社会共同

---

① 杨贤江:《青年的道德观念》,任钟印主编:《杨贤江全集》第二卷,郑州:河南教育出版社,1995年版,第116—121页。

的心,能相适合。如是,则人格作道德解,或亦可通。盖道者人所共由之路,行道而有得于心之为德,谓是人有道德者,即谓是人有现社会所具共同之格式可也。"①健全人格的形成对青年的人生态度及其独立性与持久恒心的求索具有正向维持作用,而且也是协调个体与自然、社会积极良性互动的保障,这在品格心理中的地位尤为突出,而对青年拥有刚正不阿、凛然正气的气节形成无疑是一种核心力量。鉴于此,西方心理学家将之作为教育目标分类项目之一。

1919年6月5日,杨贤江在《学生杂志》第6卷第6号发表《理想之势力》,提出"理想者,人生之特色。惟具理想,乃求正鹄,乃定方针,乃有发明之事物,增进文化诸种现象。""西谚曰:'理想者,事实之母。'伟哉理想乎!故理想者,人类智力之上乘,其理想高尚者,必能导向意志,不趋岐路;必能规正感情,不流偏激;发而为事业,又必能改良文物,增进公利。虽然理想者,所以发挥历史之生活者也,故创立理想,必本诸记忆历史之能力,以营更新生涯之事业。盖真正之理想,必具纯洁之性,必应时势所趋。历史本为理想之产物,决不能再为理想之生母。理想本质实具创作、改造之能力,屡欲破坏风习而更新之。故知理想者,必超出乎历史之范围者也。吾侪青年,既赋改造民国之责,其应如何自勉哉?"②

(三)培养社会群性的品质

1924年4月5日,杨贤江在《学生杂志》第11卷第4号上发表《怎样讲修养》。他反对传统意义上对修养含义的界定,认为主要存在忽视体育、忽视社会、忽视实际活动三方面的缺点,如此并不能适应现代社会的要求。"照传统的说法,修养的意义,是修身养性;修养的目的,是高尚道德乃至齐家、治国、平天下;修养的方法,是'读格言、主敬、主静'。但据我看来,这种说法不免有许多缺点,至少在现代社会里是不适用的。第一个缺点,是把虚无缥缈的'性'做目标,实际上无可测量成绩;虽也说到身,但只有消极的防范,并无现今体育的含义。第二个缺点是偏重个人而忽视社会——所谓独善其身,虽然也挂上国家、天下的招牌,但是空的,与群众不生关系的。第三个缺点,是偏重死文字而忽视实际活

---

①杨贤江:《日记·一九一五年十月十五日》,任钟印主编:《杨贤江全集》第四卷,郑州:河南教育出版社,1995年版,第150页。
②杨贤江:《理想之势力》,任钟印主编:《杨贤江全集》第一卷,郑州:河南教育出版社,1995年版,第145-147页。

动——如熟读格言、静坐、反省等。"青年学生应该注重修养,但是在修养目的方面他认为青年学生应避免"独善";在修养方法方面,青年学生要避免用笼统的、不切实际的"性"来度量结果。他说:"现代青年为改善生活状况、为促进人群文化、为培养服务能力起见,要格外讲究修养、注重修养,这是极应该而且是必需的。但是有两个要点千万不可忽略。第一个在目标上,应该是'众善'——包括个人在内的,决不是'独善'——心目中只有一个'我自己'。第二在方法上,是要结成团体,定出信条,从客观的事实方面度量修养的成绩,决不可单单一个人抱了'高尚纯洁'的旨趣,拿徒然很好听的名词(如奋斗、牺牲、忠诚、博爱)或甚抽象的名词(如花、光、爱)作为信条,又取了'闭门谢客'式的态度去拒绝一切社会的活动。"进而分析了其中的原由:"人是永远而且必然的是个人群中的人,人的生活也是永远而且必然的是个群性的生活。从事实上一看,我们吃的食物是靠人家种的,我们穿的衣料是靠人家做的,我们住的房屋是靠人家造的,我们读的书是靠人家编辑印刷的,我们做的文章是靠人家传布阅读的……离了人家,个人的活动便会没有意义,而且也不可能。我们既然不能离开人家来生活,那么如果你想'独善其身',一则固然理有未合,再则也是势所不许——因为你无论如何,终不能'高高在上'地住在'空中楼阁',而且'不食人间烟火'。……因此,我们要认定:我们所以要讲修养,就是我们所以要有强固的意志、仁爱的感情、丰富的知识、壮健的身体,都是为的社会的改善、文化的促进。换言之,讲修养的目的是为人群的善——个人的善只是一个手段、一种方法。""从上面所说的来看,可见个人的力量是很有限的。我们现在要达到修养的目的——社会的善,自然不能单靠个人的力量……所以在方法上,就不能不靠团结。只有团结起来,才有力量发生。换一方面看,社会的势力既然很大,所以社会不良,个人就容易堕落……所以为培养善的势力计,固然要靠团结;为战胜恶的势力计,也只有靠团结。团结起来,才有力量。……但团结了是不是就算已尽修养的能事?不!还差远哩!如果没有信条,或是没有切切实实的信条,则仍会达不到目的。"[①]他认为讲修养一定要注重团体的训练,否则只是"缘木求鱼"的方法。

1925年3月5日,杨贤江在《学生杂志》第12卷第3号上发表《同学间相互

[①] 杨贤江:《怎样讲修养》,任钟印主编:《杨贤江全集》第一卷,郑州:河南教育出版社,1995年版,第31-33页。

的义务》,认为个人在和别的同学交往的过程中,必须注意两件事:"(一)誓不沾染恶习,给同学以恶影响;(二)誓必养成良习,给同学以良影响。"同时,在和别的同学交往过程中,必须履行两件事:"(一)同学中有不良品性、不良行为的人,要恳切的进以忠告,以感化他,指引他入于正轨;(二)同学中有某种好习惯的,要竭力仿行,使能成为团体中的普遍行为。"并且,不但个人自己要敦品励学,尤当积极的共谋团体生活的进展。这因为凭借团体的力量,容易制裁恶习,也容易培养良习。因此,借用团体的力量能有效地抑制个体的不良行为。"在一校中,最好有大规模的团体组织,如自治会或学生会等。对于某种恶习须矫正的,列为禁条,人人有监视告发的责任;而且有了法则,也使得大家容易纠正他人不良的行为。同样,对于应培养的良习也列为信条……这样,一方面既有共同的目标,另一方面又有群力的鞭策,便不难向上进行。"②

(四)提高青年学生的政治思想意识

教育是如何反作用于政治的?从学校教育的构建要素而言,大体涵盖了四个部分:教师、学生、教育环境以及教育材料。而教育的逻辑起点与核心命题有学生、知识、教学等多种观点。当代教育理论越来越将教育的重心放在学生一边,主体性教育,探究式及发现式教学等流派都将学生置于教育内部各种因素关系中复杂矛盾的主要方面。学生的理解、体认、内化、构建及发展是教育的终极诉求,更是教育活动成效质量的检验标尺,在教育对政治的反作用问题上也可作如是之观。

杨贤江主张青年学生在学校接受教育的过程中应该"干政",也就是学生平时对于政治应该进行研究,对于本国政治现象能留心,在必要的时候还能有实际行动的表示。当然,学生参与政治,并不是叫学生去做官、做议员,而是去研究政治的原理以及民主国家的政治设施,去观察眼前的政治现状,去做宣传运动、示威运动一类的事情。而在当时的特殊历史条件下,政治方向的选择,只要大家认清了民主政治的敌人——国内军阀和国际帝国主义,就不难确定青年学生对于政治应该采取的态度了。杨贤江还具体指出了学生参与政治活动的七大目

---

①杨贤江:《同学间相互的义务》,任钟印主编:《杨贤江全集》第二卷,郑州:河南教育出版社,1995年版,第253—254页。

标:"(一)保持中华民族的独立。(二)实现民主的政治。(三)确立人民集会、结社、言论出版的绝对自由。(四)实行义务教育。(五)实行普通选举。(六)制定劳工保护法。(七)确立男女平权。"他认为"以上七端是实现平民政治的要件。"①因此,杨贤江不仅认识到了教育对政治的反作用,而且力图寻找教育反作用于政治的正确途径。政治素质及修养与人的思想意识观念、价值观立场方法是结合渗透的,因此,青年学生关怀、探讨政治形势及其问题与方案,积极、主动地以不同方式参与、影响社会政治,也是人生修养不可或缺的内容。

当然,青年道德修养的内容是广泛而丰富的,既有时代特点,也有个体建构,更有与时互动,实难一一穷尽,这是一个开放拓展系统。杨贤江对此的理解不是说能包罗万象,一应俱全,同样,我们对他的思想把握也只能是取其要者,其他所论还会存在。例如,1918年3月2日,杨贤江认为"人间社会以真实、公平、仁爱为三要素。不真实无以言,不公平无以行,不仁爱无以生存。故三要素者,三生命也。"②1915年7月6日,杨贤江读马志尼(Giuseppe Mazzini, 1805－1872)《少年意大利会约》,对其所言如"凡为事必有信仰,有信仰乃有希望,有希望而事可成""革命与教育同时并行""革命当发之以真正之爱国心"和"入会者须笃信条规,努力实行"等十分赞同。7月7日,他阅《学生必携·读书之注意》一篇,认为读书应注意专心、热诚、苦力、核实、切磋和健康,并逐一对照检查自己。强调言行一致,"言当同动,言出而行不随之,尚有何良心耶！不负道德上之罪恶耶！"③这些就是青年修养内容广阔性的例证。

三、青年修养的原则

教育原则在教育学中的含义是有特指的,主要表述是基于教育原理或核心理念基础上,基于学生对象特点以及教师经验总结的把握,规划教育途径、手段

---

①杨贤江:《学生与政治》,任钟印主编:《杨贤江全集》第一卷,郑州:河南教育出版社,1995年版,第858页。
②杨贤江:《日记·一九一八年三月二日》,任钟印主编:《杨贤江全集》第四卷,郑州:河南教育出版社,1995年版,第222页。
③杨贤江:《日记·一九一五年七月六日》,任钟印主编:《杨贤江全集》第四卷,郑州:河南教育出版社,1995年版,第92-93页。

或方式的总体要求,具体的方法是其下位操作应用的表现形式,更带有可变性与灵活性。德育或道德修养属于教育的一个部分,其基本原则也可作如是思量。杨贤江的道德修养原则论较之本体或内容论述更集中,可见他注重教育实践或理论应用特色。

(一)反省与体验

反省与体验主要是道德修养中自我检查或批评的方式,注重精神陶冶与主体理性的认知及认识上的升华,同时伴有积极、活跃的情感心理,这是传统方法的延续与拓展。杨贤江关于反省与体验的思考与人生理想联系,足见其重要性,而且是自身行为的写照,可称言行合一、示范垂范。

1915年2月18日,杨贤江在该日的日记中记载:反省自身,认为"有自私心、嫉妒心及贪利心,动辄发生,觉心中未能自由安逸,实大过之所在也。认为天下未有心地如此而能成为伟大者。即不欲为伟人,而立身处世之道,亦断不宜有此种狭隘不洁之心理存"。①

1915年12月4日,杨贤江习静坐,决意驱除不洁思想,"不洁之思想,须极力驱除出去,方可图心神之安宁,而来高尚之理想。不然,一团乱糟,何从得精彩?诚欲有志向上,不可不于此着力"。②

1922年5月5日,杨贤江在《学生杂志》第9卷第5号发表《发生动作的两个条件》,认为任何动作的发生,必有它发生的两个必须的条件,即为适宜的需要和为这需要的意识。我国教育的不发达、实业的不振兴,也可归于缺少了这两个条件。学校中有应该兴办的事业,也有应该矫正的事业。有些虽然因为环境的困难而不能实行,但好多仍然是由于没有需要和意识而致。推及个人身上,也有好些要养成或改过的品格行为。若不觉得有养成或改过的必要,也就归于无形消灭。我们最好是各人具有高尚的丰富的理想,能对于新的环境谋适宜的反应。其

---

① 任杨贤江:《日记·一九一五年七月七日》,钟印主编:《杨贤江全集》第四卷,郑州:河南教育出版社,1995年版,第1-2页。
② 杨贤江:《日记·一九一五年十二月四日》,任钟印主编:《杨贤江全集》第四卷,郑州:河南教育出版社,1995年版,第182页。

次，反省也是不可少的。故理想和反省是两个发生动作的条件。

1915年12月8日，杨贤江于晚9时后，习静坐，就寝。认为自己"心中常抱缺恨，有急急成就心愿、实现欲望之想。终之，名利心未免过盛，欲速则不达，煌煌圣训可不鉴诸。曾文正公致弟书有云：'人不可无缺陷。'又曰：'君子但知有悔，悔者，所以守其缺而不敢求其全也。'寥寥数语，可为后人处世训矣。"自责道："余何人？无正确之学识，鲜正当之见解，而乃事事欲求胜于人，欲事事心满意足，亦太不自量矣。流弊所极，徒自苦耳！"①

（二）立志

志向问题与理想目标联系在一起，可视为学生学习与道德由自我本能或自然性转向社会化的标志，信念是需要志向为力量支持或恒心去克服困难中转化为现实的。立志不光是一种积极心理品质的展示，更是进步成长的内在机制。

1916年2月5日，杨贤江在《学生杂志》第3卷第2号发表《记梦》，记述梦中一老者对自己的励志赠言："毋屈于威，毋移于势，毋为饥寒变志，毋以拂逆馁气；小得不以自喜，小挫不以自贬，完养浩然之气，优游义理之域，以成古今有用之材而返浑朴精微之道。"②

1918年2月7日，杨贤江认为"人贵有志。立定一志，将之以坚忍，持之以恒心，不屈不挠，斯有成功。故第一当先有志，如有所趋之鹄，不致彷徨踌躇；第二当努力，能努力方不为外诱所制。余之志在为一高等师范之校监，有训练全校学生之全权，以养成许多为中坚国民之优秀人物，子舆氏所谓'乐育英才'是也。故今当着实修养完成自身之德，誓以全力图之，亦欲做就一有志竟成之实例也。"③

杨贤江的上述认识的言论表述时间较早，有传统教育内容的继承，但这是民

---

①杨贤江：《日记·一九一五年十二月八日》，任钟印主编：《杨贤江全集》第四卷，郑州：河南教育出版社，1995年版，第185页。

②杨贤江：《记梦》，任钟印主编：《杨贤江全集》第一卷，郑州：河南教育出版社，1995年版，第54-55页。

③杨贤江：《日记·一九一八年二月七日》，任钟印主编：《杨贤江全集》第四卷，郑州：河南教育出版社，1995年版，第215页。

主性精华,合理而且有超越时代有限性的特点。

(三)锻炼动机与事上磨炼

动机与行为是道德论的范畴,有分离或偏重的取向差异。杨贤江认为这两者应该统一。

1915年10月7日,杨贤江阅《教育研究》,有陆象山先生名言汇录,抄录数节到《格言录》,如"人精神在外,至死也劳扰,须收拾作主宰,收得精神在内时,当恻隐即恻隐,当羞恶即羞恶,谁欺得你,谁瞒得你,见得端的,后常涵养,是甚次弟"。又如"知非则本心即复,可见吾人求放心最要"。认为陆象山学说"直指本心,能令人一言之下恍然悟、奋然兴,洵铸造人心也"。①

1921年7月5日,杨贤江在《学生杂志》第8卷第7号发表《环境与修养》,指出在顺适的环境里,讲修养是相对容易的,但不大靠得住;在横逆的环境里,要讲修养便非竖起精神,出以坚决勇猛的毅力不可。在都市生活的环境里讲修养和做人是件难事,但是,热闹场中的修养,烦闷时候的修养,诱惑迷人、强迫袭人的环境里的修养,倒反能够证明能力,牢稳脚跟。王阳明说"须在事上磨练"便是这个道理。

同样,这里也以明代心学家王守仁的道德教育论作为资源加以阐发,但王学所持观点恰是"知行统一",在这点上持论是辩证的,而杨贤江的理解确是汲取其积极性的路向。

(四)养成习惯

少成若天性"习惯成自然"这一古谚能充分说明形成道德行为习惯的重要,但对如何养成,杨贤江的分析更为深刻。

1922年5月5日,杨贤江在《学生杂志》第9卷第5号发表《好习惯怎样造

---

① 杨贤江:《日记·一九一五年十月七日》,任钟印主编:《杨贤江全集》第四卷,郑州:河南教育出版社,1995年版,第145页。

成》,认为习惯的力量比生命还要大。同样一种行动,因屡次反复的结果,能机械地向着一定的方向而有使行动反复倾向的,叫做习惯。习惯养成的成就律要素有:聚精会神,注意的反复练习,不要有例外,捉住第一个机会去实行,有快感的反动的结果。除前述5种习惯成就律外,还有两个条件:一是最初养成的习惯,必须是正确而有益的;二是同时不应养成多数同样的习惯,因为养成习惯时要专心,要热诚,要没有间断。我们有了恶习,要及早破坏。破坏之法有四:断行,杜绝诱惑、另用代替物,不许有例外,自己暗示。青年应该养成的好习惯有以下几种:留心自己的健康的习惯,保持优良姿势的习惯,游戏的习惯,读书的习惯,勇敢的习惯,负责任的习惯,有规律的习惯,自信的习惯,协作的习惯,不断修养的习惯。[①]

上述论述,是对道德修养论在实践层面的一种丰富和充实,而且其中将道德习惯与其他习惯沟通,表明了事物间联系的观点在教育各部分间的作用存在沟通、包容及促进特点,其认识便富有教育整体性的设计意义。

(五)动的青年修养

活动的意义不仅在于求学的知能以及实际应用技能的练习,更有益于道德修养,这对传统静坐读书空谈心性,目光远离实际的理学、心学无疑是一种有力质疑,具有教育的解放意义。以教育思想家杨贤江在《学生杂志》上发表的几篇文章为例,在第7卷第6号发表的《动的青年底修养》一文说:"人间本来是动的人间,而人间中的青年,更是富于动的天性。故从生理上看,从心理上看青年生活的要素,就是这个'动'字。""动的意义:不是肉体的暴动,不是心思的妄动,乃是发挥内心的蕴藏,丰富人格的内容,多与人类全体的生命有关系、有交涉,用奋斗的精神,来创造人生的价值。""近来,我们青年的生活,比较以前,已是活动些了。"[②]"但是,不动的青年依旧很多。而动的青年之中,也难免有不经济、不切实的地方。故我现在要对青年的修养,特别提出两点来讨论。第一点要提出来的就是:用力须专精。因为我们的活动,当求有效,如何能有效?就要归重在'专精'

[①] 杨贤江:《好习惯怎样造成》,任钟印主编:《杨贤江全集》第一卷,郑州:河南教育出版社,1995年版。

[②] 杨贤江:《动的青年底修养》,任钟印主编:《杨贤江全集》第一卷,郑州:河南教育出版社,1995年版,第219页。

两个字上。"①"第二点要提出的就是:志趣要纯洁。我们求学、我们做事,都会有他正当的动机。这个动机是什么?就是为了贡献人类,为了利益社会。出于这个动机而求学、办事的,就是纯洁。"②"上面所讲'用力专精'、'志趣纯洁'二句话,就是我这篇所说'动'的青年的两个修养的条件。因为我们无论做什么事,都要讲究效率,而忠诚是效率上的要素,又是做人应有的德性。""我们对于包容各个人的社会,表示一种献身的服务,就是忠诚。"③

劳动教育,指从人与物的作用,人与人的互动角度对学生进行教育,强调学生动手与动脑相结合,手脑并用,养成劳动习惯,学习劳动技能尊重劳动成果,以实现智与力、道德修养与心理因素的协调发展。青年不亲自品尝"汗滴禾下土"的艰辛,恐怕很难知道"粒粒皆辛苦"的内涵,勤快的人会用汗水浇开幸福的花朵,懒惰的人的惰性会淹没倦息的生命。青年时期培养良好的劳动观念,养成积极向上的劳动态度,步入社会后才能更好地服务于大众。对于青年劳动教育,杨贤江有着深刻的论述:"一个人的生活,应该把头脑的活动和手足的活动平等注重。理论的知识和实际的技能彼此联络。"④"我们必须承认劳动是人类生活的要求,幸福的源泉……我们如是轻视或放弃这方面的生活,就不免于死,否则也是个社会的寄生虫。所以我们都应做工,以养活自己并以养活大家。"⑤我们从中可以领悟到理论联系实际,实现智与力的完美结合才是素质综合之人才。当今社会合格的建设者,一旦理论脱离了实际,就会"四体不勤,五谷不分",纵使学富五车也不过仅仅是老学究书呆子而已。"两耳不闻窗外事,一心只读圣贤书的"的时代已经远去,青年教育应注重劳动意识的培养,树立正确的劳动观念,强调从身边的小事做起。"一屋不扫,何以扫天下"。广大教育工作者应该逐步培养青年良好的劳动习惯和劳动自觉性,以为国家培养合格的建设者。

---

①杨贤江:《动的青年底修养》,任钟印主编:《杨贤江全集》第一卷,郑州:河南教育出版社,1995年版,第220页。

②杨贤江:《动的青年底修养》,任钟印主编:《杨贤江全集》第一卷,郑州:河南教育出版社,1995年版,第221页。

③杨贤江:《动的青年底修养》,任钟印主编:《杨贤江全集》第一卷,郑州:河南教育出版社,1995年版,第222页。

④中央教育科学研究所、厦门大学:《杨贤江教育文集》,北京:教育科学出版社,1982年版,第36页。

⑤杨贤江:《现在中国青年的生活态度》,任钟印主编:《杨贤江全集》第二卷,郑州:河南教育出版社,1995年版,第18-19页。

(六)其他一些途径举要

杨贤江关于加强或提升青年道德修养措施还有不少,限于篇幅不再一一去总结,这里就目下所见,略作举要,以拾遗补缺。

1.个体努力与集体教育结合

1915年12月5日,杨贤江读《富兰克林传》,认为"其以仅受二年学校教育之儿童,乃能含辛茹苦,历尽艰难,卒能奏美国独立之伟功。吾人觇于此,可知境遇之不足限人,其能于此世成功与否,全视其自力如何耳。可不勉哉!"①此处"全视其自力如何"的判断是以说明道德修养的根本在于自我诉求,或许是杨贤江早期的认识。

1920年9月5日,杨贤江在《学生杂志》第7卷第9号发表《主动与被动》。他认为"主动与被动第一个不同的地方,就在有没有发动的力量。""主动与被动第二个不同的地方,就在是不是用智慧来做事,是不是预订好一个目的。""主动的人,对于社会事业抱参与的态度;被动的人,对于社会事业只有旁观的态度。主动的人,有创造进取的倾向;被动的人,只有屈服保守的倾向。照尼采的说法:主动的人,是有主人的道德的;被动的人,是有奴隶的道德的。我现在更综结一句,就是:主动的是成人的,被动的是成器的。器只有被利用的价值,自身并没有价值。若是一个人,就能利用器以达其目的""做前面一种主动的青年,那是做人的材料;做后面一种被动的青年,那是做器的材料。做人的能够用器,能够造器,做器的只被人用,只听人造。"②这里的主动主要在于个体努力品性素质及在集体影响中的主观能动性发挥,而不是机械、被动的产物。虽然重心在个体的自我精神,但已涵盖了社团体的渗透或影响力。

1925年8月20日,杨贤江在《教育杂志》第17卷第8号上发表《中学训育问题的研究》,认为训育对教育目的的实现有重要作用。训育的目标"不特须使学生将来能升学,也须使学生将来会做事;不特须使学生将来能维持个人生活,

---

①杨贤江:《日记·一九一五年十二月五日》,任钟印主编:《杨贤江全集》第四卷,郑州:河南教育出版社,1995年版,第182页。

②杨贤江:《主动与被动》,任钟印主编:《杨贤江全集》第一卷,郑州:河南教育出版社,1995年版,第226-229页。

且须使学生将来能保障社会安宁"。于是他认为中学训育的目标是"无论学生与否,终不当仅希望学生做各个的好人,乃应该培养学生做社会的好人"。他认为过去的教育对训育存在两种错误的看法。"总之,过去的教育从训育一方面看,已是把人生割裂了,没有'指导全人生'的观念存在,可以说是畸形的或蹩脚的教育。这是一个错误。还有一个错误,乃在训育方法不切实际:第一,不从学生本身上着想;第二,不从社会环境上着想。"他认为中学训育应通过两条途径来实施:"(1)个别接触;(2)团体训练。"①训育论既属道德教育的思想内容,但也有组织管理的设计及行为。其思想渊源于德国近代教育家赫尔巴特与凯兴斯泰,我国在"五四"运动后深受其影响。但与一般立论者有别,在讨论训育问题时并未忽视个体的差异性及独立性。

这几篇短论可以从道德修养中个体努力与群体共同规范双向互补的作用力方面理解其意义。其实这与前面所述立志有关系,但前者有动机与目标的涵义,而这里则偏于心理学的层面思索挖掘。

2.意志力

1915 年 9 月 6 日,杨贤江读美国总统嘉非尔德(James Abram Garfield)及机器学家斐列兰传,很有感触:"坚忍足以战胜诸种困难,得伟大之功效。由此可见,穷苦不足患,诿为穷苦,任天而行者,实不自好之徒耳。有志者事竟成,可不勉力哉!集中力于穷理竟事,有切要之关系,无此力者,所得不免浮泛,不尽肯启。《学生杂志》登有养成此力之方法,吾甚感激此论,以其提醒余者足以裨益余也。"②为进一步论述意志力问题,杨贤江曾发表《山谷期——失意底心理》一文,唤起失意者的信心,激发迷惘者的勇气,催动悲观者的斗志。文章以旅行作为比喻加以释读:旅行时遇到高山,须得经过两山中间的低地——山谷,然后才能爬上山顶。当行至山谷时,不免产生胆怯和懊丧,以为不容易前进;但若能不畏艰难,终会有登高纵览天下之时。人生之路和旅行很相似,前进的历程中免不了发生失望的感觉,但只要肯努力、肯忍耐,终会有进步的快乐。"山谷期"这个名词,就是借用于旅行历程中的现象。人生历程中,有时获得满足,有时失意,犹如山

---

① 杨贤江:《中学训育问题的研究》,任钟印主编:《杨贤江全集》第二卷,郑州:河南教育出版社,1995 年版,第 324-328 页。
② 任钟印主编:《杨贤江全集》第四卷,郑州:河南教育出版社,1995 年版,第 126 页。

脉高低升降,遇到停顿或阻碍,就像落在山谷中了。许多学者研究的结果表明:大概练习发达的历程,初期进步最快,以后渐缓,有一个停滞时期,这就叫做高原期。高原期过了,即有突飞的进步,最后达到发达的顶点。学习过程、恋爱过程、德行养成过程都会有遇上高原期的时候,各种生活历程也都有停顿和活跃的时期。停顿虽像没有进步,但决不要绝望,因为这是给你练习、给你反省、给你准备的时期,过了这一个时期,就会有新的突破和飞跃。①

1917年10月5日,杨贤江在《学生杂志》第4卷第10号上发表译作《意志之修养》,本文原作者是日本的井上哲次郎,此文系杨贤江和他的同学朱毓魁一起翻译。认为"人欲有所建树表白,其必先有强固之意志",意志之特性,非如知识之冷静,又非感情之盲目,"而常为活动,即常常自立目的,以促吾人之进行";认为意志修养的方法时克己、进取、精力、冷静和正鹄。②可见,意志不仅是保证学业、能力及修养目标达成的机制,而且自身也是修养的品性,而从途径与方法的角度来说,则与修养成协调正向轨迹的发展线路。

1922年8月5日,杨贤江在《学生杂志》第9卷第8号发表《战胜的态度》,认为青年的无知、优柔,是青年自己的意识造成的,要想除去无知、优柔,只要"反其道而行之",抱一种战胜的态度就好,战胜的态度是青年的生命。③

意志力是非认知心理的一种,它与情感、个性、价值观等共同作用于人的心智活动及道德成长,其功能已被人更为充分认识并注重,不仅是个人发展的一方面力量,更是健全人格不可或缺的组成部分。

3.美感

美感的解读前文可见,美感本身即是影响青年修养,同时也是一种修养的内容及反映。

---

① 杨贤江:《山谷期——失意底心理》,任钟印主编:《杨贤江全集》第一卷,郑州:河南教育出版社,1995年版,第487—494页。
② 杨贤江:《意志之修养》,任钟印主编:《杨贤江全集》第六卷,郑州:河南教育出版社,1995年版,第1—2页。
③ 杨贤江:《战胜的态度》,任钟印主编:《杨贤江全集》第一卷,郑州:河南教育出版社,1995年版,第666页。

1921年5月5日,杨贤江在《学生杂志》第8卷第5号发表《美育的价值》一文,认为美育的意义就是美的陶冶、审美心的养成。美的欣赏力就是爱好美,识别美;美的发动力就是创作美,设计美。美育的价值,在道德层面,高尚的审美心足以使志趣纯洁,品格优美,增强道德力;在人生目的层面,可使我们脱离现实社会的束缚,又一个理想的境地得到喜悦,扩大人生的活动;在美术层面,由美育而发达的一般美术思想,自能帮助美术品的创作,因而能发生上述的价值;在经济层面,美的生产品销路很大,有很多经济上的利益。在现代物质文明进步的时代,人间精神上享受幸福的机会很少,当有提倡美育的必要。①美感的领域是广泛的,自然包括文艺、制作、设计、特质形态等诸多方面,而这些恰是人生修养气质的涵养表征。

1921年8月5日,杨贤江在《学生杂志》第8卷第8号发表《文艺与人生》,文艺是一种表现人生的艺术,以让人们超脱"俗界"而与"自然"同化为目的。作者所谓的文艺是包括文学、音乐、绘画等都在内的,它们都是艺术,不是科学。艺术与科学之别在于,前者诉诸人的感情,后者诉诸人的理性。文艺的作用,是用这些艺术形式来表现人间潜在的思想、情绪等,又用它来表现人间在自然界中的动作以及和人生有关的自然现象。我们接触了这些东西,仿佛脱离了现实,消灭了苦恼、烦闷、倦怠等,别有一种真挚而深刻的觉悟意味,到了一个"物我无间""优哉游哉"的境界,产生一种甜蜜的、不可形容的快感,所谓与"自然"同化了。文艺对于人生的价值,最重要的有三:提高理想,扩大同情,安慰痛苦。可惜我国学生对于美的追求,未免太不着力了。古代学者把文艺当作"雕虫小技",把专心文艺者当作"玩物丧志"。②因此,青年学生应趁青春时期努力培养文学趣味和艺术欣赏能力,勿蹈达尔文的覆辙,到晚年才叹息生命的损失,目的是希望有圆满的人类生活。

杨贤江对青年学生充满着期盼与关怀,几多叮咛,几多祝愿,催人奋进,蓬勃朝气,阳光灿烂,激情奋发。在《学生杂志》第6卷第10号刊文《学生与新思潮》,

---

① 杨贤江:《美育的价值》,任钟印主编:《杨贤江全集》第一卷,郑州:河南教育出版社,1995年版,第302—303页。
② 杨贤江:《文艺与人生》,任钟印主编:《杨贤江全集》第一卷,郑州:河南教育出版社,1995年版,第342页。

拉直青年人生成长的问号

提出"新思潮为适应于现代之思潮;新思潮之精神为'人本主义';学生对于新思潮,宜取顺应之态度,注重于自由研究与共同活动,以谋个性与群性之调和发展,因以完成人格。"①

从中得知,杨贤江主张,社会潮流浩浩荡荡,然而以人本主义作为社会新思潮的代表或特色,青年的人生道德修养应以此为基本精神,谋求个性与群性的协调,促进人格的独立、健全与完善。这种青年的教育图景以道德教育为中心,但绝不限于此,而是适应教育各个部分或领域及其所构成的整体。

1923年新年钟声刚过,杨贤江发表了《新年与青年》,提出了青年教育中"长育"的观念,既有发展心理学动态的活跃,也有《周易》中的"行健自强"之节律生机。文章认为,青年只要认识了青年的特征——长育,并把这个特征尽量的发展,就可以享受无穷了。因为青年的心身尚未完全成熟,正处在生长和发育之中,又因青年在这个时期能够做有意识的努力,有目标的进行,这与幼儿时期的长育状态不同,故青年的长育就成为青年的特征,看青年对长育的态度就可规定青年的前程了。长育的态度就是要具有长育的理想,肉体的长育是有限制的,而精神的长育是无限制的,青年应以长育理想保持心理的青春。这便是作者对青年的新年祝福。②《学生杂志》第10卷第3号登载了他的《青年与春天》一文,希望青年在春天里到自然界里去活动,这样才能促进生机,旺盛青春活力,并熟悉周围的一切。我想这一切都带有杨贤江对青年教育的意义期盼,尤其是青年成长发展的指引。

---

①杨贤江:《学生与新思潮》,任钟印主编:《杨贤江全集》第一卷,郑州:河南教育出版社,1995年版,第159页。

②杨贤江:《新年与青年》,任钟印主编:《杨贤江全集》第二卷,郑州:河南教育出版社,1995年版,第804-805页。

后　记

看着窗外,我的眼神有些茫然,我的心却无法平息,杨贤江——这个伟大的马克思主义教育家不愧为青年的导师,他为青年解释生命的真谛,解读心灵的奥秘,打破曲折的愚昧,帮助他们树立正确的人生观、价值观、事业观、恋爱观,指导他们解决实际的人生问题,他关心青年、关注青年。他曾经在日记里说:"人若能竖尽十劫、横穷四方以立思,必其可以弥纶天下之大业者乎。脚踏一天星斗,月夜立桥上;手摇万里江山,扇画山水。"[1]作为一个普通学者,我们把他的思想整理出来,如能给青年提供一点帮助和便利,便知足矣。

在此,还要深深感谢在此书编撰过程中提供帮助的人。这本著作是应山西《新课程》杂志社乔彦鹏编辑之约而写,对于乔编辑的信任和支持以及他所在单位领导的热心提携深表谢意。

根据编辑、策划及出版这套"中外历代教育家评传书系"的体例及写作风格要求,重在反映教育家活动、思想及实践事业的闪光内容,不必全面、平均使力以及体系化的整齐完备,行文风格应具备平实、朴素、生动而富有情节化,避免深奥玄虚的空泛或难以捉摸,我自恃在设计、规划、整理、分析及写作文本过程中已经朝着这一目标努力,但是否符合恐怕难以蠡测,且有一定距离。这或许除了自身在高校任教职20余年以来,受职业及工作方式的特点与惯性影响之外,与这位评述主人公杨贤江的角色担当、著作言论风格以及活动事业表现方式更有紧密的相关度。另外,研究生参与配合写作所呈文本表述性差异性极大,虽经我统稿、文字加工及润色,仍有参差及多样化。这就需要编辑,尤其是广大读者多予体谅。

---

[1] 任钟印主编:《杨贤江全集》第四卷,郑州:河南教育出版社,1995年版,第253页。

杨贤江是提倡青年教育的代表,思想内容之复杂、经历人生之丰富、社会影响之广泛,都令人叹为观止,而以这三维考察,会惊讶地发现他在现代思想文化史、哲学史、教育史等多领域,乃至整个现代社会史中都拥有一流的历史地位,其人生思想及业绩成就备受关注,因故也就为研究者所瞩目与投入。因此,在相关学术专业论著中均有杨贤江的内容。这一方面为我们的设计及写作提供了丰厚的资源,登高而望远,更上一层楼也有了凭依或台阶。但与此同时,也是更为棘手的挑战,就是如何突破和创新,这是艰难困苦的,也是非作出努力不可的。以我为首的小团队对此十分清醒,因此,在研究计划编订及操作过程中力图从教育学科及教育实验与改革层面及视域加以把握与解读,这与当下的哲学、社会学、政治学为主的探究路向与著述文本相较便有了明显的特色,体现出我们的独到构思及创意,恰好符合当今中小学教师及教育学界同仁,尤其是专业师生的需求。当然这其中存在的不足与困惑依然不少,我们自身已经尽力,相信读者也会有所认识,还望包涵见谅的同时,多予中肯批评,我们虚心接受。不过期盼着这本书仍对"杨学"工程有所贡献,并对中国现代教育理论与历史,尤其是当代教育改革有所裨益及意义。如果有这方面的些许成就,我们的一年多辛劳也就如愿以偿,内心自然会生发出几丝释然宽慰的心绪了。

本书的写作提纲、思路及主要论点取向均由我思考而确立,本想独立完成,但课题项目难度系数超出想象,而我自己在教学、科研、研究生培养等繁重任务进展的同时,身受长期以来工作劳顿兼豪饮贪杯双管齐下的疾患折磨,已濒于身心俱疲,形神如枯槁,肌体几若油灯耗尽的状态,实无力实现初衷。于是,便约请了所指导的硕士研究生襄助,当然,这也是专业培养训练研究生的一种方式,是有助于他们的学术提升和能力发展的。这里应将具体合作方式加以说明:全书第二、三、四、五、六、七章由吴洪成(河北大学教育学院教授)和秦俊巧(廊坊师范学院讲师)撰写,第一、八章及序、后记均由吴洪成独立撰写,王彤(河北大学教育学院教育史专业硕士研究生)配合主撰写者做了许多技术及专业修订方面的工作。全书的统稿、修改及文字润色由吴洪成完成。上述可知,该著是师生合作、彼此讨论、沟通交流的产物。作为主持者,我对诸位年轻学子费心劳力、不计得失、辛苦奉献的精神深表谢忱。燕赵学子的勤勉、智慧以及无私达观,不是从中得到了生动而周详的体现了吗?

书稿虽然交出,但对杨贤江教育学的探索是无止境的,其中的不足及遗憾在后续的生涯中有机会仍要补正及提升,以完成更为充实、丰满的该课题成果,但愿这一夙愿不致落空,也别太遥远。

吴洪成笔于京南门户、华北重镇之河北保定